쉽게 쓴
한국어학개론

쉽게 쓴
한국어학개론

문금현 지음

한국문화사

**쉽게 쓴
한국어학개론**

1판 1쇄 발행 2022년 2월 28일
1판 2쇄 발행 2023년 2월 10일

지 은 이 | 문금현
펴 낸 이 | 김진수
펴 낸 곳 | 한국문화사
등   록 | 제1994-9호
주   소 | 서울시 성동구 아차산로49, 404호(성수동1가, 서울숲코오롱디지털타워3차)
전   화 | 02-464-7708
팩   스 | 02-499-0846
이 메 일 | hkm7708@daum.net
홈페이지 | http://hph.co.kr

ISBN 979-11-6685-079-0 93710

• 이 책의 내용은 저작권법에 따라 보호받고 있습니다.
• 잘못된 책은 구매처에서 바꾸어 드립니다.
• 책값은 뒤표지에 있습니다.

오류를 발견하셨다면 이메일이나 홈페이지를 통해 제보해주세요.
소중한 의견을 모아 더 좋은 책을 만들겠습니다.

■ 머리말

<쉽게 쓴 한국어학개론>은 국어국문학을 전공으로 하는 학부생들과 한국어학을 전공으로 하고 있는 외국인 유학생들까지 한국어학의 전반적인 내용을 쉽게 공부할 수 있도록 만든 책이다. 이 책을 통해서 그동안 고등학교에서 학습했던 국어학적 지식에 깊이를 더하고, 외국인 한국어 학습자의 경우는 한국어에 대한 듣기, 말하기, 읽기, 쓰기의 언어 기능별 학습 영역을 한 차원 높여서 한국어학의 연구 영역인 음운론, 문법론, 어휘론, 의미론을 비롯하여 화용론, 계통론, 문자론, 방언학을 두루 섭렵함으로써 한국어학에 대한 지식을 쌓을 수 있도록 한다.

그동안 한국어학개론을 가르쳐 오면서 기존의 국어학 개론서로는 가르치는 데에 많은 어려움이 있었다. 학부생들 수준에서는 내용이 어려워서 난이도 조절의 필요성을 절실하게 느껴 이 책을 집필하게 되었다. 먼저 국어국문학을 전공하는 학부생이 한국어학에 대한 전문적인 지식을 쌓고자 하는 데 쉽게 이해할 수 있도록 설명하였다. 요즘 외국인 유학생들이 많아진 추세에 발맞추어 한국어학개론을 전공 수업으로 수강하고 있는 외국인 학생들에 대한 배려도 있었다. 그리하여 처음 전공 필수 과목으로 한국어학에 입문하는 학부 1-2학년 학생들의 눈높이에 수준을 맞추고자 하였다.

학생들이 꼭 알아야 할 국어학의 기본적이고 핵심적인 전문용어에 대해서는 '꼭 알아두세요' 코너를 마련하여 기본 개념을 익힐 수 있도록 중요 학습 내용으로 다루었고, 그동안 '국어학의 이해' 수업을 하면서 학생들이

했던 질문들을 모아서 '이것이 궁금해요' 코너를 만들어 질문과 답변을 그대로 제시하였다.

책의 구성은 12장으로 하였다. 구성 순서는 먼저 한국어의 말과 글이 생성되는 과정부터 소개하고 한국어학의 핵심적인 각 분야를 다루었다.

1장은 한국어의 일반적인 특징과 함께 한국어학의 영역에 대한 전반적인 소개를 하는 장이다. 한국어 계통론, 한국어 문자론, 한국어 표기법, 한국어 음성학, 한국어 음운론, 한국어 형태론, 한국어 통사론, 한국어 어휘론, 한국어 의미론, 한국어 화용론, 한국어 방언론을 간단하게 소개한다. 오리엔테이션 강의 내용이라 할 수 있다.

2장부터는 본격적으로 한국어의 말과 글이 생기는 과정을 다룬다. 음성언어로서의 한국어의 생성 과정과 문자언어로서의 한글의 창제 및 표기법에 대한 내용이다. 한국어 계통론에서는 계통론 연구 방법론에 대한 간략한 소개와 함께 한국어가 생겨나게 된 경위를 알타이어 조어론과 친족어를 통해서 설명한다. 3장은 한국어의 표기 수단인 한글에 대한 내용으로 훈민정음 창제의 원리와 이후 표기법의 변천, 그리고 현재 한글맞춤법의 원리까지 소개한다.

4장 이후는 한국어학의 3대 영역이라고 할 수 있는 음운론, 문법론, 의미론에 대해서 다룬다. 먼저 4장 음성학에서는 한국어의 발음과 관련하여 한국어 자음과 모음의 발음기관과 자음과 모음의 음운 체계를 구성하는 기준을 다룬다. 5장 음운론에서는 한국어의 여러 가지 음운현상과 음운규칙을 설명한다.

6장에서는 문법론 중 형태론에 대한 논의가 시작된다. 먼저 한국어의 문법적인 특징을 소개하고, 문법 단위로서 형태소, 음절, 단어, 어절, 구, 절, 문장을 설명한 후에 단어가 만들어지는 조어론, 같은 부류끼리 분류해 놓은 품사론, 단어가 문장에서 하는 역할에 따른 문장 성분까지 다룬다. 7장 통사론에서는 곡용과 활용을 다룬 굴절론과 한국어의 대표적인 문법 범주인 시제, 높임법, 피동법, 사동법, 부정법을 설명한다.

여기까지 전반부 강의가 끝나고 8장부터는 후반부 강의가 시작된다. 8장 한국어 어휘론에서는 한국어 어휘에 대한 기본적인 논의와 한국어 어휘체계의 변천 및 변화된 어휘를 다룬다. 9장 의미론은 단어의미론과 구절의미론으로 나누었다. 단어의미론에서는 단어 의미의 개념, 의미성분분석론, 어휘장이론을 비롯하여 단어와 단어 사이의 의미의 상관관계를 다룬다. 계열관계에는 상하의어, 유의어, 대립어가 있고, 복합관계로는 다의어, 동음이의어가 있다. 구절의미론에서는 단어 의미가 결합된 결합관계로 연어와 관용구절을 다룬다.

10장 화용론은 의미론 중 발화의미론에 해당되는 것으로 문장보다 더 큰 단위인 발화의 의미를 다룬다. 먼저 화용론 연구의 필요성을 부각시키고, 한국어 화용론의 내용 중 가장 기본적인 인사표현과 대표적인 고정 화용표현을 소개하며, 한국어의 가장 특징적인 화용표현이라 할 수 있는 공손 화용표현을 중점적으로 다룬다.

11장에서는 표준어와 대립되는 방언에 대해서 다루는데 지역이 달라서 언어가 다른 지역방언과 같은 지역에서 사회적 기준에 따라서 언어가 달라지는 사회방언으로 나누어서 소개한다.

마지막 12장은 한국어학 보고서 작성법을 다루었다. 한국어학의 연구들이 어떻게 이루어졌는지에 대한 전 과정을 살펴보았으므로 한국어학의 연구 영역 중 하나의 주제를 선정하여 소논문을 써 봄으로써 한국어학에 대한 연구를 연습해 볼 필요가 있다고 생각한다. 국어학의 연구 주제를 선정하고, 그 주제를 가지고 목차를 구성하는 방법을 익히며, 서론, 본론, 결론이 각각 갖추어야 할 필수적인 내용을 학습하여 써 본 후 이에 대한 보고서 피드백 시간을 갖도록 한다.

이 책 내용의 대부분은 선행 연구의 도움을 받았다고 할 수 있다. 그동안 강의의 지침으로 삼아 왔던 『국어학개설』(이익섭 2001, 초판 1986)을 근간으로 하여 국어학계에서 보편적이고 상식적으로 받아들이는 내용을 중심으로 구성하였다. 계통론과 문자론은 이기문(1998, 초판 1972), 음운론 분야는 배주채(1996, 2003), 문법론 분야는 남기심·고영근 외(2019, 초판 1985), 이익섭·채완(2004, 초판 1999), 국어어문규정집(2012), 어휘론 분야는 심재기(1982, 2000), 의미론 분야는 임지룡(1992)을 주로 참고하였다. 인용 출처에 대해서는 각 장 마지막에 주요 참고문헌을 밝혔고, 직접 인용한 부분에 대해서는 중간 중간에 제시하였으며, 나머지 인용에 대해서는 박사학위논문과 저서 위주로 참고문헌에 최대한 반영하고자 노력하였다. 미처 밝히지 못한 부분이 있다면 너그러이 양해해 주시기 바란다. 그동안 국어학 각 분야에서 깊이 있는 연구를 해 주신 많은 분들께 신세를 지게 되었다.

이 책의 출판에 도움을 주신 모든 분들께 진심으로 고마운 마음을 전한다.

2022년 2월 필자 씀

■ 목차

1장 한국어학의 영역

1.1. 세계 속의 한국어 ··· 1
1.2. 한국어의 특징 ··· 2
1.3. 한국어의 연구 분야 ··· 3

2장 한국어 계통론

2.1. 조어와 친족어 ··· 8
2.2. 계통 연구 방법 ··· 9
2.3. 세계의 언어와 어족 ··· 11
2.4. 한국어의 계통 ··· 12

3장 한국어 문자론과 표기법

3.1. 한국어 문자 ··· 19
3.2. 한국어 표기법의 원리와 유형 ···························· 27
3.3. 한국어 표기법의 변천 ······································· 32

4장 한국어 음운체계

4.1. 한국어 자음체계 ··· 45
4.2. 한국어 모음체계 ··· 50
4.3. 한국어의 운율적 요소 ······································· 55
4.4. 한국어의 음소 ··· 56

5장 한국어 음운규칙

5.1. 자음 관련 음운규칙 ··· 60
5.2. 모음 관련 음운규칙 ··· 70
5.3. 표준발음법 ··· 76

6장 한국어 형태론

  6.1. 문법적 특징과 문법 단위 ·· 79
  6.2. 단어 형성법 ··· 87
  6.3. 품사론 ··· 89

7장 한국어 통사론

  7.1. 문장 성분 ··· 97
  7.2. 굴절 ·· 98
  7.3. 문장의 종류 ··· 105
  7.4. 문법 범주 ··· 108

8장 한국어 어휘론

  8.1. 한국어 어휘에 대한 기본적 논의 ································ 119
  8.2. 한국어 어휘 체계 ··· 124

9장 한국어 의미론

  9.1. 단어의미론 ·· 144
  9.2. 단어와 단어 사이의 의미 파악 ·································· 160
  9.3. 구절의미론 ·· 194

10장 한국어 화용론

  10.1. 화용론의 기본적 논의 ··· 207
  10.2. 화용론의 주요 연구 주제 ······································ 211
  10.3. 한국어의 화용론적 특징 ······································· 221

11장 한국어 방언론

11.1. 한국어의 지역방언 ……………………………………… 243
11.2. 한국어의 사회방언 ……………………………………… 252

12장 한국어학 보고서 작성법

12.1. 보고서의 형식적인 요건 ………………………………… 263
12.2. 보고서의 내용적인 요건 ………………………………… 269
12.3. 기타 요건 ………………………………………………… 276

참고문헌__287
찾아보기__301

1장 한국어학의 영역

: 한국어학은 어떤 것을 연구하는가?

1.1. 세계 속의 한국어

세계에는 대략 5,000개가 넘는 언어가 사용되고 있으며 언어들 각각 고유의 특징을 가지고 있다. 언어학에서는 세계 각 언어를 대상으로 그들 사이에 존재하는 공통점과 차이점에 관한 연구가 이루어진다. 세계 여러 언어 중의 하나인 한국어도 고유의 특징이 있다. 한국어에 대한 연구는 한국어학에서 이루어지는데 언어학의 연구 방법론을 기본 바탕으로 한다.

한국어를 사용하고 있는 인구는 2020년을 기준으로 7,730만 명으로 1위 중국어, 2위 스페인어, 3위 영어, 4위 힌디어 등에 이어 13위 터키어 다음으로 14위를 기록하고 있다. 한국어를 공식적으로 사용하는 나라는 대한민국과 북한뿐이지만 재미·재일·재중 동포 등 전 세계의 동포 사회가 한국어 사용군이라고 할 수 있다. 외국인 유학생과 해외 한류 동호인들도 한국어 수요층이다.

문화체육관광부는 한류와 우리 문화경제가 성장함에 따라 한국어에 대한 세계적 관심도가 증가했다는 판단으로 '한국어 확산계획(2020-2022)'을 발표한 바 있다. 이를 위해 대표적 한국어 보급 기관인 세종학당재단이 지정하는 '세종학당'을 2019년 180개소에서 2020년 270개소까지 확대하고 한국어 학습에 집중하고 있다. 앞으로 한국어를 세계화하는 데에 중요한 동력이 될 것이다.(서울신문 2020.10.08일자)

1.2. 한국어의 특징

한국어의 특징을 음운, 문법, 어휘 영역으로 나누어 대표적인 것들을 소개하기로 한다.

음운적인 면에서는 첫째, 자음체계가 평음-된소리(경음) - 거센소리(격음)로 질서정연하게 3항 대립을 보인다는 것이다. 둘째, 두음으로 올 수 있는 자음(ㄹ, ㄴ, ㅇ)에 제약이 있고, 두 개 이상의 자음군도 올 수 없다. 셋째, 모음조화 현상으로 양성 모음은 양성 모음끼리 음성 모음은 음성 모음끼리 결합하는 것을 들 수 있다.

문법적인 면에서는 첫째, 교착어 특징을 들 수 있는데 체언에 조사가 결합하고 용언에 어미가 결합하여 문법적인 기능을 나타내는 것이다. 둘째, 주어 - 목적어 - 서술어의 어순 구조를 가지고 있으며, 어순이 비교적 자유로운 편이다. 셋째, 주격중출문(主格重出文)이나 대격중출문(對格重出文)이 나타나는 것을 들 수 있다.

어휘적인 면에서는 첫째, 어휘 체계에서 고유어보다 한자어가 더 많다는 것을 들 수 있다. 삼국시대부터 중국 문화의 유입에 따른 역사적인 결과이다. 둘째, 높임어와 의성·의태어가 풍부하다. 셋째, 친척어휘장, 색채어휘장, 미각어휘장 등 특정 어휘장이 발달해 있다. 이는 문화적 영향과 언어적 특징에 따른 결과이다.

1.3. 한국어의 연구 분야

한국어학은 한국어가 어떻게 생겨났고 한국어의 글자가 어떻게 만들어졌는지에 대한 것부터 시작하여 한국어의 발음, 한국어의 문법, 한국어의 어휘, 한국어의 의미, 한국어의 발화, 한국어의 방언 등을 연구한다. 한국어학의 전반적인 영역에는 한국어 계통론, 한국어 문자론, 한국어 표기법, 한국어 음성학, 한국어 음운론, 한국어 형태론, 한국어 통사론, 한국어 어휘론, 한국어 의미론, 한국어 화용론, 한국어 방언론 등이 있다. 한국어학의 영역은 다음과 같이 구성된다.

한국어학의 영역
⇩

한국어 계통론		
한국어 문자론	한글 창제	
	한국어 표기법	
한국어 발음론	한국어 음성학	
	한국어 음운론	
한국어 문법론	한국어 형태론	
	한국어 통사론	
한국어 어휘론		
한국어 의미론	한국어 단어의미론	
	한국어 구절의미론	
한국어 화용론	한국어 발화의미론	
한국어 방언론	한국어 지역방언론	
	한국어 사회방언론	

한국어 계통론에서는 한국어가 어떻게 만들어졌는가를 연구한다. 먼저 계통론을 연구하는 방법을 소개하고, 한국어가 생겨나게 된 경위를 알타이어 조어설과 분화 과정 및 친족어를 통해서 설명하며, 알타이조어에서 나온 언어들의 공통적인 특징도 살펴본다.

한국어 문자론에서는 한국어의 문자인 한글의 창제에 대해서 연구한다. 훈민정음을 창제하기 이전에 빌려 쓴 한자에 대한 차자표기법부터 시작하여 훈민정음 창제의 원리와 창제 이후의 표기법의 변천, 그리고 현재에 이르는 한글맞춤법의 원리를 다룬다. 외래어 표기법과 로마자 표기법도 간단하게 소개한다.

한국어 음성학에서는 한국어 자음과 모음을 발성하는 발음기관과 조음하는 방식을 알아보고, 자음과 모음의 분류 기준 및 음운 체계의 구성을 설명한다. 그리고 한국어의 음소와 운소도 살펴본다.

한국어 음운론에서는 한국어의 여러 가지 음운현상 및 대표적인 음운규칙들을 연구한다. 자음 관련 음운규칙과 모음 관련 음운규칙으로 나누어서 살펴본다.

한국어 문법론은 형태론과 통사론으로 나눌 수 있다. 먼저 한국어의 대표적인 문법적 특징들을 알아본다. 형태론에서는 문법의 형식적인 단위로서 가장 작은 형태소에서부터 음절, 단어, 어절, 구, 절, 가장 큰 단위인 문장을 인식하도록 한다. 나아가서 단어가 만들어지는 방법을 다룬 조어론, 같은 부류의 단어끼리 분류해 놓은 품사론, 단어가 문장 내에서 하는 역할에 따른 문장 성분론을 다룬다.

통사론은 체언과 조사의 결합을 다룬 곡용과 용언과 어미의 결합을 다룬 활용에 대한 굴절론이 주를 이룬다. 그리고 문장의 종류를 살펴보고, 한국어의 문법 범주를 다루는데 대표적인 문법 범주로는 시제, 높임법, 피동법,

사동법, 부정법이 있다.

한국어 어휘론에서는 한국어 어휘에 대한 기본적인 논의를 먼저 하고 나서 한국어의 어휘 체계가 역사적으로 어떻게 구성되어 왔는지의 과정을 간단하게 소개하며, 어휘 체계의 많은 비중을 차지하고 있는 한자어와 영어 외래어의 존재 양상을 변화 위주로 살펴본다. 나아가 신어의 생성에 대해서도 다룬다.

한국어 의미론은 단어의미론, 구절의미론, 문장의미론, 발화의미론으로 나눌 수 있다. 먼저 단어의미론에서는 단어 하나의 의미를 연구하는 성분분석론을 소개하고, 단어 의미가 변화되는 양상도 살펴본다. 또한 의미가 관련된 단어를 모아 연구하는 어휘장 이론을 소개하고 한국어에 발달한 어휘장의 특징도 알아본다.

단어와 단어 사이의 의미의 상관관계를 계열관계와 복합관계로 나누어 다룬다. 의미의 계열관계에는 상하관계, 유의관계, 대립관계가 있다. 상하관계는 상위어와 하위어의 관계에 있는 단어들의 의미 관련성을 찾아보는 것이고, 유의관계는 비슷한 의미를 가진 유의어 쌍의 의미 변별 기준을 마련하는 것이다. 대립관계는 반대 의미를 가진 대립어 쌍의 차이를 규명하는 것이다. 의미의 복합관계에는 다의관계와 동음이의관계가 있다. 한 단어가 여러 의미를 갖는 다의어와 두 단어가 형태나 음은 같으나 의미가 다른 동음어가 이에 해당된다.

구절의미론에서는 단어와 단어가 결합되어 구절을 이루는 의미의 결합관계를 다룬다. 여기에는 연어와 관용구절이 해당되는데 둘 사이의 차이를 비교하는 것이 주요 쟁점이다.

문장 의미를 연구하는 문장의미론은 통사의미론이라고 하여 통사론에서 다룬다. 발화 의미를 연구하는 발화의미론은 화용론이라고도 한다. 한국어 화용론에서는 화용론 연구의 필요성을 부각시키고 한국어의 대표적인 화용표현을 다룬다. 가장 기본적인 화용표현이라고 할 수 있는 인사표현과 대표적인 고정 화용표현을 소개하고, 한국어의 가장 특징적인 화용표현인 공손표현을 중점적으로 다룬다.

한국어 방언론에서는 지역에 따라 언어의 모습이 달라진 지역방언과 다른 사회적 조건에 의해서 언어의 모습이 달라진 사회방언으로 나누어서 소개한다. 지역방언론에서는 지역방언 조사 방법에 대해서 설명하고, 한국어의 지역방언은 어떻게 나뉘고 지역별로 어떤 특징이 있는지 소개한다. 사회방언론에서는 사회방언과 지역방언이 어떻게 다르고 연구 방법은 어떤 차이를 가지는가를 다룬다. 한국어의 사회방언은 성별, 세대별, 계층별로 어떤 특징을 나타내는지, 사회방언 연구에는 어떠한 것들이 있는지 살펴본다. 나아가 남북한 언어의 차이도 알아본다.

그 밖에 한국어에 대한 통시적인 연구로 국어사가 있는데 따로 다루지는 않았다. 표기법의 변천이나 어휘 체계의 변천, 음운 변화, 문법 변화, 의미 변화와 같이 역사적인 변화와 관련된 경우만 부분적으로 언급하였다. 한국어학의 연구 영역과 인접해 있거나 한국어를 응용하여 연구한 서지학이나 사전편찬학, 전산언어학도 있고, 한국어를 대상으로 가르치는 한국어교육에 대한 내용도 포괄적으로 한국어학개론에 담을 수 있을 것이다.

2장 한국어 계통론

: 한국어는 어떻게 만들어졌는가?

먼저 한국어가 어떻게 만들어졌는지 알아보기에 앞서 한 나라 언어의 계통을 연구하는 방법을 간단하게 소개하기로 하겠다.

 꼭 알아두세요

어족이란?
어족(語族, language family)이란 계통상 하나로 묶이는 언어의 종족으로 인도·유럽 어족, 알타이 어족, 셈 어족 따위가 있다.

친족어란?
친족어(親族語)는 같은 기원(起源), 즉 동일한 조어(祖語, protolanguage)로부터 퍼져 나온 언어로서 하나의 어족에 속해 있는 언어를 말한다.

2.1. 조어와 친족어

하나의 언어는 하나의 어족(語族, language family)에 속해 있는 경우가 많다. 같은 어족에 속해 있는 언어들을 친족어라고 하고 이들은 친족 관계에 있다고 한다. 이렇게 친족 관계에 있는 언어는 단순히 어휘 몇 개가 같거나 어순(word order)이 같다는 차원에서의 동질성을 갖는 것이 아니다. 어떤 방법에 의해서 친족 관계가 증명되었는지가 중요하며, 같은 어족에 속할 수 있는 언어의 유사성을 가졌다는 것은 그것이 우연한 유사성이 아니라 체계적인 유사성(systematic similarity)인 것을 말한다.

예를 들어 한국어 '둘'은 [tul]로 발음하는데 영어의 'two'와 발음이 유사하고, '많이'는 [manhi]로 발음하는데 영어의 'many'와 발음이 유사하다. 또한 '불다'의 '불-'은 [pul]로 발음하는데 영어의 'blow'와 발음이 유사하고, '푸르-'는 [pʰuri]로 발음하는데 영어의 'blue'와 발음이 유사하다. 이렇게 같은 조어(祖語, protolanguage)에 속하지 않은 한국어와 영어의 유사성은 우연한 유사성이지 체계적인 유사성은 아니다.

그러나 같은 어족에 속하는 영어와 독일어의 유사성을 보면 체계적인 유사성을 보여준다. 영어 'eat, foot, water'와 독일어 'essen, Fuss, Wasser'를 비교해 보면 영어의 t가 독일어의 ss[s]에 대응한다. 또한 영어 'break, make'와 독일어 'brechen, machen'을 비교해 보면 영어의 k는 독일어의 ch[x]에 대응을 보인다. 영어의 'ape, help, pepper'와 독일어 'Affe, Hilfe, Pfeffer'를 비교해 보면 영어의 p는 독일어의 f에 대응함을 알 수 있다. 즉 영어의 무성파열음이 독일어의 무성마찰음에 대응하는 체계적인 유사성을 보여준다.

이처럼 체계적인 유사성이 같은 조어에 속해 있음을 결정짓는 중요한 기준이 되는 것이다.

2.2. 계통 연구 방법

언어의 계통을 연구하는 방법에는 크게 네 가지가 있다.

첫째, 비교언어학(comparative linguistics)이 있다. 비교언어학은 여러 언어를 비교하여 그 사이의 체계적인 유사성과 차이점을 찾아봄으로써 그 언어들 사이의 친족관계를 규명하려는 것이다.

비교방법론은 계통론 연구에 핵심이 되는 방법론인데 이 방법을 이용하여 인구어족(印歐語族, Indo-European language family)이 서북쪽으로 영국의 토착어 Celtic으로부터 동남쪽 인도의 Sanskrit에 이르기까지, Hungarian과 Finnish 등의 구라파어와 Hebrew와 Turkish 등의 아시아어 몇 개를 제외한 전역의 언어들이 한 친족관계를 이루고 있음을 형태론과 음성법칙에 의해 증명하는 성과를 거두었다. 주로 '음성법칙'에서 그 증거를 모색하였다.

그리고 친족관계 수립의 과정을 가정(假定), 증명(證明), 확립(確立)의 3단계로 설명한 메이어(Antoine Millet)의 이론이 있으며 대응(對應)의 방법도 있다. 음운, 형태, 어휘 전반에 대응을 보여야 친족관계가 되는데 특히 음운에서는 기초 어휘가 음운규칙에 맞아야 하고, 굴절의 대응과 규칙적인 어휘 대응이 있어야 한다. 어휘의 수는 크게 중요하지 않다. 조어(祖語, protolanguage)를 재구(再構, re-construction)하는 방법도 있으며, 차용(借用)으로 설명하는 방법도 있는데 언어 간의 차용 방향을 추적해 낸다.

둘째, 언어고생물학(言語古生物學, linguistic paleontology)이 있다. 언어고생물학은 단편적 언어 자료에서 그 언어 사용자의 옛 모습을 재구해 보는 것이다. 예를 들어 옛 인구어에 '개, 돼지, 양, 오리' 등의 어휘는 흔히 있지만 채소나 곡식에 대한 어휘가 없는 것을 보고, 원 인구인들은 채식가가 아니었고 육식가였음을 짐작할 수 있다는 식으로 해석을 하는 것이다.

셋째, 내적재구(內的再構, internal reconstruction)가 있다. 내적재구는 언어의 고형(古形)을 비교 방법에 의하지 않고, 한 언어 자체의 자료에만 의거하여 그 언어의 옛날 형태를 다시 만들어 보는 방법을 말한다. 언어 변화로 어떤 어휘가 겪었을 변화 과정을 역행하여 변화 이전의 모습을 거슬러 찾아가는 것이다.

예를 들어 현대국어의 '쌀(米, rice)'은 15세기에는 '뿔'이었다. 그런데 한글이 창제되기 전에는 글자가 없어서 어떤 모습이었는지 알 수가 없다. 한자로 쓰인 12세기 문헌인 <계림유사(鷄林類事)>를 보면 '菩薩'이라는 한자어가 '쌀(米)'의 뜻으로 쓰였음을 알 수 있다. 만약에 당시 한글이 있었다면 '부살[pʌsʌl]'이었을 것으로 추정할 수 있게 된다. 말하자면 '*부살[pʌsʌl](菩薩) > 뿔[psʌl] > 쌀[s'al]'의 과정을 거쳤다고 보는 것이다. 이러한 재구 과정의 방법을 내적재구라고 하고 재구를 한 형태에는 단어 앞에다 *를 붙여서 '*부살'로 표기한다.

넷째, 어휘연대학(glottochronology)이 있다. 어휘연대학은 두 언어 사이에 공통된 동원어(同源語, cognate)의 비율을 바탕으로 두 언어의 분화 시점을 역산해 보는 방법으로 어휘통계학(lexicostatistics)이라고도 한다. 이 방법을 적용하려면 세 가지의 가정이 필요하다. 첫째, 언어에는 수사, 대명사, 가까운 친척 명칭, 신체 부분, 동물, 식물의 명칭, 기본 동작을 나타내는 동사, 기본색 어휘와 기본형용사 등 기본핵심어휘(basic core vocabulary)가 있다는 것, 둘째, 변화나 차용 등에 둔감한 기본어휘가 일정한 비율로 없어지거나 다른 단어로 대치된다는 것, 셋째, 기본어휘와 이것의 가변율이 어느 언어와 시대를 막론하고 보편적으로 같다는 것이다.

이러한 언어의 계통을 연구하는 여러 방법에 의거하여 세계의 언어를 여러 어족으로 분류할 수 있다.

> 계통을 연구하는 방법 중에서 비교언어학이 있는데요. 대조언어학도 함께 많이 들어봤어요. 비교언어학과 대조언어학은 어떻게 다른가요?
>
> 비교언어학은 친족관계에 있는 여러 언어를 비교하여 그 사이의 체계적인 유사성과 차이점을 찾아보는 것이라면 대조언어학(contrastive linguistics)은 친족관계에 있지 않은 두 언어 사이의 같은 점과 다른 점을 상호 대조해 보는 것입니다. 비교언어학은 주로 통시적 접근을 하고, 대조언어학은 공시적 접근을 합니다. 또한 대조언어학은 외국어 습득자의 편의를 도모하는 데에 많이 활용됩니다.

2.3. 세계의 언어와 어족

세계의 언어는 수천 개에 달하고 구조도 다르며 분포 상태도 복잡하다. 세계의 언어는 친근 관계에 의해서 다음과 같은 어족으로 분류된다.

첫째 인구어족을 들 수 있다. 여기에는 인도-이란어파(branch), 슬라브어파, 아르메니아어, 알바니아어, 그리스어, 로만스어파, 게르만어파, 켈트어파, 토카라어, 힛타이트어가 포함된다. 둘째 햄-셈어족을 들 수 있다. 이집트어, 베르베르어, 쿠시제어, 챠드제어, 셈어파가 해당된다. 셋째 우랄어족이 있는데 여기에는 핀-우글어파와 사모에드어가 포함된다.

한국어가 해당되는 알타이제어에는 터키어, 몽골어, 만주-퉁구스어군이 있다. 중국-티베트어족에는 중국어, 캄-타이어군, 티베트-버마어군, 먀오-야오어가 있으며, 말라이-폴리네시아어족에는 동말라이-폴리네시아어와 서말라이-폴리네시아어가 있다. 그 밖에 드라비다어족이나 몽-크메르어족이 있다.

2.4. 한국어의 계통

한국어의 계통에 대해서 가장 먼저 연구한 사람은 핀란드 학자 람스테트(G.J.Ramstedt)이다. 람스테트는 한국어가 세 어파와 친족 관계를 정립하고 있다고 보았다. 알타이조어(祖語), 즉 원시알타이어(Proto-Altaic) 또는 공통알타이어(Common Altaic)에서 네 어파가 동시에 분화되어 나왔다고 추정하고 네 어파의 친소(親疎)관계를 추정하였다. 한국어는 퉁구스어나 터키어와 더 가깝고 몽골어와는 그보다 먼 관계에 있다고 보았다.

그 후 람스테트의 제자인 포페(N. Poppe)는 네 어파가 동시에 분화된 것이 아니라 몇 번의 단계를 거쳐 한국어 → 터키어 → 퉁구스어 → 몽골어의 순서로 분화되었을 것으로 추정하였다. 한국어는 알타이 조어에서 가장 먼저 떨어져 나왔고, 다음으로 터키어가 분화되었으며, 제일 마지막 단계에 몽골어와 퉁구스어가 분화되었다고 하였다. 이는 한국어와 나머지 알타이어들과의 관계가 소원(疏遠)하다고 보았기 때문이다. 나머지 알타이어들 상호간의 관계는 한국어보다 덜 소원하다는 것을 뜻하며, 다음과 같이 나타낼 수 있다.

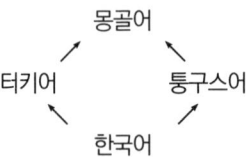

이후 이기문(1975)에서 이들의 작업을 더욱 정밀화하여 한국어가 알타이제어의 한 줄기라는 사실은 많은 지지를 얻게 되었다.

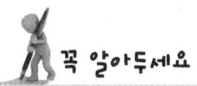

교착어란?

　한국어는 교착어(膠着語, agglutinative language) 즉 첨가어(添加語)로서의 특징을 가진다. 교착이란 달라붙는다는 뜻으로 한국어에서 체언에 조사가 결합되거나 용언에 어미가 결합되는 현상을 의미한다. 예를 들어, '겨울이 지나가고, 봄이 찾아왔다.'의 문장은 '겨울(체언) + 이(주격조사) 지나가-(용언) + -고(연결어미), 봄(체언) + 이(주격조사) 찾아오-(용언) + -았-(선어말어미) + -다(종결어미).'로 결합되는 것을 말한다.

2.4.1 알타이제어의 공통특질

　공통특질(共通特質)은 언어들 사이에서 발견되는 공통된 현상으로 어떤 언어들이 서로 친족관계에 있는가를 밝히는 기준의 하나로 쓰인다. 음운, 문법, 어휘 등 언어 전반에 걸쳐 많은 공통특질이 있다면 그 언어들이 친족관계에 있을 가능성이 상당히 높아진다.

　알타이어의 공통특질은 다음과 같다. 이들은 대개 우랄·알타이어족의 공통특질이기도 하다.

　첫째, 교착어(膠着語), 즉 첨가어(添加語)로서의 특징을 가진다. 한국어에는 체언에 조사가 결합되거나 용언에 어미가 결합되는 현상이 대표적이다.

　둘째, 모음조화(母音調和, vowel harmony)가 있다. 모음조화는 양성모음(ㅏ, ㅗ)은 양성모음과 결합하고 음성모음(ㅓ, ㅜ)은 음성모음과 결합하는 음운규칙으로 한국어의 음운규칙 중 가장 발달한 것이라 할 수 있다. 의성의태어와 같은 상징부사들은 한 단어 내에서 모음조화가 지켜지고, 용언 어간에 어미가 결합될 때에도 모음조화가 지켜진다.(예: 물이 줄줄/졸졸/*줄졸 흐른다, 함박눈이 펑펑/*펑팡 쏟아진다, 잡+-아라/묶+-어라) 한국어 중세국어에는 엄격하게 지켜지다가 근대국어 이후 점차 약화되었다.

셋째, 어두(語頭)에 유음(流音, ㄹ)이나 자음군(子音群, 자음이 두 개 이상 오는 것)이 오지 못하는 등의 자음조직상(子音組織上)의 제약을 받는다. 한국어 중세국어에는 어두자음군이 있었지만 근대국어 이후 사라져 현대국어에는 없어졌고, ㄹ 두음법칙은 유음 ㄹ이 어두에 오지 못하여 대신 ㄴ이나 ㅇ으로 교체된다.(예: 로인 → 노인(老人), 련습 → 연습(練習))

넷째, 문법적 기능을 나타내는 모음교체(母音交替) 및 자음교체(子音交替)가 없다. 영어의 경우는 sing~sang처럼 모음이 i에서 a로 바뀌면서 시제가 현재에서 과거로 달라지는 역할을 하는데, 한국어는 모음교체나 자음교체에 의해서 어휘가 분화되기는 하지만 문법적인 변화를 일으키는 경우는 없으며, 문법적인 기능은 다음과 같이 문법형태소에 의해서만 나타낸다. (예: 먹다 → 먹는(현재시제 형태소)다/먹었(과거시제 형태소)다)

다섯째, 관계대명사 및 접속사가 없다. 대신 한국어에는 전성어미가 있어서 관형절이나 명사절을 만들어 주고 접속사 대신 접속부사가 있다.

여섯째, 접속사가 없는 대신 부동사(副動詞), 즉 용언의 부사형(副詞形)이 있어 중요한 역할을 한다.

이상의 공통특질은 한국어와 친족어가 다 가지고 있는 현상으로 한국어가 알타이어와 가까운 관계가 있다는 것을 짐작하게 해 준다.(이익섭 2001:272-275, 이기문 1998:23-25)

알타이어의 공통 특질 중 여섯째 '접속사가 없는 대신 부동사, 즉 용언의 부사형이 있다.'라는 부분이 있는데, 국어에도 '그러나, 그래서, 그리고'와 같은 접속사가 존재하지 않나요?

한국어에서 접속을 표현하는 방법은 여러 가지가 있는데요. '그러나, 그래서'처럼 접속부사에 의한 방법, '가게 되었다, 가도록 할게.'처럼 '-게, -도록'의 부사형어미에 의한 방법, '울면서 지나갔다, 올라가고 내려갔다'처럼 '-면서, -고'의 접속어미에 의한 방법 등이 있습니다. 우리가 접속부사라고 명명한 것을 영어는 접속사라고 하는 것이고, 한국어에는 접속사라는 품사는 없는 것이지요.

알타이어의 공통 특질 중에서 접속사가 없다는 설명이 있었는데 그 접속사 대신에 접속부사, 부동사를 사용한다고 이해해도 됩니까? 교재에서 "다섯째, 관계대명사 및 접속사가 없다. 대신 전성어미, 접속부사가 있다. 여섯째, 접속사가 없는 대신 부동사가 있다."처럼 두 개로 나누어 설명이 있어서 그것을 합쳐서 이해해도 되는지 궁금합니다.

네 맞습니다. '그리고, 그래서' 이런 것들은 접속부사로 처리하고요. '먹어 버렸다.'에서 '먹어'는 부동사, '-어'는 접속어미 중 부동사어미로 이해하면 됩니다.

2.4.2 한국어와 알타이제어와의 관계

한국어가 만주어, 몽골어, 퉁구스어 등 친족어와 더불어 알타이제어에 속하나 일본어와는 다른 어족에 속한다는 증거로 일본어 어휘는 CVCV 음절 형태를 갖고 모음으로 끝나는 반면 한국어 어휘는 CVC 음절 형태의 받침으로 끝나는 차이를 들 수 있다. 이는 비교언어학에서 중요한 체계적인 대응관계의 한 예라 할 수 있다.

고구려어와 고대 일본어와의 유사성을 비교한 이기문(1975)에 따르면 두 언어가 구조상 현저한 일치를 보이나 어휘·문법 체계는 일치가 드물다고도 하였다.

어휘	고구려어	고대일본어
깊은	poksa	fuka
다섯	utsu	itu
바위	paiy	ifafi
셋	mit	mil
일곱	nanin	nana
토끼	osagim	wusagi

반면 한국어와 서알타이어계 언어와의 유사성을 보면 다음과 같다. 이 예들은 어두음의 체계적인 대응관계를 보여준다.

- 봄: 한국어pom(봄), 만주어fom(계절), 몽골어on(年), 중세몽골어 hon(年), 몽구오르어fan(봄)
- 불다: 한국어 pul-, 만주어 fulgije, 중세몽골어 Hulie-, 몽골어 ulije-, 라무트어 hu-
- 붓다: 한국어pus-, 만주어fusu-, 몽구오르어fudzuru-, 몽골어osur-, 골디어pis-, 울차어pisuri-
- 빌다: 한국어pil-, 만주어firu-, 중세몽골어hiruer-, 몽골어iruge, 에벵키어hiruge-
- p: 한국어, 골디어, 울차어
  f: 만주어, 몽구오르어
  h: 중세몽골어, 라무트어, 에벵키어
  ∅(탈락): 몽골어

여기서 재구된 원알타이(Proto-Altaic) 어두음을 *p라고 가정할 때, 알타이어 중 몽골어가 가장 혁신적이고, 한국어가 골디어, 울차어와 더불어 가장 보수적인 언어라고 할 수 있다.

2.4.3 음운대응

언어 간의 친족관계를 가장 신빙성 있게 증명하여 주는 현상은 음운대응(音韻對應)이다. 차용(借用)에 의해서가 아니면서 두 언어가 어원이 같은 단어들을 쓰고 있고, 그 단어들 사이에서 일정한 음운의 대응이 이루어진다면 두 언어의 친족관계는 상당한 지지를 얻게 된다.(이익섭 2001:275-276) 다음과 같은 예를 들 수 있다.

- 중세국어 '물'(馬), 만주어 morin(馬), 몽골어 morin(馬)
- 중세국어 '믈'(水), 만주어 muke(水), 에벤키어 mú(水), 몽골어 mören(江)
- 중세국어 '븟-'(注), 만주어 fusu-(물뿌리다), 몽구르어 fuzuru-(붓다), 몽골어 üsür-(뿌리다), 터키어 üskür-(입으로 뿜다)
- 한국어 '발'(足), 골디어 palgan(足), 에벤키어 halgan(足)
- 한국어 '아래', 에벤키어 alas(脚), 몽골어 ala(사타구니), 고대터키어 al(下面)
- 중세국어 '흙'(土), 골디어 siru(砂), 솔롱어 širuktan(砂), 몽골어 širuɤai(土, 먼지)
- 한국어 '(눈)보라', 중세몽골어 boro'an(눈보라), 야쿠트어 burxān(눈보라)
- 한국어 '-로'(向格助詞), 고대터키어 -rü(äb-im-rü 내 집으로), 몽골어 -ru(ina-ru 이쪽)

2.4.4 한국어의 형성

19세기 이전까지는 한국어가 우랄알타이(Ural-Altai) 계통이라고 보았다가 20세기에 와서 우랄(Ural)어와 알타이(Altai)어로 나누어 알타이어에 속한다고 보았다. 한국어가 알타이조어로부터 분화된 이후의 변화 과정에 대해서는 크게 두 가지 견해가 있다.

하나는 한국어가 단일(單一) 언어로서 알타이조어에서 분화된 이후 계속 한 줄기로 내려왔다는 견해이다. 다른 견해는 한국어가 기원(紀元) 전후의 고대까지만 하여도 고구려어 중심의 북방계어(北方系語)와 삼한(三韓)의 언어로 이루어진 남방계어(南方系語)로 갈려져 있다가 7세기에 통일신라의 형성과 10세기 초 고려의 건립으로 비로소 언어적인 통일을 이룩하게 되었다는 견해다. 후자는 이기문(1975, 1998)이 대표적이다.(이익섭 2001:277) 이 과정을 다음과 같이 정리할 수 있다.

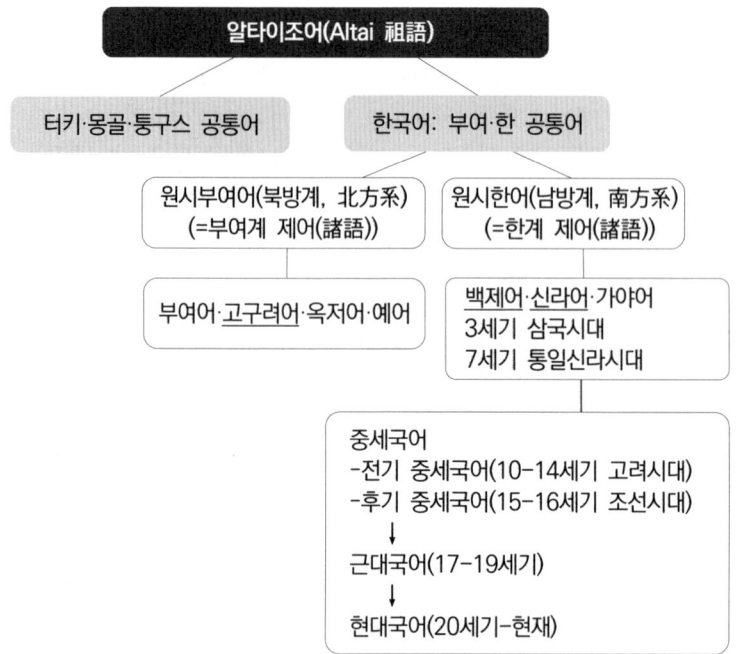

2장 주요 참고문헌

한국어 계통론에 대한 주요 참고문헌은 이기문(1975, 1998), 김방한(1983), 이익섭(2001, 초판 1986), 송기중(2003) 등이다.

3장 한국어 문자론과 표기법

: 한글은 어떻게 창제되었는가?

3.1. 한국어 문자

한국어의 문자인 한글의 창제 과정과 이에 대한 표기의 방법에 대해서 알아보기로 하겠다.

 꼭 알아두세요

표의문자와 표음문자란?
표의문자(表意文字)는 글자가 뜻을 표시하는 문자이고, 표음문자(表音文字)는 글자가 음을 표시하는 문자를 말한다. 대표적인 표의문자는 한자이고, 한글이나 알파벳은 표음문자이다.

3.1.1 문자의 발달

먼저 한국어의 표기 수단인 한글의 창제에 대해서 알아보기 전에 인류가 사용하는 문자의 발달에 대해서 잠시 살펴보기로 하겠다.

　인류는 문자를 사용하기 이전 시대에는 기억을 보존하는 보조 수단으로서 그림을 사용하여 의사 표현을 해 왔다. 그러다가 그림 모양을 본뜬 상형문자(象形文字)를 사용하게 되었고, 이러한 그림 모양을 간략하게 줄여서 만든 설형문자(楔形文字) 등을 만들어 사용하게 되었는데 이러한 문자를 단어문자(單語文字)라고 한다. 상형 이외의 방식에 의한 단어문자들은 뜻을 가진 문자이기에 표의문자(表意文字)라고 할 수 있다.

　그런데 이와 달리 한국어의 문자인 한글은 뜻을 가진 문자가 아니고 음을 표시하는 문자, 즉 표음문자(表音文字)이다. 한글 자모에다 음을 부여하고 이들을 합쳐서 거기에 의미를 부여하는 방식이다. 이를 음소문자(音素文字) 또는 자모문자(子母文字)라고도 한다. 어떤 음만 대표하는 음절문자(音節文字)도 있다. 자모문자는 그리스의 문자가 대표적이며 로마자나 알파벳으로 발달하였다.

3.1.2. 훈민정음 창제 이전의 표기법

　한글의 옛 이름인 훈민정음이 창제되기 이전에 한국인들은 중국의 문자인 한자를 빌려다 쓰면서 문자 생활을 시작하였다. 남의 나라 글자를 빌려다 썼기에 이를 차자 표기(借字表記)라고 한다. 한자를 빌려서 쓰는 방법과 과정을 살펴보면 다음과 같이 복잡하고 어려웠다.

　한자 차자 표기 방법의 기본적인 원리는 한자의 음(音, 소리)을 빌려서 쓰는 방법과 훈(訓, 뜻)을 빌려서 쓰는 방법으로 나눌 수 있다. 전자를 음차(音借)라고 하고 후자를 훈차(訓借)라고 한다.

　표기하는 대상을 보면 처음에는 고유명사 표기에서 출발하여 점차 확대하여 문장 표기를 하게 되었고, 문법적인 요소까지도 표기하기에 이르렀으며, 한국어의 어순을 반영한 표기까지 그 범위를 확대해 나갔다.

먼저 고유명사(固有名詞)의 표기는 고대국어 시대에 시작하였는데 처음에는 왕호(王號, 왕 이름), 관명(官名, 벼슬 이름)에서 시작하여 지명(地名, 지역 이름), 인명(人名, 사람 이름)으로 확대되었다.

다음 단계의 차자표기 방법은 문장을 표기한 서기체 표기인데 <임신서기석(壬申誓記石)>이라고 하는 비석에서 발견되었기에 서기체 표기라고 한다. 임신년(壬申年)에 맹세한 기록을 적어놓은 비석이라는 뜻으로 당시 신라어의 어순(語順)에 의해서 문장을 표현한 최초의 표기이며, 초기 이두(吏讀)의 모습이라고 하겠다.

다음 단계는 구결(口訣) 표기로서 <구역인왕경구결(舊譯仁王經口訣)>이라고 하는 문헌에서 기록을 찾을 수 있다. 한문 구조에다 한국어 문법 요소인 토(吐)를 달았는데 토(吐), 즉 구결을 없애면 한문 원문이 그대로 살아나서 어순이 우리말 어순이 아닌 한문 어순임을 알 수 있다. 토(吐)의 약체자(略體字)를 만들어 쓰기도 했다.

그 다음 단계는 이두(吏讀) 표기인데 이는 <대명률직해(大明律直解)>라고 하는 법률 문헌에 나오는 표기로서 문법 형태를 조자(助字)로 보충하여 문맥을 더 분명히 한 표기이다. 우리말 어순으로 표기하고 문법 형태도 국어화한 점이 특징적이다. 이두는 고려시대, 조선시대를 거쳐 19세기 말까지 계속 사용되었다.

마지막 단계로는 향찰(鄕札) 표기를 들 수 있다. 이 표기 방법은 <삼국유사(三國遺事)>에 실린 향가 14수, <균여전(均如傳)>에 실린 향가 11수 총 향가 25수에 남아 있으며, 향가 표기에 쓰인 차자표기법이라 할 수 있다. 실질적인 의미부는 훈차(訓借)하고, 문법적인 형태부는 음차(音借)하는 원리를 따른 것으로 이미 발달되어 있던 고유명사 표기법과 이두 및 구결의 확대라고 할 수 있으며 차자표기법을 집대성해 놓은 것이라고 하겠다.

그러나 이러한 한자 차자표기법은 한국인들에게 너무 어려워 실질적으로 사용하기가 쉽지 않았다. 그리하여 한국어의 글자인 '훈민정음(訓民正音)'이 창제되기에 이르렀다. 세종대왕이 우리말을 표기하기 위하여 창제한 훈민정음을 20세기 이후에 '한글'이라는 우리말 이름을 지어 사용하게 되었다.

차자 표기법의 과정에서 의문이 듭니다. '이두식 표기→ 구결 표기'의 순서로 변했다는 것은 알았는데 '고유명사 표기, 서기체 표기'가 '향찰 표기→ 이두식 표기→ 구결 표기' 순서의 어디에 해당하는지 알고 싶어요.

네 이것들은 맨 처음에 시작한 차자표기법들입니다. 그러니까 이것들이 맨 앞의 순서로 옵니다.

차자표기법의 기본 원리는 향가들 표기에 대한 설명에서 나오는 것처럼 훈차와 음차의 방법으로 되어 있습니다. 명사나 어간 등의 실사(實辭) 부분은 한자의 뜻을 빌려 오는 훈차(訓借)를 하고, 조사나 어미 등의 허사(虛辭) 부분은 한자의 음을 빌려 오는 음차(音借)를 하는 원리입니다.

이러한 차자표기의 방법들이 혼재하여 순차적으로 사용된 것은 아니지만 굳이 시대별 변천 순서를 따져 본다면 '고유명사 표기→ 서기체 표기(초기 이두식 표기)→ 향찰 표기→ 구결 표기(문법 형태소 토)→ 이두식 표기(한문이 아닌 우리말 어순)'의 순서로 이어졌다고 할 수 있습니다.

3.1.3 훈민정음 창제의 배경

훈민정음은 세종 25년(1443)에 세종대왕과 집현전 학자들에 의해서 제작되어 28년(1446)에 반포되었다. '백성을 가르치는 바른 소리'라는 뜻을 가진 '훈민정음(訓民正音)'이라는 글자를 만들게 된 배경은 다음과 같다. 먼저 내적인 배경으로는 앞에서 언급한 한자를 빌려 쓰는 방법이 어려워 차자표기(借字表記)에 대한 불만이 많아지면서 민족의식과 자주의식이 생기게 되었다고 할 수 있다.

그리하여 중국 한자의 제자원리인 상형(象形), 지사(指事), 형성(形聲), 회의(會意), 전주(轉注), 가차(假借)에 이르는 육서(六書)에 대한 인식을 함으로써 이를 훈민정음 창제의 내적인 배경으로 삼았다. 특히 상형과 지사는 훈민정음 기본 글자의 제자원리로 삼았다.

상형 – 어떤 모양을 본떠서 글자를 만드는 방법(예 日, 月, 山, 川)
지사 – 어떤 대상을 가리켜 글자를 만드는 방법(예 一, 二, 上, 下)
형성 – 한쪽은 뜻, 한쪽은 음으로 두 글자를 합하여 새 글자를 만드는 방법(예 銅)
회의 – 둘 이상의 한자를 합하되 두 뜻을 합성하는 방법(예 明)
전주 – 이미 있는 한자의 뜻을 확대, 발전시켜 다른 뜻으로 쓰는 방법 (예 樂 - 악/락/요)
가차 – 어떤 뜻을 가진 한자가 없는 경우, 음만 같은 글자를 빌려다 쓰는 방법(예 보리를 뜻하는 '來' 자를 가져다가 '오다'를 의미하여 씀)

외적인 배경으로는 다른 나라 문자가 동기 부여를 하였다고 할 수 있다. 우리보다 문화적인 면에서 뒤처졌다고 인식된 돌궐족도 돌궐문자를 가지고 있고, 거란족도 거란문자가 있으며, 몽골족도 파스파 문자를 제작하기에 이르러 훈민정음 창제에 자극적인 영향을 준 것이다.

훈민정음 창제와 관련한 내용은 <訓民正音(훈민정음)>이라고 하는 책의 '제자해(制字解)' 부분에 자세하게 나와 있다. 이를 바탕으로 창제 원리를 살펴보면 다음과 같다.

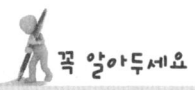

상형이란?

글자를 만드는 원리, 즉 제자원리 중의 하나로 상형(象形)은 어떤 모양을 본떠서 글자를 만드는 것을 말한다. 한자의 경우는 달 모양인 ☾을 본떠서 달월 자 '月'을 만들거나 산 모양인 ⛰을 본떠서 뫼산 자 '山'을 만들었다. 한글 자모도 기본 글자를 상형의 원리에 의해서 만들었는데 ·는 하늘의 둥근 모양을 본떴고, ㅡ는 땅의 평평한 모양을 본떴으며, ㅣ는 사람이 서 있는 모양을 본떴다고 한다.

가획이란?

가획(加劃)도 글자를 만드는 원리 중의 하나인데 기존에 만들어진 글자에 다 획(劃)을 하나 더 더해 준다는 원리이다. ㅡ의 위에 · 획을 더해서 ㅗ를 만들고, ㅡ의 아래에 · 획을 더해서 ㅜ를 만들거나 ㄴ 위에 획을 더해서 ㄷ을 만들고 ㄷ 가운데에 획을 더해서 ㅌ을 만드는 원리이다.

3.1.4 훈민정음 창제의 원리

자음자와 모음자의 가장 기본적인 제자원리는 상형(象形)의 원리라고 할 수 있다. 자음자의 제자원리는 그 글자를 발음하는 발음기관(發音器官)의 모양을 상형하였고 모음자의 제자원리는 천지인(天地人), 즉 하늘과 땅과 사람, 즉 삼재(三才)를 상형하였다고 할 수 있다. 그리고 둘째 제자원리는 획을 하나씩 더해주는 가획(加劃)이다.

먼저 자음자의 기본자를 ㄱ, ㄴ, ㅁ, ㅅ, ㅇ의 다섯 글자로 삼았다. 이는 각 발음기관의 조음 위치에서 나는 자음 중 가장 여린 음을 기본자로 삼은 것이다.

ㄱ은 혀뿌리가 목구멍을 막는 모양을 본뜬 것이다. 이후 ㄱ의 가운데에

획을 하나 그어 ㅋ을 만들었다.

ㄴ은 혀가 위턱에 붙는 모양을 본뜬 것이다. 그리고 ㄴ의 위에 획을 하나 그어 ㄷ을 만들고 ㄷ 가운데에 획을 하나 더 그어 ㅌ을 만들었다.

ㅁ은 입술 모양을 본뜬 것이다. ㅁ의 뚜껑을 열고 가운데에 획을 하나 더하여 ㅂ을 만들고 눕혀서 획을 더하여 ㅍ을 만들었다.

ㅅ은 이 모양을 본뜬 것이다. ㅅ에 획을 하나 그어서 ㅈ을 만들고 다시 획을 하나 더 그어서 ㅊ을 만들었다.

ㅇ은 목구멍 모양을 본뜬 것이다. ㅇ에 획을 하나 그어서 ㆆ을 만들고 다시 획을 하나 더 그어 ㅎ을 만들었다. 이를 정리해 보면 다음과 같다.

ㄱ → ㅋ
ㄴ → ㄷ ⇒ ㅌ
ㅁ → ㅂ ⇒ ㅍ
ㅅ → ㅈ ⇒ ㅊ
ㅇ → ㆆ ⇒ ㅎ

그 밖에 'ㆁ, ㄹ, ㅿ'은 이러한 가획의 원리와 차이가 있어서 이체자(異體字)라고 한다.

다음으로 모음자의 기본자는 ·, ㅡ, ㅣ의 세 글자로 삼았는데 이는 각각 하늘과 땅과 사람 세 가지 모양을 상형한 것이다.

·는 하늘이 둥근 모양을 본떠서 만들었고, ㅡ는 땅이 평평한 모양을 본떠서 만들었으며, ㅣ는 사람이 서 있는 모양을 본떠서 만들었다.

모음자는 음양오행(陰陽五行)의 원리에 따라서 기본자를 중심으로 오른쪽과 왼쪽, 위와 아래로 가획이 이루어졌는데 이는 모음조화 규칙과도 연결된다. 오른쪽과 위에 가획한 것은 양성모음이 되었고, 왼쪽과 아래에 가획을 한 것은 음성모음이 되었다.

기본자 ㅣ의 오른쪽에 획을 하나 더해서 ㅏ를 만들고 왼쪽에 획을 하나 더해서 ㅓ를 만들고, 다시 오른쪽에 획을 하나 더해서 ㅑ를 만들고 왼쪽에 획을 하나 더해서 ㅕ를 만들었다. 또 ㅏ에 ㅣ획을 더해서 ㅐ를 만들고, ㅓ에 ㅣ획을 더해서 ㅔ를 만들었다. 다시 ㅑ에 획을 하나 더해서 ㅒ를 만들고, ㅕ에 획을 하나 더해서 ㅖ를 만들었다. 이것은 가획을 두 번 한 것이다.

　기본자 ㅡ의 위에 획을 하나 더해서 ㅗ를 만들고 아래에 획을 하나 더해서 ㅜ를 만들고, 다시 위에 획을 하나 더해서 ㅛ를 만들고 아래에 획을 하나 더해서 ㅠ를 만들었다. 또 ㅗ에 ㅣ획을 더해서 ㅚ를 만들고, ㅜ에 ㅣ획을 더해서 ㅟ를 만들었다.

　이를 정리해 보면 다음과 같다.

$$ㅣ + ㆍ → ㅏ/ㅓ → ㅣ + ㅏ/ㅓ ⇒ ㅑ/ㅕ ⇒ ㅑ/ㅕ + ㅣ ⇒ ㅒ/ㅖ$$
$$\searrow ㅏ/ㅓ + ㅣ ⇒ ㅐ/ㅔ$$

$$ㆍ + ㅡ → ㅗ/ㅜ → ㅣ + ㅗ/ㅜ ⇒ ㅛ/ㅠ$$
$$\searrow ㅗ/ㅜ + ㅣ ⇒ ㅚ/ㅟ$$

　이렇게 새롭게 만들어진 훈민정음의 특성은 조직적이고 과학적이며 독창적이라고 할 수 있다. 이제 훈민정음을 사용하는 방법에 대해서 체계적으로 알아보도록 하겠다.

3.2. 한국어 표기법의 원리와 유형

3.2.1 한국어 표기법의 기본 원리

 꼭 알아두세요

연철이란?
 연철(連綴)이란 이어서 쓰는 표기법을 말한다. 처음에 한글을 만들었을 때는 이런 방식으로 썼다. 발음이 나는 대로 이어서 쓰기 때문에 쓰기는 쉽지만 의미를 파악하기가 좀 어렵다. 예를 들어 '사람이 많아요.'를 '사라미 마나요.'로 쓰게 되면 의미를 알아보기가 쉽지 않아서 가독성(可讀性)이 떨어진다는 뜻이다.

분철이란?
 분철(分綴)이란 끊어서 쓰는 표기법을 말한다. 연철 표기 방식이 의미를 알아보기가 쉽지 않아서 의미를 알기 쉽게 의미별로 끊어서 적는 방법이 분철 표기 방식이다. '사라미'를 '사람+ㅣ'로 끊고, '마나요'를 '많+아요'로 기본형을 살려서 끊어 적는 것이다. 그러면 '사람+이 많+아요.'의 의미를 쉽게 파악할 수가 있게 된다.

 꼭 알아두세요

음소적 원리란?
 음소적(音素的) 원리는 음에 대한 표기에 충실한 표기법으로 소리나는 대로 표기하는 원리이며 연철 표기와도 연결된다.

형태음소적 원리란?
 형태음소적(形態音素的) 원리는 뜻에 대한 표기에 충실한 표기법으로 형태를 드러나게 표기하는 원리이며 분철 표기와도 연결된다.

한국어 표기법의 원리는 먼저 음소적 원리와 형태음소적 원리로 설명할 수 있다. 이러한 원리는 연철 표기, 분철 표기와 연결하여 설명할 수 있다.

1) 연철 표기와 분철 표기

연철 표기는 발음이 나는 대로 표기하는 것을 말한다. '사람'에 '이'가 결합될 때, '사라미'로 발음 나는 대로 적는 방법이다. 훈민정음을 창제할 당시에는 대부분 이렇게 연철 표기를 하여 당시 표기 형태는 '사ᄅ미'였다.

반면에 분철 표기는 연철 표기와 달리 '사람'에 '이'가 결합될 때, 발음 나는 대로가 아니고 의미를 알 수 있는 형태를 살려서 '사람이'로 적는 방법이다. 분철은 훈민정음 창제 이후 서서히 세력을 확대해 나가다가 근대국어를 거쳐 현대국어의 표기 방식으로 정착하였다.

그리고 연철 표기에서 분철 표기로 넘어가는 과정에서 일시적으로 나타난 표기 방식으로 중철(重綴) 표기가 있다. '사람미'에서 '사ᄆ이'로 표기하게 되는 과정에서 '사ᄆ미'의 형태가 잠시 나타난 것이다. '사람미>사ᄆ미>사ᄆ이'에서 중간 단계에 나타난 '사ᄆ미' 형태로 쓴 것을 말한다. 분철을 확실히 하겠다는 뜻으로 앞 음절의 받침을 뒤 음절의 초성에다 한 번 더 써준 것으로 해석되며 그래서 중철이라고 한다. '사ᄆ'을 분명하게 끊어 적어야 한다는 의지에 따른 과도 교정 의해서 'ㅁ'을 한 번 더 적어주면서 생긴 특이한 표기법이라 하겠다.

2) 표음주의와 표의주의

한국어 표기법을 표음주의(表音主義) 표기법과 표의주의(表意主義) 표기법으로 나눌 수 있는데 표음주의 표기법은 표음에 충실하여 발음을 그대로 표기에 반영한 표기법이고, 표의주의 표기법은 표의에 충실하여 의미를 중심으로 표기에 반영한 표기법을 말한다.

현행 맞춤법 표기는 표의주의를 지향하여 어법(語法)에 맞도록 뜻을 알아보기 쉽게 표기한다. 그러면서도 다음 예처럼 표기와 발음이 너무 동떨어진 경우는 어법에 너무 지나치지 않도록 현실 발음을 반영하여 발음에 충실하고자 하였기에 표음주의도 함께 반영하고 있다고 하겠다.

> **예**
> 걷+어라→걷어라→걸어라, 곱+아서→곱아서→고와서,
> 짓+어서→짓어서→지어서
> 개굴+이→개굴이→개구리, 막+애→막애→마개, 묻+엄→묻엄→무덤

3) 음소적 원리와 형태음소적 원리

음소적(音素的) 원리는 음에 대한 표기에 충실한 표기법으로 소리나는 대로 표기하는 원리이며 연철 표기와도 연결된다. 반면에 형태음소적(形態音素的) 원리는 뜻에 대한 표기에 충실한 표기법으로 형태를 드러나게 표기하는 원리이며 분철 표기와도 연결된다. 표음주의 표기법은 음소적 원리에 의한 표기법이라 할 수 있고, 표의주의 표기법은 형태음소적 원리에 의한 표기법이라 할 수 있다.

3.2.2 한국어 표기법의 유형

한국어 표기법의 기본적인 유형으로 연철, 분철, 중철 표기와 표음주의와 표의주의 표기법, 음소적 원리와 형태음소적 원리에 의한 표기법을 소개하였다. 이외에도 역사적으로 보면 다음과 같이 다양한 표기법의 유형이 있었다.

1) 관형형 표기

관형사형 'ㄹ' 아래에서 된소리가 나는 경우에 관형사형 어미 '-ㄹ'이 된소리화를 동반하는데 중세국어에는 이를 'ㆆ'로 표기했다. 'ㆆ' 뒤에는 된소리화가 일어난다는 표시였다. 어미 '-ㄹ' 다음의 평음이 된소리로 실현되는 현상을 'ㆆ'자를 써서 나타냈다고 할 수 있다.

이후 문자 'ㆆ'이 없어지면서 '-ㄹ' 다음에 'ㆆ'을 쓰는 된소리 표기는 하지 않고 된소리를 직접 표기에 반영하였다. 그러다가 다시 된소리를 표기에 반영하지 않고 발음만 된소리화해서 사용하게 되었다. 다음과 같은 변천을 거치면서 현대에 이르렀다.

    ㆆ + ㄱ, ㄷ, ㅂ, ㅅ, ㅈ : 유무 드四 사„ 도 업거늘(釋譜詳節 6:2)
    ㄹ + ㄲ, ㄸ, ㅃ, ㅆ, ㅉ : 說法홀 싸金미(法華 6:37)
    ㄹ + ㄱ, ㄷ, ㅂ, ㅅ, ㅈ : 修行홀 사金미(圓覺經諺解 序78)

2) 병서 표기

병서(竝書) 표기 방법에는 두 가지가 있었는데 하나는 합용병서(合用竝書)이고, 하나는 각자병서(各字竝書)이다. 합용병서는 다른 두 자음을 합쳐서 표기하는 방법을 말하고, 각자병서는 같은 두 자음을 합쳐서 표기하는 방법을 말한다.

합용병서 표기로는 어두자음군 표기가 대표적이다. 중세국어에는 어두(語頭)에 자음이 여러 개 오는 자음군(子音群)이 있었다. 'ㅺ, ㅼ, ㅽ'이 있었는데 주로 된소리를 표기하여 음가는 [k', t', p']라 할 수 있다. [sk, st, sp]로 발음된 것이 아니다.

실제로 음가를 가진 어두자음군으로는 'ㅂ'계열 어두자음군 'ㅳ, ㅄ, ㅴ'을 들 수 있다. 이것들은 된소리가 아니라 각각 [pt], [ps], [pç]의 두 개의 자음으로 발음되었다. 'ㅄㄱ, ㅄㄷ'은 [pk'], [pt']의 두 개의 자음으로 발음되었다. [psk, pst]으로 발음된 것이 아니다.

예를 들면 다음과 같다.

ㅅㄱ, ㅅㄷ, ㅅㅂ: 신장, 띃-(擣搗), 째혀-(拔)
ㅂㄷ, ㅂㅅ, ㅂㅈ: 뜯(意), 뿔(米), 짝(雙)
ㅄㄱ, ㅄㄷ: 쁨(隙), 빼(時)

각자병서 표기로는 어중(語中)에서 관형사형어미 '-ㄹ' 다음에 수반된 된소리화를 표기에 드러내면서 'ㅅㄱ, ㅅㄷ, ㅅㅂ'이 'ㄲ, ㄸ, ㅃ'으로 일시적으로 나타난 것이 있고, 처음부터 각자병서로 쓰인 'ㅆ, ㅉ'이 있다. 현대국어에 없는 'ㆅ, ㆀ'은 반모음 'j' 앞에서만 나타났다.

예를 들면 다음과 같다.

ㄲ, ㄸ, ㅃ: 못 볼 꼬디리라, 갈 ㅅ 업서, 몯홀 빼니
ㅆ, ㅉ: 수행(修行) 홀 싸ᄅᆞ미, 연쩝고
ㆅ, ㆀ: 나르혀(起), 괴ᅇᅧ

3) 받침 표기

현대국어에서는 음절 말에 두 개 자음이 겹쳐 발음될 수 없지만, 중세국어에서는 'ㄺ, ㄻ, ㄼ'처럼 'ㄹ'로 시작되는 자음군은 두 자음이 다 발음되었던 것으로 추정된다. 또한 음절 말에 올 수 있는 자음이 현대국어에서는 'ㄱ, ㄴ, ㄷ, ㄹ, ㅁ, ㅂ, ㅇ' 7개인데 중세국어에서는 여기에 'ㅅ'이 더해져 8개이다. 이것이 8종성법에 의한 음절말 대표음 표기이다.

4) 성조 표기

현대국어에 없는 성조(聲調)가 중세국어 당시에는 있었다. 성조는 음의 높낮이를 표시하는 것으로서 평성(平聲), 거성(去聲), 상성(上聲), 입성(入聲)의 네 종류가 있었다. 평성은 낮은 소리를 말하고, 거성은 높은 소리를 말하며, 상성은 처음에는 낮았다가 나중에는 높아지는 소리를 말한다. 입성은 빨리 끝을 닫아서 발음하는 소리이다.

성조 표기는 점(點)으로 했는데 이 점을 방점(傍點) 또는 사성점(四聲點)이라고 한다. 평성은 점을 찍지 않았고, 거성은 글자 왼쪽에 점을 하나 찍었으며, 상성은 점 두 개를 찍어 표시했다.

그리하여 성조가 없는 현대국어와 달리 성조에 의해서 단어의 의미가 달라지는 어의(語義) 분화가 있었다.

예를 들면 다음과 같다.

손 ⇨ 손(客) ∽ 손(手)
발 ⇨ ·발(足) ∽ :발(簾)

3.3. 한국어 표기법의 변천

3.3.1 훈민정음 표기법

먼저 훈민정음은 문자의 체계가 초성, 중성, 종성의 세 개로 나누어져 있는데 이를 모아쓰는 방식으로 구성되어 있다. 종성의 경우는 따로 만들지 않고 초성을 다시 가져다 쓰는 방식으로 하는데 초성 중에서 'ㄱ, ㄴ, ㄷ, ㄹ, ㅁ, ㅂ, ㅅ, ㅇ' 8개만 가져다가 종성을 표기하였다.

훈민정음을 표기하는 방식의 기본 원리는 발음 나는 대로 이어서 쓰는 연철(連綴) 표기인데 이는 소리 나는 대로 쓰는 음소적(音素的) 원리에 따른 것이다.

성조(聲調) 표기는 방점(傍點)을 찍어서 하였다. 평성(平聲)은 무점(無點), 거성(去聲)은 일점(一點), 상성(上聲)은 이점(二點)으로 표시하였다.

이후 후기 중세국어의 표기법은 훈민정음 표기 방식과 크게 달라지지 않았다. 연철 표기가 지속되면서 연철 표기에서 분철(分綴) 표기로 넘어가는 과도기 현상으로 중철(重綴) 표기가 잠시 나타났다.

3.3.2 근대국어의 표기법

후기 중세국어 이후에 근대국어로 넘어가면서 문자와 표기에 많은 변화가 생기기 시작했다. 근대국어 표기법의 특징적인 변화는 다음과 같다.

첫째, 문자 'ㅸ, ㅿ, ㆆ' 및 방점이 소멸된 것을 들 수 있다. 'ㆁ'자도 완전히 자취를 감추었다. 즉 'ㅇ'자에 합류되었다고 할 수 있다. 결국 문자체계가 25자 체계로 되었다.

둘째, 어두자음군 표기가 간소화되어 ㅅ계(ㅺ, ㅼ, ㅽ), ㅂ계(ㅳ, ㅄ, ㅶ, ㅷ), ㅄ계(ㅴ, ㅵ)의 세 가지 계열 중에서 ㅄ계(ㅴ, ㅵ)가 소멸되었다.

셋째, 음절 말 자음으로는 ㅅ과 ㄷ이 같이 쓰이다가 ㅅ으로 통일되는 모습을 보였다.

넷째, 분철 표기가 점차적으로 확대되었다. 분철(分綴) 표기는 형태를 살려서 쓰는 형태음소적(形態音素的) 원리에 따르는 것이다.

다섯째, 연철 표기에서 분철 표기로 넘어가는 과도기에 일시적으로 나타났던 표기 방식으로 중철이 쓰였다.

3.3.3 현대국어의 표기법

현대국어의 표기법은 우리말 표기뿐만 아니라 외래어 표기법과 로마자 표기법 규정이 함께 정해져 사용되고 있다.

1) 우리말 표기법

먼저 '훈민정음'이라는 우리 글자에 대한 이름이 20세기 초부터는 '한글'이라는 고유어 이름으로 바뀌었다. 1927년 한글사에서 펴낸 《한글》이라는 잡지에서부터 '한글'이 널리 쓰이게 되었다.

현대국어에 와서는 분철 표기가 안정된 모습을 보였다. 역사적으로 보면 한글의 표기 원리는 음소적 원리에서 형태음소적 원리의 두 원리로 이어졌다고 할 수 있다. 분철 표기, 종성 표기는 형태소의 기본형을 고정적으로 표기하는 방식인 형태음소적 원리를 택했는데 이는 〈한글맞춤법 통일안(1933)〉 이후 "표준말을 소리대로 적되 어법에 맞게"라는 규정에 따른 것이다. 이렇게 정서법 통일안이 제정되기까지는 국문연구소의 〈맞춤법 통일안〉, 조선총독부의 〈언문철자법〉, 조선어문회의 〈맞춤법 통일안〉에 이르기까지 많은 변화를 겪었다.

그리하여 현행 맞춤법의 원리는 가장 기본적으로 형태음소적 원리에 따른다. 이는 소리 나는 대로 쓰지 않고 뜻을 나타내는 형태를 살려서 쓰는 것이다. 표의주의(表意主義)를 추구하고, 표음주의와 조화를 이루고자 하며, 표의주의 표기법의 효용을 중시한다.

(1) 한글 맞춤법 해설

다음은 〈국어 어문 규정집〉의 내용을 바탕으로 우리말 표기법 규정인

'한글맞춤법 해설'에 대한 핵심 내용을 정리하여 제시한다.

제1장 총칙
제2장 자모
제3장 소리에 관한 것
- 된소리 표기법
- 구개음화 반영 여부
- 'ㄷ' 소리 받침(말음법칙)
- 이중모음 표기
- 두음법칙: 'ㄴ→ㅇ'(예: 녀자→여자), 'ㄹ→ㅇ+이중모음'(예: 룡→용), 'ㄹ→ㄴ+단모음(예: 로인→노인)'
- 겹쳐 나는 소리

제4장 형태에 관한 것
- 체언과 조사/ 어간과 어미: 모음조화가 지켜지지 않고 음성모음화 되어 가고 있다.
- 변칙현상: ㄹ, ㅅ, ㅎ, ㄷ, ㅂ 변칙 현상, '우', '여', '러', '르' 변칙 현상
- 원형을 밝혀 적는 경우:
- 접미사가 붙어서 된 말:
    = 명사파생 접미사: '-이'가 붙어서 명사로 된 것, '-음/ㅁ'이 붙어서 명사가 된 것, 품사가 그대로 유지되는 경우는 형태를 밝히고, 품사가 달라진 경우는 원형을 밝히지 않고 소리 나는 대로 적음.
    = 부사파생 접미사: '-이'가 붙어서 부사로 된 것, '-히'가 붙어서 부사로 된 것, 명사나 용언 뒤에 자음 시작 접미사가 붙은 경우는 그 명사나 어간의 원형을 밝혀 적음.
    = 피·사동 접미사도 어간을 밝혀 적음.
- '-하다, -거리다'가 붙는 어근에 '-이'가 붙은 경우도 원형을 밝혀 적는다. '-하다'가 붙는 어근에 '-히, -이'가 붙어서 부사가 되는 원형을 밝혀 적음. '-하다, 없다'가 붙어서 된 용언은 -'-하다, 없다'를 밝혀서 적음.

- 원형을 밝히지 않고 적는 경우:
- 언중의 어원 인식 여부가 결정 기준이 되어 원형 인식이 안 되면 소리 대로 적는다.
- 합성어 및 접두사가 붙는 말: 둘 이상의 단어가 결합되거나 접두사가 붙어서 이루어진 말은 그 원형을 밝혀 적는다, 어원이 분명하지 않은 경우는 원형을 밝히어 적지 아니한다, 어원이 분명해도 일부 소리가 특이하게 변한 것은 그 부분만 원형을 밝히지 않는다.
- 사이시옷을 쓰는 경우:
- 순우리말끼리 합성된 말(앞 말이 모음으로 끝난 경우)
- 뒷말의 첫소리가 된소리로 나는 것
- 뒷말의 첫소리 'ㄴ, ㅁ' 앞에서 'ㄴ' 소리가 덧나는 것
- 뒷말의 첫소리 모음 앞에서 'ㄴㄴ' 소리가 덧나는 것
- 우리말과 한자어가 합성된 경우(뒷말의 첫소리가 된소리로 나는 것, 뒷말의 첫소리 'ㄴ, ㅁ' 앞에서 'ㄴ' 소리가 덧나는 것, 뒷말의 첫소리 모음 앞에서 'ㄴㄴ' 소리가 덧나는 것)
- 한자어끼리 합성된 경우: 2음절 한자어 6개만 허용(셋방, 숫자, 횟수, 곳간, 찻간, 툇간)
- 사이시옷이 붙지 않는 경우:
- 앞 단어의 끝이 폐쇄되지 않는 경우: 개구멍
- 뒤 단어의 첫소리가 된소리나 거센소리인 경우: 개똥, 배탈, 허리춤
- 그 밖에 'ㅂ'이 덧나거나 'ㅎ'이 덧나는 경우도 있는데, 이는 소리대로 적는다: 멥쌀, 머리카락
- 준말은 준대로 적는다:
- 어미 '-지' 뒤에 '않-'이 어울려 '-잖-'이 될 적과 '-하지' 뒤에 '않-'이 어울려 '-찮-'이 될 적에는 준 대로 적는다: 그렇지 않은 → 그렇잖은, 대단하지 않다 → 대단찮다
- 어간 끝소리가 ㅎ인 경우는 예외: 괜찮잖다, 귀찮잖다, 점잖잖다
- 'ㅎ'이 어간의 끝소리로 굳어진 것은 받침으로 적는다. ㅎ을 사이 글자로 하기에는 어색하기 때문이다.
- 어간 말 끝 음절 '하'의 'ㅏ'가 줄고 'ㅎ'이 다음 음절의 첫소리와 어울려 거센소리로 될 적에는 거센소리로 적는다.
- 모음이나 울림자음 뒤에서 난다: 간편하게 → 간편케
- 어간의 끝음절 '하'가 아주 줄 적에는 준 대로 적는다. ㄱ, ㄷ, ㅂ 등

안 울림 받침 뒤에서 난다: 거북하지 → 거북지

제5장 띄어쓰기
- 조사는 그 앞말에 붙여 쓴다.
- 의존명사나 단위명사:
- 의존명사는 띄어 쓴다.
- 단위를 나타내는 명사는 띄어 쓴다.
- 다만, 순서를 나타내는 경우나 숫자와 어울리어 쓰이는 경우에는 붙여 쓸 수 있다.
- 수를 적을 적에는 '만' 단위로 띄어 쓴다.
- 두 말을 이어 주거나 열거할 적에 쓰이는 말들은 띄어 쓴다.(단음절로 된 단어가 연이어 나타날 적에는 붙여 쓸 수 있다: 이 때, 그 곳, 내 것 (원칙) → 이때, 그곳, 내것(허용)
  => (개정) '이때, 그곳'은 붙여 쓰는 것을 원칙으로 하고, '내 것'만 그대로 원칙과 허용으로 둠.
- 보조용언:
- 보조용언은 띄어쓰기를 원칙으로 하되, 붙여 씀도 허락한다. => 그래서 다 띄어 쓰는 것이 편할 것 같지만, 복합동사와의 구분이 어려우므로 다 붙여 쓰면 더 익히기가 편함.(예: 복합동사(살펴보다), 보조용언(해 주다(원칙)/해주다(허용), 먹어 보다(원칙)/먹어보다(허용))

- 고유명사 및 전문용어:
- 성과 이름, 성과 호는 붙여 쓴다.
- 호칭어와 관직명은 띄어 쓴다.
- 성명 이외의 고유명사는 단어별로 띄어 쓰는 것이 원칙이되, 단위별로 띄어 쓸 수 있다.(예: 한국 대학교 사범 대학(원칙), 한국대학교 사범대학(허용))
- 전문용어는 단어별로 띄어쓰는 것이 원칙이되 붙여 쓸 수 있다.

제6장 그 밖의 것
- '-이, -히' 부사화 접미사;
- '-이'로 적는 것: 첩어 또는 준첩어의 명사 뒤/ 'ㅅ' 받침 뒤/ 'ㅂ'불규칙 용언의 어간 뒤/ '-하다'가 붙지 않는 용언 어간 뒤/ 부사 뒤

- '-히'로 적는 것: '-하다'가 붙는 어근 뒤(단, 'ㅅ' 받침 제외)
- 한자어에서 본음으로도 나고 속음(익은소리, 습관음)으로도 나는 것은 각각 그 소리에 따라 적는다.
- -ㄹ거나/-ㄹ걸/-ㄹ게..., 다만, 의문을 나타내는 다음 어미들은 된소리로 적는다: -ㄹ까, -ㄹ꼬...
- 군/꾼 → 꾼, -갈/깔 → 깔, -대기/때기 → 때기, -굼치/꿈치 → 꿈치
- '배기/빼기'의 경우는 다음과 같다.
- [배기]로 발음되는 경우는 '배기'로 적는다.
- 한 형태소 내부에서 'ㄱ, ㅂ' 받침 뒤에서 [빼기]로 발음되는 것은 당연하므로 '배기'로 적고(예: 뚝배기), 다른 형태소 뒤에서 [빼기]로 발음되는 것은 모두 '빼기'로 적는다(예: 고들빼기, 곱빼기).
- '적다/쩍다'의 경우는 '적다(少)'의 의미가 유지되는 경우는 '적다'로 적고, 뜻이 없이 발음만 [쩍다]로 되는 경우는 '쩍다'로 적는다.
- 두 가지로 적던 말을 하나로 통일하여 적는다(예: 양복/입을 맞추다/마추다→양복/입을 맞추다).
- '-더라, -던'은 지난 일을 말하는 형식 '-더'가 결합된 것이다. '-든지'는 선택의 의미나 가리지 않는다는 뜻으로 쓰인다.
- 다음 말들은 각각 구별하여 적는다(예: 가름/갈음, 거름/걸음, 거치다/걷히다, 걷잡다/겉잡다, 그러므로/그럼으로, 노름/놀음, 느리다/늘이다/늘리다, 다리다/달이다, 마치다/맞히다, 목거리/목걸이, 바치다/받치다/받히다/밭치다, 반드시/반듯이, 부딪다/부딪치다/부딪히다/부딪치이다, 부치다/붙이다/부치이다, 시키다/식히다, 아름/알음/앎, 안치다/앉히다, -(으)러/-(으)려, -로서/로써, -므로/음으로(써), 하므로/함으로써……).

문장부호
- 마침표: 온점, 물음표, 느낌표
- 쉼표: 반점, 가운뎃점, 쌍점, 빗금
- 따옴표: 큰따옴표, 작은따옴표, 겹낫표, 낫표
- 묶음표: 소괄호 ( ), 중괄호 { }, 대괄호 [ ]
- 이음표: 줄표, 붙임표, 물결표
- 드러냄표
- 안드러냄표 - 숨김표, 빠짐표, 줄임표

⇒ (개정) 종전 규정을 간략화하여 온점, 물음표, 느낌표 등을 아울러 이르는 용어이던 '마침표'가 부호 '.'만을 이르는 용어로 변경되었고 반점, 가운뎃점, 빗금, 쌍점 등을 아울러 이르는 용어이던 '쉼표'도 부호 ','만을 이르는 용어로 변경되었음. 그리고 가로쓰기에 쓰는 부호만 다루고, 세로쓰기 부호인 '고리점(◦)'과 '모점(丶)'을 제외하였으며, '홑낫표(「 」)'와 '겹낫표(『 』)'는 가로쓰기에서 사용할 수 있는 것으로 용법을 수정하여 포함시켰음.

(2) 한글 전용 표기

우리말을 표기하는 방식에는 한자어에 대한 표기를 한자로 할 것인가, 한글로 할 것인가의 문제가 있다. 이에 대한 표기 방식으로는 세 가지를 들 수 있다. 한글 전용(專用) 표기, 한자 병용(竝用) 표기, 국한문 혼용(混用) 표기이다. 이 중에서 현재 한국에서의 표기 방식은 한글 전용 표기를 원칙으로 하고 있다. 공문서를 기준으로 해서 한글 전용 표기를 원칙적으로 시행하고 있다.

그런데 한국어 어휘 체계에 한자어가 많아서 한자어의 의미를 잘 이해하기 위해서는 ( ) 안에 한자를 써 주는 것이 좋다. 특히 동음이의어의 경우는 더욱 그러하다. 이렇게 한자를 괄호 안에 써서 표기하는 것을 한자 병용(竝用) 표기라고 한다. 전문서의 경우는 비교적 많이 사용하고 있다.

또 한자를 ( ) 안에 넣어서 쓰지 않고 드러내서 쓰는 것을 한자 혼용(混用) 표기라고 하는데 요즘은 전문서에서도 거의 사용하지 않는다. 한자 교육이 활성화되지 않은 상황이고 공문서에서도 한글 전용(專用)을 하고 있기 때문이다.

2) 외래어 표기법

외래어 표기법은 외국어를 빌려다가 우리말처럼 쓰는 표기 방식을 말한다. 이에 대한 표기 원칙은 다음과 같다. 〈국어 어문 규정집〉에 제시된 '외래어 표기법'에 대한 핵심 내용을 정리하여 제시한다.

제1장 표기의 기본 원칙

제1항 외래어는 국어의 현용 24자모만으로 적는다.
- 자음(14자): ㄱㄴㄷㄹㅁㅂㅅㅇㅈㅊㅋㅌㅍㅎ
- 모음(10자): ㅏㅑㅓㅕㅗㅛㅜㅠㅡㅣ

제2항 외래어의 1음운은 원칙적으로 1기호로 적는다.

제3항 받침에는 'ㄱ,ㄴ,ㄹ,ㅁ,ㅂ,ㅅ,ㅇ' 7개만을 적는다.
- ㅅ의 예외 인정: 라켓[라켇]~라켓이[라케시] ⇒ 라켓(말음규칙에 따른 'ㄷ'을 쓰지 않고, 'ㅅ'을 쓰기로 함)

제4항 파열음 표기에는 된소리를 쓰지 않는 것을 원칙으로 한다.
- 한국어는 유성음과 무성음의 대립을 음소에 반영하지 않고 하나로 적는다. p나 b나 다 같이 ㅂ으로 적는다. 그러나 영어는 p냐 b냐에 따라서 음소가 구별되어 단어가 달라진다. 이를 한국어로 표기할 때에는 어떻게 반영할 것인가의 문제가 있다.
- 유, 무성음의 대립이 있는 파열음을 한글로 표기할 때, 유성 파열음은 평음(ㄱ, ㄷ, ㅂ)으로 하고, 무성 파열음은 격음(ㅋ, ㅌ, ㅍ)으로 표기하기로 한다.
- 영어의 무성 파열음과 유성 파열음은 이렇게 구별하여 적기로 해결하였으나, 프랑스어나 일본어의 무성 파열음은 격음보다 경음에 가까워 갈등의 소지가 있다. 그러나 둘을 구분하여 쓰기에는 번거롭고 일관성이 없으며 인쇄에도 지장이 있어서 격음으로 통일하기로 한다. 간결성과 체계성을 유지한 것이다.
    => (개정) 타이어와 베트남어를 추가하면서 경음 표기도 인정하게 되었음.

제5항 이미 굳어진 외래어는 관용을 존중하되, 그 범위와 용례는 따로 정한다.
- 담배, 남포 등 귀화어는 관용 인정
- '컷(인쇄 도면)/커트(탁구)'의 구별도 관용대로
- 어디까지 관용을 인정할 것인가의 문제

제2장 표기 일람표

국제 음성기호와 한글 대조표(생략)

제3장 표기 세칙

제1절 영어의 표기
영어의 표기는 미국 영어에서 차용된 외래어는 미국식 발음에 따라서, 영국 영어에서 차용된 것은 영국식 발음에 따라서 적는다.
제1항 무성 파열음
- 짧은 모음 다음의 어말 무성파열음은 받침으로 적는다: 단모음+p, t, k 등 무성 자음: 갭(gap), 캣(cat), 북(book)
- 짧은 모음과 유음, 비음, 이외의 자음 사이에 오는 무성 파열음은 받침으로 적는다: 앱트(apt), 액트(act)
- 위 경우 이외의 어말과 자음 앞의 p, t, k는 '으'를 붙여 적는다: 스탬프(stamp), 파트(part), 데스크(desk), 애플(apple)

제2항 유성 파열음
어말과 모든 자음 앞에 오는 유성 파열음은 '으'를 붙여 적는다.
제3항 마찰음
- 어말 또는 자음 앞의 s, z, f, v, Θ, ð는 '으'를 붙여 적는다: 마스크(mask), 올리브(olive), 그래프(graph)
- 어말의 ʃ는 '시'로 적고, 자음 앞의 ʃ는 '슈'로, 모음 앞의 ʃ는 뒤따르는 모음에 따라서 '샤, 섀, 셔, 셰, 쇼, 슈, 시'로 적는다: 플래시(flash), 슈러브(shrub), 쇼핑(shopping)
- 어말 또는 자음 앞의 ʒ는 '지'로 적고, 모음 앞의 ʒ는 ㅈ으로 적는다: 미라지(mirage), 비젼(vision[viʒən]) - '비젼'으로 적지 않은 이유는 한국어의 'ㅈ'이 이미 구개음이기 때문이다. 그래서 '져'로 적는 것이 무의미하다.

제4항 파찰음
- 어말 또는 자음 앞의 ts, dz는 '츠, 즈'로 적고, tʃ, dʒ는 '치, 지'로 적는다.
- 모음 앞의 tʃ, dʒ는 'ㅊ, ㅈ'로 적는다.

제5항 비음
- 어말 또는 자음 앞의 비음은 모두 받침으로 적는다: 스팀, 콘, 링,

잉크
- 모음과 모음 사이의 ŋ은 앞 음절의 받침 'ㅇ'으로 적는다.

제6항 유음
- 어말 또는 자음 앞의 유음은 [l]은 받침으로 적는다: 호텔(hotel), 펄프(pulp)
- 어중의 [l]이 모음 앞에 오거나 모음이 따르지 않는 비음 앞에 올 때에는 'ㄹㄹ'로 적는다: 슬라이드(slide), 필름(film)

제7항 장모음
장모음의 장음은 따로 표기하지 않는다. 한자어도 마찬가지다. 모든 외래어에 적용된다: 팀(team)

제8항 중모음 ai, au, ei, ɔi, ou, auə
각 단모음의 음가를 살려서 적되, ou는 '오'로, auə는 '아워'로 적는다: 타임(time), 스케이트(skate), 보트(boat)

제9항 반모음 w, j
- w는 뒤따르는 모음에 따라 wə, wɔ, wou는 '워'로, wa는 '와'로, wæ는 '왜'로 we는 '웨', wi는 '위', wu는 '우'로 적는다: 워드(word), 울(wool)
- 자음 뒤에 w가 올 때에는 두 음절로 갈라 적되, gw, hw, kw는 한 음절로 붙여 적는다: 스윙(swing), 쿼터(quarter[kwɔːrtər])
- 반모음 j는 뒤따르는 모음과 합쳐 '야, 얘, 여, 예, 요, 유, 이'로 적는다. 다만, d, l, n 다음에 jə가 올 때에는 각각 '디어, 리어, 니어'로 적는다: 야드(yard), 유니언(union)

제10항 복합어
- 따로 설 수 있는 말의 합성으로 이루어진 복합어는 그것을 구성하고 있는 말이 단독으로 쓰일 때의 표기대로 적는다. 단독으로 쓰일 수 없는 접사는 예외다: 헤드라이트(headlight), 북메이커(bookmaker)('부크메이커'가 아님)
- 원어에서 띄어 쓴 말은 띄어 쓴 대로 한글 표기를 하되, 붙여 쓸 수도 있다: 톱 클라스/톱클라스(top class)

3) 로마자 표기법

로마자 표기법은 한국어를 한국어 발음에 따라 로마자로 적는 방법을 말한다. 〈국어 어문 규정집〉에 제시된 '로마자 표기법'에 대한 핵심 내용을 정리하여 제시한다.

제1장 표기의 기본 원칙
제1항 국어의 로마자 표기는 국어의 표준발음에 따라 적는다.
제2항 로마자 이외의 부호는 되도록 사용하지 않는다.
제3항 1음운 1기호의 표기를 원칙으로 한다.

제2장 표기 일람
제1항 모음 -단모음, 중모음 cf) 장모음 표기 안 함
- 단모음: ㅏ(a) ㅓ(eo) ㅗ(o) ㅜ(u) ㅡ(eu) ㅣ(i) ㅐ(ae) ㅔ(e) ㅚ(oe) ㅟ(wi)
- 이중모음: ㅑ(ya) ㅕ(yeo) ㅛ(yo) ㅠ(yu) ㅒ(yae) ㅖ(ye) ㅘ(wa) ㅙ(wae) ㅝ(wo) ㅝ(wo) ㅞ(we) ㅢ(ui)

제2항 자음 -유성자음(모음 앞에서)과 무성자음(자음이나 어말)을 구별하여 적음
- 파열음: ㄱ(g,k)ㄲ(kk)ㅋ(k), ㄷ(d,t)ㄸ(tt)ㅌ(t), ㅂ(b,p)ㅃ(pp)ㅍ(p)
- 파찰음: ㅈ(j) ㅉ(jj) ㅊ(ch)
- 마찰음: ㅅ(s) ㅆ(ss) ㅎ(h)
- 비음: ㄴ(n) ㅁ(m) ㅇ(ng)
- 유음: ㄹ(r,l) 단, ㄹ은 모음 앞에서는 'r'로 자음이나 어말에는 'l'로 ㄹㄹ은 'll'로 적는다.

제3장 표기상의 유의점
제1항 음운 변화가 일어날 때 표기에 반영한다.
- 자음 사이에서 동화 작용이 일어나는 경우
- ㄴ, ㄹ이 덧나는 경우
- 구개음화가 되는 경우
- ㄱ, ㄷ, ㅂ, ㅈ이 ㅎ과 어울려 나는 경우

제2항 발음상 혼동의 우려가 있을 때나, 기타 분절의 필요가 있을 때에는 붙임표(-)를 써서 따로 적는다.
- 인명이나 행정구역의 단위명 표기의 동화작용은 반영하지 않는다.
제3항 고유명사는 첫소리를 대문자로 적는다: 부산(Busan), 세종(Sejong)
제4항 인명은 성과 이름 순서로 쓰되 띄어 쓰고, 이름은 붙여 쓰는 것을 원칙으로 하되 음절 사이에 붙임표 넣는 것을 허용한다. 한자식이 아닌 경우는 붙임표를 생략할 수 있다: Song Nari(Song Na-ri)
제5항 행정 구역 '도, 시, 군, 구, 읍, 면, 리, 동, 가'는 각각 'do, shi, gun, ŭp, myŏn, ri, dong, ga'로 적고 앞에 붙임표를 넣는다. '시, 군, 읍'의 행정구역 단위는 생략할 수 있다.
=> (개정) '도, 시, 군, 구, 읍, 면, 리, 동'의 행정 구역 단위와 '가'는 각각 'do, si, gun, gu, eup, myeon, ri, dong, ga'로 적고, 그 앞에는 붙임표(-)를 넣는다. 붙임표(-) 앞뒤에서 일어나는 음운 변화는 표기에 반영하지 않는다.
제6항 자연 지물명, 문화재명, 인공 축조물명은 붙임표(-) 없이 붙여 쓴다.: 남산(Namsan)
제7항 고유명사의 표기(인명, 회사명, 단체명 등)는 국제관계 및 종래의 관습적 표기를 고려해서 갑자기 변경할 수 없는 것에 한하여 관례대로 적는다.
=> (개정) 인명, 회사명, 단체명 등은 그동안 써 온 표기를 쓸 수 있다.
제8항 인쇄나 타자의 어려움이 있는 경우는 ŭ, ŏ의 반달표(ˇ)와 k', t', p', ch'의 어깨점(')은 생략할 수 있다.
=> (개정) 제8항 내용 없어짐

3장 주요 참고문헌

한국어 문자론과 표기법에 대한 주요 참고문헌은 이기문(1963, 1975, 1998), 이익섭(1992, 2001 초판 1986), 민현식(1999), 안병희(2007), 이기문·이호권(2008), 국어어문규정집(2012) 등이다.

4장 한국어 음운체계

: 한국어의 음운체계는 어떻게 되어 있나?

4.1. 한국어 자음체계

먼저 한국어의 음운체계를 자음과 모음으로 분류하여 살펴보기로 한다.

4.1.1 자음의 분류

한국어의 자음을 음이 발음되는 입에서의 위치인 조음 위치와 음이 발음되는 방식인 조음 방식에 의해서 나누어 보면 다음과 같다.

1) 발음이 나는 위치에 의한 자음의 분류

먼저 아래 구강도(口腔圖)를 중심으로 어떤 발음기관에서 어떤 자음이 발성되는지부터 알아보고 발음되는 위치에 따라서 자음을 분류해 보자.

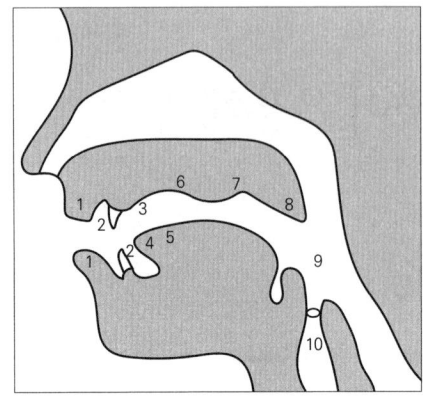

1. 입술
2. 이
3. 잇몸(치조)
4. 설첨
5. 설단
6. 경구개
7. 연구개
8. 목젖
9. 목구멍
10. 성문

1번 - 입술에서 나는 소리는 순음(脣音)이라고 한다. [ㅁ, ㅂ, ㅍ, ㅃ]이 여기에 해당된다.

2번 - 이에서 나는 소리는 치음(齒音)이라고 한다. 넓게 보면 2, 3, 4번 위치가 모두 치음에 해당된다.

3번 - 잇몸에서 나는 소리를 치조음(齒槽音)이라고 한다.

4번 - 혀의 끝 중에서도 뾰족한 부분에 이가 닿으므로 이를 설첨음(舌尖音)이라고도 한다. [ㄴ, ㄷ, ㅌ, ㄸ]이 여기에 해당된다.

5번 - 혀의 끝이 가 닿으므로 설단음(舌端音)이라고도 한다. [ㄹ, ㅅ, ㅆ]이 여기에 해당된다.

6, 7번 - 입천장에서 나는 소리를 구개음이라고 하는데 6번의 딱딱한 입천장에서 나는 소리는 경구개음(硬口蓋音)이고, 7번의 안쪽 부드러운 부분에서 나는 소리는 연구개음(軟口蓋音)이라고 한다. 경구개음에는 [ㅈ, ㅊ, ㅉ]이 있고, 연구개음에는 [ㅇ, ㄱ, ㅋ, ㄲ]이 있다.

10번 - 성문에서 나는 소리로 성문음(聲門音)이 있다. 후음(喉音)이라고도 한다. 여기에는 [ㅎ]이 해당된다.

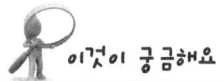

치음과 치조음의 차이가 뭐예요? '치음'은 [ㅈ, ㅊ], '치조음'은 [ㄷ, ㅌ, ㄴ, ㅅ]이라고 나와 있다고 하고, 또 '치음'이 [ㄴ, ㄷ, ㅌ, ㄸ], '치조음'이 [ㄹ, ㅅ, ㅆ, (ㅿ)]으로 나와 있는 곳도 있습니다.

먼저 훈민정음 창제 시에는 '설음과 치음'으로 나누었습니다. 혀가 위턱에 붙은 모양을 본뜬 ㄴ에 획이 더해져 ㄷ이 되고 또 더해져 ㅌ이 되었는데 이것들을 모두 설음이라고 했지요. 그리고 이[齒] 모양을 본뜬 ㅅ을 기본으로 하여 한 획이 더해져 ㅈ이 되고 또 한 획이 더해져 ㅊ이 되었는데 이것들을 모두 치음이라고 했고요.

현대국어에서 자음체계를 나눌 때는 조음위치에 의해서 치음과 치조음으로 나누었는데 위의 설음과 치음이 여기에 해당됩니다. 치음과 치조음이 워낙 성질이 비슷하여 구분하지 않기도 합니다. 실제로 자음분류표를 보면, 치조음 하나에 다 포함되어 있지요.

이것들을 자세히 나눈다면 '지음'(혀끝이 윗니 뒤에 닿는) [ㄴ, ㄷ, ㅌ, ㄸ]과 '치조음'(혀끝이 윗잇몸에 닿는) [ㄹ, ㅅ, ㅆ]으로 나누기도 합니다. 그리고 [ㅈ, ㅊ, ㅉ]은 경구개음이라고 합니다.

2) 발음 방식에 의한 자음의 분류

자음이 발음되는 방식에 따라 자음을 분류해 보기로 하겠다. 자음은 성도(聲道)의 어느 부분에서 협착(狹窄, narrowness)이 일어난다고 했는데, 이 협착이 어느 위치에서 어떤 방식으로 이루어지는가 하는 것이 자음들을 서로 구분해 주는 기준이 된다.

(1) 장애음과 공명음

먼저 장애 여부에 따라서 장애가 일어나는 장애음과 일어나지 않는 공명음으로 나눌 수 있다.

발음할 때에 장애가 일어나는 장애음으로는 폐쇄음(閉鎖音, stop), 경음(硬音, 된소리, fortis), 격음(激音, 거센소리, aspirated), 마찰음(摩擦音, fricative), 파찰음(破擦音, affricate)이 있고, 반면에 장애가 일어나지 않는 공명음으로는 비음(鼻音, nasal)과 유음(流音, liquid)이 있다.

폐쇄음은 파열음(破裂音, plosive) 또는 정지음(stop)이라고도 하며 [ㅂ, ㄷ, ㄱ]이 여기에 해당된다. 경음은 된소리라고도 하며 [ㅃ, ㄸ, ㄲ]이 여기에 해당된다. 격음은 유기음(有氣音, aspirate) 또는 거센소리라고도 하며 [ㅍ, ㅌ, ㅋ]이 여기에 해당된다. 마찰음은 마찰이 일어나는 방식으로 조음되는 음으로 [ㅅ, ㅎ, ㅆ]이 해당된다. 파찰음은 파열과 마찰의 방식이 함께 일어나는 방식에 의해서 조음되는 음으로 [ㅈ, ㅊ, ㅉ]이 해당된다.

공명음 중에서 비음은 비강을 통해서 나는 음으로 [ㄴ, ㅁ, ㅇ]이 해당되고, 유음은 물 흐르듯이 조음되는 음으로 [ㄹ]이 해당된다. 모음과 반모음도 공명음의 일종이다.

소리가 비강을 통해서 나느냐 구강을 통해서 나느냐에 따라서 비강음(鼻腔音, nasal)과 구강음(口腔音, oral)으로 나누기도 한다. 비강음에는 비음이 해당된다.

(2) 긴장음과 이완음

다음은 성대의 상태에 따라서 성대가 긴장되는 긴장음(緊張音)과 긴장되지 않는 이완음(弛緩音)으로 나눌 수 있다.

이완의 방식으로 조음되는 이완음은 평음(平音)이 해당되고, 긴장의 방식으로 조음되는 긴장음은 경음(硬音)이나 격음(激音)이 해당된다고 하겠다.

(3) 유성음과 무성음

성대의 진동을 일으키느냐의 여부에 따라서 유성음과 무성음으로 나눌 수 있다.

유성음(有聲音, voiced)은 숨이 성문(聲門)을 통과할 때 성대의 진동을 일으키는 음으로 'ㄴ, ㄹ, ㅁ, ㅇ'이 있고, 모음 '아, 어, 오, 우, 으, 이'도 해당된다.

무성음(無聲音, voiceless)은 숨이 성문(聲門)을 통과할 때 성대의 진동을 일으키지 않는 음으로 어두의 'ㄱ, ㄷ, ㅂ, ㅅ, ㅈ, ㅋ' 등이 해당된다.

> **장애를 받느냐의 여부에 따라서 자음과 모음으로 구별할 수 있다고 하고, 자음을 장애 여부에 따라서 또 장애음과 공명음으로 나눈다고 했는데 자음은 다 장애음 아닌가요?**
>
> 모든 자음이 다 장애음인 것처럼 오해할 수 있을 것 같습니다. 자음과 모음을 나누는 기준 중 하나가 장애 여부인데, 대부분의 자음은 장애가 있고 모음은 장애 없이 울림만 있으므로 공명음이라고 합니다. 그런데 자음 중에서도 장애가 거의 없이 울림이 있는 자음으로 비음과 유음을 들 수 있습니다. 비음 ㅁ, ㄴ, ㅇ은 비강을 통과하면서 걸리적거리지 않고 발음이 됩니다. 유음 ㄹ도 물 흐르듯이 발음이 되므로 유음(流音)이라고 합니다. 다른 폐쇄음이나 마찰음, 파찰음에 비해서 거의 장애가 없다고 할 수가 있습니다.

4.1.2 현대 한국어의 자음체계

조음위치와 발음 방식에 따라서 분류한 자음을 정리해 보면 다음 표와 같다.

발음 방식 \ 조음 위치		양순음	치조음	경구개음	연구개음	성문음
폐쇄음	평음	ㅂ	ㄷ		ㄱ	
	경음	ㅃ	ㄸ		ㄲ	
	격음	ㅍ	ㅌ		ㅋ	
비음		ㅁ	ㄴ		ㅇ	
마찰음	평음		ㅅ			
	경음		ㅆ			
	격음					ㅎ
파찰음	평음			ㅈ		
	경음			ㅉ		
	격음			ㅊ		
유음			ㄹ			

이것이 궁금해요

자음체계 표에서 보면 '성문음(후음)'은 왜 격음에 속해 있는지 궁금합니다.

'ㅎ'은 'ㅂ+ㅎ=ㅍ'이 되는 것처럼 'ㅂ'이 'ㅍ'이 될 수 있도록 기식(氣息)을 넣어주는 기능을 합니다. 그래서 'ㅍ=ㅂ+ㅎ([h], 기식(氣息))', 'ㅌ=ㄷ+ㅎ([h], 기식(氣息))', 'ㅋ=ㄱ+ㅎ([h], 기식(氣息))'이 되는 것입니다. ㅎ([h], 기식(氣息))은 격음으로 바꿔 주는 특징을 가졌기에 세게 발음합니다. 그런데 보통 격음은 파열음에 있다고 생각해서 ㅎ을 격음이 아니고 기식 그 자체라고 하여 평음에 넣기도 합니다.

4.2. 한국어 모음체계

모음은 혀의 앞뒤 위치와 입을 벌리는 정도(개구도), 입술을 둥그렇게 하느냐(원순성)의 여부에 의해서 나눌 수 있다. 그리고 발음할 때 처음부터 끝까지 입술의 모양이 변하지 않는 단모음과 변하는 이중모음, 그리고 반모음으로 나눌 수 있다.

4.2.1 모음의 분류

1) 단모음의 분류 기준

한국어 단모음(單母音, monophthong)을 분류하는 세 가지 기준은 혀의 높이(고저), 혀의 전후, 입술의 모양이다.

(1) 혀의 높이

혀의 높이에 의해서는 고모음(高母音, high vowel), 중모음(中母音, mid vowel), 저모음(低母音, low vowel)으로 나눈다.

한국어 고모음에는 'ㅣ, ㅟ, ㅡ, ㅜ'가 있고, 중모음에는 'ㅔ, ㅚ, ㅓ, ㅗ'가 있으며, 저모음에는 'ㅐ, ㅏ'가 있다.

(2) 혀의 전후

혀의 앞 뒤 위치에 의해서는 혀의 앞부분에서 소리를 내는 전설모음(前舌母音, front vowel), 혀의 중간 부분에서 소리를 내는 중설모음(中舌母音, central vowel), 혀의 뒷부분에서 소리를 내는 후설모음(後舌母音, back vowel)으로 나눈다.

중설모음과 후설모음의 위치가 가까워 한국어는 일반적으로 전설모음과 후설모음으로 나누며, 전설모음에는 'ㅣ, ㅔ, ㅐ, ㅟ, ㅚ'가 있고, 후설모음에는 'ㅡ, ㅓ, ㅏ, ㅜ, ㅗ'가 있다.

(3) 입술의 모양

입술의 모양으로는 입술을 둥글게 해서 소리를 내는 원순모음(圓脣母音,

rounded vowel)과 입술을 평평하게 해서 소리를 내는 평순모음(平脣母音, spread vowel)으로 나눈다.

한국어 원순모음에는 'ㅟ, ㅚ, ㅜ, ㅗ'가 있고, 평순모음에는 'ㅣ, ㅔ, ㅐ, ㅡ, ㅓ, ㅏ'가 있다.

2) 반모음

단모음과 이중모음을 연결시켜 주는 모음으로 반모음(半母音, semi-vowel)이 있다. j(y)계와 w계로 나눌 수 있다. '반모음(y/w) + 단모음'의 구조를 이루어 이중모음을 만드는 데에 쓰인다.

예를 들어 j의 경우 ㅣ[j] + ㅏ[a] => ㅑ[ja] 이중모음을 만들고, w의 경우 ㅜ[w] + ㅓ[ə] = ㅝ[wə]의 이중모음을 만든다.

3) 이중모음

이중모음(二重母音, diphthong)은 반모음이 합쳐져서 만들어지는데 발음할 때 하나 이상의 모음을 발음하므로 입술의 모양이 변한다. 이중모음에는 상향이중모음(上向二重母音)과 하향이중모음(下向二重母音)이 있다.

상향이중모음은 '반모음(y/w) + 단모음'의 구조이므로 발음하면서 개구도(開口度)가 커지는 이중모음을 말하며, 상향이중모음에는 'ㅑ(⇐ㅣ+ㅏ), ㅕ(⇐ㅣ+ㅓ), ㅛ(⇐ㅣ+ㅗ), ㅠ(⇐ㅣ+ㅜ)'가 있다.

   ㅣ + ㅏ = j + a => ㅑ
   ㅣ + ㅓ = j + ə => ㅕ
   ㅣ + ㅗ = j + o => ㅛ
   ㅣ + ㅜ = j + u => ㅠ

그런데 단모음 체계에 포함된 것 중에 ㅟ와 ㅚ가 이중모음과 혼동을 일으킬 수가 있다. 단모음 ㅟ, ㅚ는 이중모음 [wi], [we]로 발음되는 것이 아니고, [Ü], [Ö] 하나의 음으로 발음되는 것이다.

w + i = [wi] ⇏ ㅟ[Ü]: 귀, 쥐
w + e = [we] ⇏ ㅚ[Ö]: 참외

하향이중모음은 반대로 '단모음 + y'의 구조이므로 발음하면서 개구도가 작아지는 이중모음을 말하며, 하향이중모음에는 'ㅢ(ㅡ + ㅣ)'가 있다.

ㅡ + ㅣ = ɨ + j => ㅢ

> **단모음과 이중모음의 차이가 뭐예요?** 현대국어에서 'ㅟ, ㅚ'가 단모음이라고 하지만 아래 설명에 보면 현대국어 모음체계 특징에서 'ㅟ, ㅚ'가 이중모음에 속한다고 나와 있어서요. 혹시 'ㅟ, ㅚ'가 단모음이면서 동시에 이중모음에 속합니까?
>
> 단모음이면서 동시에 이중모음에 속할 수는 없습니다. 현대국어의 모음체계가 10모음 체계로 만들어진 것은 'ㅟ, ㅚ'가 근대국어에서는 이중모음이었는데 단모음화를 겪으면서 단모음 체계에 들어오게 된 것입니다. 그런데 현재 사람들이 'ㅟ, ㅚ'를 단모음으로 발음하기 힘들어 하기 때문에 훗날 다시 이중모음으로 되어 단모음 체계에서 빠지게 될 것으로 예상합니다.
> 또한 'ㅔ'와 'ㅐ'가 구별이 안 되어서 거의 합쳐지게 되었고, 'ㅡ'와 'ㅓ'도 서서히 합쳐지게 되어 먼 훗날에는 구별이 안 될 것으로 예상된다는 것입니다.

이것이 궁금해요

> j계 이중 모음이 아니라 y계 이중 모음이라고 할 때가 있는데요. 이 y는 어디에서 왔습니까? 그리고 j계 이중 모음과 y계 이중 모음은 같은 이중 모음이라고 생각해도 되겠습니까?
>
> 네 맞습니다. 단모음과 결합해서 이중모음을 만드는 반모음들인데 같은 음을 다르게 표현한 것이라고 이해하면 됩니다. 국제음성기호에 보면 j, y 등이 있습니다. 두 음이 거의 비슷한 음입니다.
> 다만 주의할 점은 단모음 i 와는 둘 다 완전히 다르다는 것입니다. 그래서 단모음 i와 구별하여 써야 하는 반모음입니다. 하나의 모음 자격이 안 되고 반(半, half)만 모음인 것입니다.

4.2.2 현대 한국어의 모음체계

현대 한국어 모음에는 10개의 단모음이 있다. 발음할 때 처음부터 끝까지 입술의 모양이 변하지 않는다. 위에서 제시한 기준에 의해서 다음 표로 정리할 수 있으며, 모음 사각도에서 각 모음의 위치는 다음과 같다.

혀의 높이 \ 혀의 전후 위치 / 입술 모양	전설모음(front vowel)		후설모음(back vowel)	
	평순모음	원순모음	평순모음	원순모음
고모음(high vowel)	ㅣ	ㅟ	ㅡ	ㅜ
중모음(mid vowel)	ㅔ	ㅚ	ㅓ	ㅗ
저모음(low vowel)	ㅐ		ㅏ	

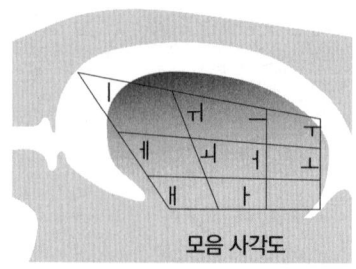
모음 사각도

4.3. 한국어의 운율적 요소

한국어의 운율적(韻律的) 요소에는 음을 길거나 짧게 발음하는 장단(長短), 높거나 낮게 발음하는 고저(高低), 강하거나 약하게 발음하는 강약(强弱), 그리고 억양(抑揚)이 있다.

이 중 현대국어에서 의미를 구별해 주는 기능을 갖고 있는 요소는 장단과 억양뿐이다. 장단은 단어 의미를 변별해 주고, 억양은 문장의 종류를 구별해 준다. 그런데 장단의 변별 기능은 점점 약화되어 사라지고 있는 추세이다.

4.3.1 장단

장단은 길게 발음하느냐, 짧게 발음하느냐에 따라서 의미가 구별되는 것으로 장단에 의해서 변별되는 단어 쌍을 보면 다음과 같다.

> **예**
>
> | 단음(短音) | 장음(長音) |
> |---|---|
> | 말(馬, horse) | :말(語, language) |
> | 눈(眼, eye) | :눈(雪, snow) |
> | 발(足, foot) | :발(簾, screen) |
> | 화장(化粧, makeup) | :화장(火葬, cremation) |

4.3.2 억양

음의 높낮이를 고저(高低) 악센트라고 하는데 중세국어에는 이러한 고저에 의해서 단어의 의미가 달랐으나 지금은 표준어에서 단어 의미의 변별을 하지 못한다.

그런데 고저 악센트가 문장 말미에 왔을 때는 의미의 변별 기능을 갖게 된다. 이를 억양(抑揚, intonation)이라고 한다. 문장의 말미를 발음할 때 종결어미를 내려주는 하강조로 억양을 내려주면 평서문이 되고, 종결어미를 올려주는 상승조로 억양을 올려주면 의문문이 된다.

평서문: (나) 밥 다 먹었어. ↘(하강조)
의문문: (너) 밥 다 먹었어? ↗(상승조)

또한 다음과 같이 같은 문장이 문말 억양에 따라서 의문문, 명령문, 허락문으로 나누어지기도 한다.

의문문: 먹어?
명령문: 먹어!
허락문: 먹어~.

4.4. 한국어의 음소

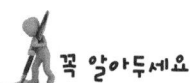

음소란?
  음소(音素)란 같은 소리로 인식하는 말소리를 말하는데 이에 대한 구별은 의미를 부여하느냐 아니냐에 따라 달라진다. 한글 음소의 경우, '달. 탈, 딸'의 경우를 보면 같은 환경 'ㅏ'에 초성으로 ㄷ이 오느냐 ㅌ이 오느냐 ㄸ이 오느냐에 따라서 전혀 의미가 다른 단어(달, 탈, 딸)가 되는 것을 알 수 있는데 이러한 기능을 가진 것들이 음소이다.

> **이음이란?**
> 　이음(異音)은 하나의 음소가 음운 환경에 따라서 다르게 발음 나는 것을 말한다. 이렇게 하나의 음소이면서 달리 나는 소리들을 그 음소의 이음이라고 한다. 다른 음이라는 뜻이다. ㄷ이 무성음 t로도 나고 유성음 d로도 발음되는데 어떻게 발음이 되든 상관없이 음소 표기는 ㄷ으로 하고 있다. 여기에서 무성음 t와 유성음 d를 음소 ㄷ의 이음이라고 한다. 음소 ㄹ의 이음으로는 l과 r이 있고, ㄱ의 이음으로는 k와 g가 있으며, ㅂ의 이음으로 p와 b가 있다.

4.4.1 음소

음소(音素, phoneme)는 해당 언어의 화자들이 같은 소리로 인식하는 말소리를 말하는 음운론의 단위이다. 음소가 달라지면 의미가 달라지는 것을 말한다. 음성은 그런 점을 무시한 물리적 실재로서의 말소리로 음성학의 단위이다.

예
불(火, fire) → ㅂ[pul/bul]
풀(草, grass) → ㅍ[pʰul]
뿔(角, horn) → ㅃ[p'ul]

'불'에서 음소 'ㅂ'이 'ㅍ'으로 바뀌면 '풀'이라는 다른 단어가 된다. 'ㅃ'으로 바뀌면 '뿔'이라는 또 다른 단어가 된다. 이처럼 한국어에서 'ㅂ', 'ㅍ', 'ㅃ'은 음소의 역할을 하는 것이다. 그런데 'ㅂ'은 음운 환경에 따라서 [p]로도 발음되고 [b]로도 발음된다. 하지만 의미가 달라지는 것은 아니다. 이들은 음소가 다른 것이 아니라 소리가 다른 것이다.

4.4.2 이음

이음(異音, allophone)은 음운론적으로는 하나의 음소라 할지라도 음성학적으로 보면 매우 많은 변이가 있을 수 있다. 하나의 음소를 이루는 여러 소리들을 그 음소의 이음이라 한다. 이음은 의미가 달라지지 않는 점이 음소와 다른 점이다.

음소 'ㄱ'은 무성음 [k]와 유성음 [g]를 이음으로 갖는다. 음소 'ㄷ'은 무성음 [t]와 유성음 [d]를 이음으로 갖는다. 음소 'ㅂ'은 무성음 [p]와 유성음 [b]를 이음으로 갖는다. 음소 'ㄹ'은 설측음(舌側音, lateral) [l]과 전동음(顫動音, trill) [r]을 이음으로 갖는다. 단어로 이음의 예를 들면 다음과 같다.

> **예**
> ㄱ - [k]/[g]   가격[kagjək]
> ㄷ - [t]/[d]   달다[talda]
> ㅂ - [p]/[b]   바보[pabo]
> ㄹ - [l]/[r]   달[tal]/다리[tari]

4.4.3 변별자질

변별자질(辯別資質, distinctive feature)은 한 언어의 말소리를 이루는 여러 자질 중에서 음소를 구별시켜 주는 기능을 하는 자질을 말한다. 예를 들면 격음 'ㅋ,ㅌ,ㅍ,ㅊ,ㅎ'과 평음 'ㄱ, ㄷ, ㅂ, ㅈ'을 구별시켜 주는 변별자질로 [유기성(有氣性, aspirated)]의 유무를 들 수 있다.

> **예**
> 유기성의 유무 - 격음(거센소리) ㅋ,ㅌ,ㅍ,ㅊ,ㅎ

후두의 긴장 – 경음(된소리) ㄲ,ㄸ,ㅃ,ㅆ,ㅉ

음소 'ㄱ'이 무성음 [k]와 유성음 [g]를 이음으로 갖기는 하지만 음소는 둘이 아닌 하나이다. 영어에서는 유성음과 무성음이 변별자질이어서 'g'와 'k'이 다른 음소로 나누어지지만 한국어에서는 아니라는 것이다.

> 음소는 음성과 달리 의미를 구별해 주는 최소의 단위라고 하셨는데 음운(음소+운소)라는 큰 범위도 의미를 구별해 주는 최소의 단위라고 할 수 있습니까? 음성에 대응하는 개념이 음운이어서 이러한 질문을 드렸습니다.
>
> 음소는 의미를 구별해 주는 가장 작은 단위라고 할 수 있지만 음운을 음소+운소(韻素, prosodeme)의 결합으로 이해한다면 음소도 의미를 가지고 있고 운소도 의미를 가지고 있으니까 두 개의 의미를 가지므로 가장 작은 단위는 아니겠지요. 예를 들어 '발(足, foot)'과 '말(馬, horse)'은 ㅂ이 ㅁ으로 음소 하나가 바뀌어서 의미가 달라졌습니다. 장음 '발(簾, blind)'과 장음 '말(言, language)'을 비교해 보더라도 역시 음소의 차이에 의해서만 의미가 변별됩니다.
> 여기에 장음 '말(言, language)'과 단음 '말(horse)'을 비교해 보면, 음소는 동일하므로 변함이 없는데 음장이라는 운소에 의해서만 의미 차이를 보이므로 운소도 의미를 구별해 줍니다. 음소와 운소가 층위가 다르기는 하지만 운소도 의미 차이를 일으키는 것은 맞습니다.
> 그런데 단음 '발(足, foot)'과 장음 '말(言, language)'을 비교해 보면 음소의 차이에 의해서만 의미 차이를 보입니다. 운소의 차이도 가지지만 여기에서 음장의 차이는 의미 변별과는 아무 상관이 없고 비교 층위가 성립이 되지 않습니다.

5장 한국어 음운규칙

: 한국어의 음운규칙에는 무엇이 있나?

어떤 음소 앞(또는 뒤)에서는 어떤 음소를 발음하기가 생리적으로 어려울 수 있다. 그런 경우 앞이나 뒤의 음소를 발음하기 쉬운 다른 음소로 바꾸어 발음하는 변화가 빈번히 일어난다. 이를 결합적 변화 또는 조건적 변화라고 한다.

자음과 관련된 음운현상에 의한 대표적인 음운규칙으로는 연음법칙, 비음화, 유음화, 구개음화 등이 있고, 모음과 관련된 음운현상에 의한 대표적인 음운규칙으로는 모음조화, 움라우트, 원순모음화, 모음충돌회피현상 등이 있다.

5.1. 자음 관련 음운규칙

자음과 관련된 대표적인 음운현상에 의한 규칙은 다음과 같다.

5.1.1 연음법칙

연음법칙(連音法則, Linking)은 두 받침이 연이어서 모두 발음되는 규칙을 말한다. 한국어에서 앞 형태소의 마지막 자음이 모음으로 시작하는 뒤 형태소와 연결될 때 단순화 규칙이 적용되지 않고 둘이 이어지면서 둘 다 발음이 된다.

예 값이>[갑시], 닭이>[달기], 맑아>[말가], 없이>[업시] 등

5.1.2 자음동화

자음동화(子音同化, consonant assimilation)는 인접한 자음끼리 영향을 받아서 서로 닮거나 비슷해지는 음운현상을 말한다. 두 음이 완전히 같아지는 경우를 완전동화(完全同化, complete assimilation)라고 하고 비슷해지는 경우를 부분동화(部分同化, partial assimilation)라고 한다. 그리고 동화가 일어나는 음이 인접해 있으면 인접동화(隣接同化, contiguous assimilation)이고, 두 음 사이에 다른 음이 끼어들어 있으면 원격동화(遠隔同化, distant assimilation)이다. 앞 음의 영향으로 뒤에 있는 음이 변하면 순행동화(順行同化, progressive assimilation)라고 하고, 뒤 음의 영향으로 앞 음이 변하면 역행동화(逆行同化, regressive assimilation)라고 한다.

1) 비음화

먼저 장애음이 비음화(鼻音化, nasalization)되는 것을 들 수 있다. 장애음이 뒤에 오는 비음의 영향을 받아서 같은 조음 위치에서 발음되는 비음으로 변하는 현상을 말한다. 선행 폐쇄음이 후행 비음의 영향을 받아 비음으

로 변한다고 할 수 있다. 비음은 'ㅁ, ㄴ, ㅇ'을 말한다.

순음 'ㅂ'은 입술에서 나는 비음인 'ㅁ'으로 변하고, 치음 'ㄷ'은 이(齒)에서 나는 소리 중에서 비음인 'ㄴ'으로 변하며, 연구개음 'ㄱ'은 연구개에서 나는 비음인 'ㅇ'으로 변한다. 장애음 다음에 비음이 아닌 유음이 오는 경우는 유음이 먼저 비음으로 변한 다음에 다시 장애음이 비음으로 변하는 과정을 거친다.

예
순음의 비음화: 십리(十里) → [십니] → [심니], 앞만 → [암만]
치음의 비음화: 닫는다 → [단는다], 끝만 → [끈만]
연구개음의 비음화: 국내(國內) → [궁내], 부엌만 → [부엉만]
장애음 뒤에 유음이 오는 경우: 독립(獨立) → [독닙] → [동닙]

2) 유음화

유음화(流音化, lateralization)는 유음의 영향을 받아서 비음 'ㄴ'이 유음 'ㄹ'로 변하는 현상을 말한다. 'ㄴ'의 앞이나 뒤에 유음 'ㄹ'이 오는 경우 'ㄹ'의 영향을 받아서 'ㄹㄹ'로 발음되는 현상이다.

첫째 경우는 종성이 'ㄴ'으로 끝나는 음절의 뒤에 초성이 'ㄹ'인 음절이 오면 종성 'ㄴ'이 'ㄹ'로 변하는 경우를 말한다.

예 난로 → [날로], 논리 → [놀리], 선릉역 → [설릉녁], 혼란 → [홀란]

둘째 경우는 종성이 'ㄹ'인 음절 뒤에 초성이 'ㄴ'인 음절이 연결될 수 없어서 'ㄴ'과 'ㄹ'이 연결되지 못하고 'ㄴ'이 'ㄹ'로 바뀌는 경우를 말한다.

예 설날 → [설랄], 실내 → [실래], 줄넘기 → [줄럼끼]

> **순행동화와 역행동화를 어떻게 구별하나요? '신라'를 역행동화의 예로 제시했는데 '신라'처럼 ㄴ 의 뒤에 ㄹ이 오는 경우에 ㄴ-ㄹ 〉 ㄹ-ㄹ으로 변화하면 상호동화가 아닌가요?**
>
> 순행동화는 앞 음절의 영향을 받아서 뒤 음절이 변하는 것으로 ⇒ 방향으로 변하는 순방향으로 변했다는 뜻이고, 역행동화는 뒤 음절의 영향을 받아서 앞 음절이 변하는 것으로 ⇐ 방향으로 변하는 역방향으로 변했다는 뜻이에요. 신라는 [실라]로 발음되니까 ⇐ 방향이 되므로 역행동화입니다. 또한 상호동화는 두 음이 다 변하는 경우를 말합니다.

5.1.3 구개음화

구개음화(口蓋音化, palatalization)는 구개음이 아닌 자음이 뒤에 오는 모음 ㅣ나 반모음 j 의 영향을 받아 구개음으로 변하는 현상을 말한다. ㄷ구개음화, ㄱ구개음화, ㅎ구개음화가 있다.

1) ㄷ구개음화

ㄷ, ㅌ이 ㅣ모음 앞에서 ㅈ, ㅊ으로 변하는 ㄷ구개음화가 대표적이다. 예를 들면 '같이'가 [가치]로 발음되거나 '굳이'가 [구지]로 발음되는 현상이다.

예 굳이 → [구지], 같이 → [가치], 끝이 → [끄치]

2) ㄱ, ㅎ**구개음화**

ㄱ구개음화, ㅎ구개음화도 있다. ㄱ구개음화는 ㄱ이 ㅣ모음 앞에서 ㅈ으

로 변하며, ㅎ구개음화는 ㅎ이 ㅣ모음 앞에서 ㅅ으로 변하는 현상인데 ㄱ, ㅎ구개음화는 방언에서 나타난다.

> **예**
> ㄱ구개음화(기름→[지름], 길→[질])
> ㅎ구개음화(형→[성], 힘→[심], 흉→[슝])

5.1.4 두음법칙

두음에 제약(制約)을 받는 두음법칙(頭音法則, word-initial rule)에는 ㄹ두음법칙, ㄴ두음법칙, ㅇ두음법칙 등 여러 가지가 있다.

1) ㄹ두음법칙

한국어에는 ㄹ이 어두에 오기 어려워서 ㄹ 뒤에 단모음이 오는 경우는 ㄴ으로 바뀌고, ㄹ 뒤에 이중모음이 오는 경우는 ㅇ으로 바뀐다. 이것을 ㄹ두음법칙이라고 한다. 예외적으로 외래어의 경우는 적용이 되지 않는다.

> **예**
> ㄹ+단모음 > ㄴ+단모음: 로인>노인(老人, 늙을로(老))
> ㄹ+이중모음 > ㅇ+이중모음: 룡>용(龍, 용룡(龍))
> 예외) 라디오, 라면, 로봇, 로션, 리본 등

2) ㄴ두음법칙

'ㄴ'도 어두에 오기가 어려운데 단모음, 이중모음 상관없이 'ㄴ'이 'ㅇ'으로 바뀐다. 이것을 ㄴ두음법칙이라고 한다.

> **예**
> ㄴ+단모음 > ㅇ+단모음: 닊금>임금
> ㄴ+이중모음 > ㅇ+이중모음: 녀인>여인, 년말>연말

3) ㅇ두음법칙

한국어에서 'ㅇ[ŋ]'은 어두(語頭)에는 올 수 없고 어말에만 올 수 있는 제약이 있는데 이것을 ㅇ두음법칙이라고 한다.

> **예**
> 앙금[aŋkim]: o[zero, ø]+ㅏ[a]+o[ŋ]
> 엉엉[əŋəŋ]: o[zero, ø]+ㅓ[ə]+o[ŋ]
> 잉어[iŋə]: o[zero, ø]+ㅣ[i]+o[ŋ]

4) 어두자음군 제약

현대국어에서는 어두에 자음이 두 개 이상 올 수가 없는 제약이 있다. 중세국어 시기에는 잠시 어두자음군(語頭子音群)이 있었지만 이후 경음화, 격음화를 거치면서 사라졌다.

> **예**
> 뜻(<뜯, 意), 쌀(<ᄡᆞᆯ, 米), 짝(<빡, 雙)
> 틈(<ᄩᅳᆷ, 隙), 때(<ᄢᅢ, 時)

5.1.5 경음화

경음화(硬音化, tensification)는 다양하게 나타나는데 통시적으로 일어난 음운 변화는 생략하고, 공시적인 경음화만 설명하기로 한다. 된소리화라고도 한다.

1) 단어 내

어두경음화가 많이 일어나고 있어도 표준어로 인정된 것은 매우 적어 다음의 예들뿐이다.

> **예** 꾸기다, 뚜드리다, 똥그랗다, 쪼그맣다, 쪼금, 쫄다

'과사무실'을 [꽈사무실]로 발음한다거나 '서비스'를 [써비스]로 발음하는 것은 표준 발음으로 인정하지 않는다. 어두경음화가 방언에서 많이 나타나는데 이 또한 표준 발음으로 인정하지 않는다.

> **예**
> (목에)가시(가 걸렸다)→[까시], 가죽(장갑)→[까죽], (다)부수다→[뿌수다]

2) 단어와 단어의 경계

경음화는 'ㅂ, ㄷ, ㅅ, ㅈ, ㄱ' 등의 평음이 경음 'ㅃ, ㄸ, ㅆ, ㅉ, ㄲ'으로 바뀌는 현상을 말하는데 단어 내에서뿐만 아니라 단어와 단어(또는 형태소)의 경계에서도 나타나며 매우 다양한데 대표적인 몇 예를 제시한다.

> **예1**
> 종성 'ㅂ, ㄷ, ㄱ' 뒤에 오는 평음 'ㅂ, ㄷ, ㅅ, ㅈ, ㄱ'이 [ㅃ, ㄸ, ㅆ, ㅉ, ㄲ]으로 바뀐다.
> : 국부→[국뿌], 있다→[읻따], 식사→[식싸], 앞집→[압찝], 먹지→[먹찌]), 입구→[입꾸], 듣고→[듣꼬], 잡고→[잡꼬]

> **예2**
> 용언 어간말음 'ㅁ(ㄻ), ㄴ(ㄵ)' 뒤에 평음 'ㄷ, ㅅ, ㅈ, ㄱ'으로 시작하는

어미가 올 때 어미의 두음 'ㄷ, ㅅ, ㅈ, ㄱ'이 [ㄸ, ㅆ, ㅉ, ㄲ]으로 바뀐다.
: 신다→[신따], 젊다→[점따], 옮지→[옴찌] 감고→[감꼬], 신고→[신꼬]

예3

관형사형어미 '-(으)ㄹ' 뒤의 꾸밈을 받는 명사의 두음 'ㅂ, ㄷ, ㅅ, ㅈ, ㄱ'이 [ㅃ, ㄸ, ㅆ, ㅉ, ㄲ]으로 바뀐다.
: 알 바→[알 빠], 먹을 데→[머글 떼], 갈 사람→[갈 싸람], 살 집→[살 찝], 할 거예요→[할 꺼에요], 갈 곳→[갈 꼳]

예4

한자어 내부에서 'ㄹ' 받침 뒤에 후행 음절의 초성 'ㄷ, ㅅ, ㅈ'은 [ㄸ, ㅆ, ㅉ]으로 바뀐다.
: 갈등(葛藤)→[갈뜽], 일수(日收)→[일쑤], 물자(物資)→[물짜]
후행 음절의 초성이 'ㅂ, ㄱ'일 때는 경음화되지 않는다.
: 결부(結付)→[결부], 돌발(突發)→[돌발], 불발(不發)→[불발], 발견(發見)→[발견], 물건(物件)→[물건]

예5

두 단어가 합성어를 이룰 때 사이시옷이 들어가는 경우 경음화가 일어난다. 뒤 단어가 'ㅂ, ㄷ, ㅅ, ㅈ, ㄱ'으로 시작할 경우 사이시옷으로 인해 [ㅃ, ㄸ, ㅆ, ㅉ, ㄲ]으로 경음화된다.
: 뒷바퀴→[뒤빠퀴/뒫빠퀴], 콧등→[코뜽/콛뜽], 뒷소리→[뒤쏘리/뒫쏘리], 햇살→[해쌀/핻쌀], 뱃속→[배쏙/밷쏙], 뱃전→[배쩐/밷쩐], 뒷자리→[뒤짜리/뒫짜리], 냇가→[내까/낻까]
표기상으로는 사이시옷이 없지만 발음으로 경음화가 되는 경우도 있다.
: 술병→[술뼝], 일손→[일쏜], 술잔→[술짠], 길가→[길까]

5.1.6 격음화

격음화(激音化, aspiration)는 'ㅎ(기식음, 氣息音)'의 앞뒤에 'ㅂ, ㄷ, ㅈ, ㄱ'이 올 경우, 즉 'ㅎ+ㅂ/ㅂ+ㅎ, ㅎ+ㄷ/ㄷ+ㅎ, ㅎ+ㅈ/ㅈ+ㅎ, ㅎ+ㄱ/ㄱ+ㅎ'

이 축약되어 'ㅍ, ㅌ, ㅊ, ㅋ'으로 되는 현상으로 이것을 유기음화(有氣音化)라고도 한다. 'ㅎ' 뒤에 평장애음이 연결되거나 평장애음 뒤에 'ㅎ'이 연결되어 유기음으로 변하는 현상이다. 즉 'ㅎ + ㄱ, ㄷ, ㅈ'의 결합 시 'ㅋ, ㅌ, ㅊ'으로 변하거나(예1) 'ㄱ, ㄷ, ㅂ + ㅎ'의 결합 시 'ㅋ, ㅌ, ㅍ'으로 변한다(예2).

예1
이렇게 → [이러케], 놓고 → [노코], 낳다가 → [나타가], 낳지 → [나치]

예2
먹히지 → [머키지], 닫히지 → [다치지], 뽑히지 → [뽀피지], 축하 → [추카]

5.1.7 말음법칙

음절의 마지막 끝에서 발음에 제약(制約)을 받는 말음법칙(末音法則)에는 음절 말 중화와 겹받침 발음 끝소리 규칙을 대표적으로 들 수 있다.

 꼭 알아두세요

중화란?
중화(中和)란 서로 성질이 다른 것들이 섞여 각각의 성질을 잃거나 그 중간의 성격으로 바뀌는 것을 말한다. 둘 중 하나로 합쳐지는 경우까지도 중화로 수용하여 말한다. 예를 들어 음절 말에서 '낟, 낫, 낮, 낯, 낱'이 각각 제 음가를 잃고 모두 [낟]으로 발음되는 것을 말한다. '낟, 낫'의 말음 'ㄷ'과 'ㅅ'이 그 중간 성격의 음으로 중화되는 것이 아니고, 둘 중 하나인 'ㄷ'([낟])으로 합쳐지는 것도 수용한다는 것이다.

1) 음절 말 중화

음절 말 중화(中和, neutralization)는 음절 말(末)이나 휴지(休止, pause) 앞에서 자음이 제 음가가 아닌 중간음으로 발음되는 현상을 말한다. 한국어에서는 받침으로 오는 자음이 철자 상으로 쓰이는 것과 실제 발음되는 음이 다르다. 이는 음절 말에서는 중화 현상이 일어나기 때문이다. 음절 말 중화의 예를 들면 다음과 같다.

ㅂ/ㅍ >ㅂ - 놉/높 > [놉]
ㄷ/ㅌ >ㄷ - 받/밭 > [받]
ㄱ/ㅋ/ㄲ >ㄱ - 억/부엌/밖 > [억/박]
ㅅ/ㅆ >ㅅ >ㄷ - 갓/갔 > [갓] > [갇]
ㅈ/ㅊ >ㅈ >ㄷ - 낮/낯 > [낮] > [낟]

평음, 격음, 경음 사이의 중화는 가장 약한 평음으로 중화되는 현상을 보이고, 평음 ㄷ, ㅅ, ㅈ 사이에서는 ㄷ으로 중화를 보인다. 그리하여 7개의 자음 'ㄱ, ㄴ, ㄷ. ㄹ, ㅁ, ㅂ, ㅇ'만이 음절 말에서 발음된다고 할 수 있다. 다만 외래어 발음에는 'ㅅ'을 추가하여 'ㄷ'과 구분하여 8개를 표기에 반영한다.

2) 겹받침 발음 끝소리 규칙

겹받침 발음 끝소리 규칙은 복자음 받침 발음법이라고도 한다. 한국어에서는 받침으로 11개의 겹받침이 표기상으로는 쓰이지만 실제 발음될 때에는 음절 말이나 자음 앞에서는 둘 중 하나만 발음된다. 물론 뒤에 모음이 오는 경우는 뒤 자음이 뒤에 오는 모음과 결합되면서 두 개가 다 발음된다. 예를 들면 다음과 같다.

ㄳ >ㄱ - 삯[삭]
ㄵ >ㄴ - 앉다[안따]
ㄶ >ㄴ - 않다[안타]
ㄺ >ㄱ - 닭[닥], 맑다: 맑다[막따], 맑지[막찌]
  예외: ㄺ>ㄹ: 맑고[말꼬]
ㄻ >ㅁ - 삶[삼], 삶다: 삶다[삼따], 삶지[삼찌], 삶고[삼꼬]
ㄼ >ㄹ - 여덟[여덜], 넓다: 넓다[널따], 넓지[널찌], 넓고[널꼬]
  예외: ㄼ>ㅂ - 밟다: 밟다[밥따], 밟지[밥찌], 밟고[밥꼬]
    - 넓죽하다: 넓죽하다[넙쭈카다], 넓죽하지[넙쭈카지], 넓죽하고[넙쭈카고]
    - 넓둥글다: 넓둥글다[넙뚱글다], 넓둥글지[넙뚱글지], 넓둥글고[넙뚱글고]
ㄽ >ㄹ - 외곬[외골]
ㄾ >ㄹ - 훑다: 훑다[훌따], 훑지[훌찌], 훑고[훌꼬]
ㄿ >ㅂ - 읊다: 읊다[읍따], 읊지[읍찌], 읊고[읍꼬]
ㅀ >ㄹ - 옳다: 옳다[올타], 옳지[올치], 옳고[올코]
ㅄ >ㅂ - 값[갑]

5.2. 모음 관련 음운규칙

모음과 관련된 대표적인 음운현상에 의한 음운규칙은 다음과 같다.

 꼭 알아두세요

양성모음과 음성모음이란?
　모음의 성질을 양성과 음성으로 나누어 밝고 가벼운 느낌의 모음은 양성모음, 어둡고 무거운 느낌의 모음은 음성모음이라고 한다. 현대 한국어의 모음 중에서 'ㅏ, ㅗ'만 양성 모음이고, 'ㅏ, ㅗ'를 제외한 모든 모음은 음성모음이다.

5.2.1 모음조화

현대 한국어의 모음은 양성모음 'ㅏ, ㅗ'와 'ㅑ, ㅛ'를 제외한 음성모음으로 나뉘는데 앞 음절의 모음과 뒤 음절의 모음이 결합할 때 양성모음은 양성모음과 결합하고 음성모음은 음성모음과 결합하여 같은 성질의 모음끼리 결합하는 현상을 모음조화(母音調和, vowel harmony)라고 한다.

예를 들면 '살랑살랑/설렁설렁, 빨갛다/뻘겋다'로 결합하지 '살렁살렁/설랑설랑, 빨겋다/뻘갛다'로 결합하지 않는다. 모음조화 현상은 의성의태어가 만들어질 때에 많이 나타나고, 활용 시에도 일어나는데(잡+았+다, 먹+었+다) 의성의태어 단어형성 시에 모음조화 현상에 의해서 단어의 분화가 많이 일어났다.

가장 활발했던 모음의 음운현상이었던 모음조화 규칙은 중세국어 이후 점차 약화되었다. 역사적으로 양성모음 중 모음 'ㆍ'가 사라지면서 그 자리를 양성모음뿐만 아니라 음성모음도 대신하면서 모음조화 규칙이 흐트러지게 되었다. 'ㆍ' 자리에 같은 양성모음인 'ㅏ' 모음만 대신 쓰였더라면(예: ᄒᆞᄢᅴ > 함께) 모음조화가 유지되었을 텐데 양성모음 'ㅗ'로 바뀌기도 했지만(예: ᄉᆞ매 > 소매), 음성모음 'ㅡ'로도 대체되면서(예: 하ᄂᆞᆯ > 하늘, 흙 > 흙) 양성모음끼리 결합하는 모음조화의 균형이 깨지게 된 것이다. 결국 현대국어에 와서도 점차적으로 음성모음이 우세한 경향을 보이게 되었다.

예 많이 잡았네~잡었네, 잘 막았네~막었네, 빨리 찾았네~찾었네

모음조화의 흐트러짐 속에서도 활용 시 명령형 어미가 결합될 때에는 모음조화가 가장 잘 지켜져 왔다.

> **예**
> 잡+-아라/-아/-아요 → 잡아라/잡아/잡아요
> 먹+-어라/-어/-어요 → 먹어라/먹어/먹어요

그러다가 이제는 보수적으로 모음조화를 잘 지켰던 명령형 어미의 결합에서도 양성모음이 오던 자리에 음성모음이 결합되는 경우가 나타나기 시작했다.

> **예**
> 앉아라 ~ 앉어라/앉아 ~ 앉어/앉아요 ~ 앉어요
> 잡아라 ~ 잡어라/잡아 ~ 잡어/잡아요 ~ 잡어요

또한 양성모음과 음성모음이 결합한 의태어 '깡충깡충'이 표준어가 되기도 했다. 역사적으로 음성모음 결합형이 점차 확대되고 있음을 보여주는 확실한 현상들이라고 하겠다.

이것이 궁금해요

모음조화를 지키지 않는 '깡충깡충, 잡어라' 같은 예들은 왜 그래요?

이 예들을 보면 현재 '깡총깡총'에서 모음조화를 지키지 않은 '깡충깡충'이 표준어가 되었고, '잡아라'뿐만 아니라 모음조화를 지키지 않은 '잡어라'도 같이 사용되고 있어요. 이처럼 모음조화의 예외가 생긴 것은 모음조화가 정확하게 지켜지다가 역사적으로 점차 무너지기 시작했는데, 단어로 굳어진 것들은 모음조화가 유지되었지만 형태소끼리 결합하는 곡용과 활용 시에는 음성모음의 결합이 더 확대되기 시작하여 '잡았다, 잡아라'만 사용되다가 '잡었다, 잡어라'도 사용되게 되었답니다.

5.2.2 움라우트

움라우트(Umlaut)는 뒤에 오는 전설모음 ㅣ나 반모음 j의 영향을 받아 그 앞의 비전설모음 'ㅏ, ㅓ, ㅗ, ㅜ' 등이 전설모음 'ㅐ, ㅔ, ㅚ, ㅟ'로 바뀌는 현상을 말한다. 그런데 반드시 앞 모음과 뒤 모음 사이에 자음이 끼어 있어야 하는 음운 환경적인 조건이 있다(예: 아+ㄱ+ㅣ>애기, 다+ㄹ+ㅣ+미>대리미). 그러므로 원격동화라고 할 수 있다. 이 음운현상은 주로 방언에 나타나서 표준발음으로 인정받지는 못한다.

> **예**
> 아기→애기, 다리미→대리미, 손잡이→손잽이, 아비→애비, 막히다→맥히다, 먹이다→멕이다, 토끼→퇴끼, 죽이다→쥑이다

5.2.3 모음축약

모음축약(母音縮約, vowel contraction)은 두 모음이 합쳐져서 하나의 모음으로 통합되어 줄어드는 현상을 말한다.

> **예**
> 넘기어→넘겨, 놓아라→노아라→놔라, 누이다→뉘다, 되어→돼, 보아라→봐라, 보이다→뵈다, 아이→애, 주어라→줘라

5.2.4 모음탈락

모음탈락(母音脫落, vowel elision)은 두 모음이 충돌(hiatus)되었을 때 축약되지 않고 모음 하나가 없어지는 현상을 말한다. 형태소 중 어떤 한 음이 그 형태소에서 떨어져 나가는 것을 말한다. 통합되면서 흔적을 남기지

않는 것이 축약과 다르다.

'으' 모음으로 끝난 어간 뒤에 모음 시작 어미가 올 경우 '으' 모음이 탈락하고(쓰+어도>써도), '아/어' 모음으로 끝난 어간 뒤에 '아/어'로 시작하는 어미가 오는 경우 '아/어' 모음이 탈락하며(가+아서>가서), '애/에' 모음으로 끝난 어간 뒤에 '아/어'로 시작하는 어미가 오는 경우도 '아/어' 모음이 탈락한다.(보내+어서>보내서)

> **예**
>
> 쓰+어라 → 써라('ㅡ' 탈락), 고달프+어/아 → 고달프아 → 고달파('ㅡ' 탈락), 가+아 → 가('ㅏ' 탈락)

자음이 탈락되는 경우도 있다. 자음탈락은 두 자음이 충돌되었을 때 하나가 없어지는 것을 말한다. ㄹ과 ㄴ이 충돌되었을 때 ㄹ이 탈락하는 경우가 있고, ㅅ 앞에서 ㄹ이 탈락하거나 ㅈ 앞에서 ㄹ이 탈락하는 경우가 있다. 또한 모음이 후행하는데도 자음 ㅅ이나 ㅎ이 연음법칙에 의하지 않고 자음 ㅅ, ㅎ이 탈락되어 발음되는 경우가 있다.

> **예**
>
> 딸+님 > 딸님 > 따님, 솔+나무 > 솔나무 > 소나무
> 말+소 > 말소 > 마소, 바늘+질 > 바늘질 > 바느질
> 붓+어 > [부어], 좋+은 > [조은]

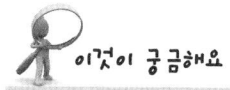

축약과 탈락의 차이가 뭐예요?

축약은 두 음이 합쳐져서 하나로 되는 것을 말하고, 탈락은 두 음이 충돌하면서 둘 중 하나가 없어지는 것을 말합니다. 모음충돌의 경우는 두 모음 중 약한 음이 사라지는데 가장 약한 음이 '—'이기에 가장 많이 탈락합니다. 모음축약의 경우는 '보아라 → 봐라', 모음탈락의 경우는 '쓰+어라 → 써라(—탈락)'를 예로 들 수 있습니다.

자음충돌의 경우는 '하늘을 나는(날+는 → ㄹ탈락→나는) 새들을 봐라', 자음 탈락의 경우는 '아이를 낳은([나은], ㅎ탈락) 산모들의 모임'을 예로 들 수 있습니다.

5.2.5 원순모음화

원순모음화(圓脣母音化, round vowelization)는 평순모음 '으'가 앞에 오는 순음 'ㅁ, ㅂ, ㅃ, ㅍ'의 영향으로 원순모음 '우'로 바뀌는 현상을 말한다. 순음의 영향을 받아서 평순모음이 원순모음으로 입술 모양이 둥그렇게 변하는 현상이다. 역사적으로 이렇게 해서 만들어진 단어들은 다음과 같다.

예

믈 > 물(水, water), 블 > 불(火, fire), 븥다 > 붙다(着, stick), 쓸 > 쌀 > 뿔(角, horn), 플 > 풀(草, grass), 프르다 > 푸르다(靑, blue) 등

이상으로 한국어의 음운체계와 음운현상 및 음운규칙을 살펴보았다.

5.3. 표준발음법

다음은 〈국어 어문 규정집〉의 내용을 바탕으로 '표준어와 표준발음'에 대한 핵심 내용을 정리하여 제시한다.

제1부 표준어 사정 원칙

1장 표준어 사정 원칙을 이해하기 위한 발음 변화에 따른 표준어 규정
- 자음 관련
- 모음 관련:
- 귀화어(귀화어 결정 여부는 어원 의식에 따라 결정됨. '부조(扶助) > 부주, 사돈(查頓) > 사둔, 삼촌(三寸) > 삼춘'으로 발음 변화가 있으나 아직 귀화어로 정착되지 않아서 표준어로 인정 안 함)
- 모음조화가 지켜지지 않고 음성모음화가 진행되는 변화를 보임(깡충깡충 → 깡충깡충)
- 움라우트(ㅣ모음역행동화)가 일어났지만 표준어로 인정하지 않음
- 기타 모음의 발음 변화를 인정하는 예도 있음

2장 표준어 사정 원칙을 이해하기 위한 어휘 선택의 변화에 따른 표준어 규정(생략)

제2부 표준 발음법

- 겹받침 발음법
- 이중모음 발음법 - 예, 례/그 밖의 ㅖ
- '의' 발음법:
- 첫소리에 자음을 가진 'ㅢ'
- 첫음절 이외의 'ㅢ'는 원칙음 [의]인데 [ㅣ]로 발음하는 것을 허용
- 관형격조사의 '의'는 [에]로 발음함도 허용
- 장단음 발음:
- 첫음절만 장음을 유지한다.
- 2음절은 장음 유지가 안 됨
- 다만, 합성어는 장음이 유지됨. 합성명사 특히 첩어합성어는 유지됨

- 합성동사는 장음 유지가 안 됨.
- **받침 발음법**:
- 각 음의 대표음으로 발음한다.
- 겹받침 중 앞 자음으로 발음한다. 넓게[널께]
- 겹받침 중 뒤 자음으로 발음한다. '밟다'류(밟다[밥따])와 '넓다'류 세 개만 뒤 자음으로 발음한다(넓둥글다[넙둥글다], 넓죽하다[넙죽하다], 넓적하다[넙적하다]).
- '넓다'는 [널따/널꼬]
- ㄺ 겹받침 + 모음 시작 어미 => 늙어[늘거]
  + ㄱ 시작 어미 => 늙고[늘꼬]
  + ㅅ, ㄷ, ㅈ 시작 어미 => 늙소[늑쏘], 늙더니[늑떠니], 늙지[늑찌]
- ㄺ, ㄻ, ㄿ + 자음 시작 어미 => 뒤 자음 ㄱ, ㅁ, ㅍ으로 발음한다. 다만, ㄺ + ㄱ 시작 어미만 => ㄹ로 발음한다.
- ㅎ 받침 발음법 - ㅎ, ㄶ, ㅀ + ㄱ, ㄷ, ㅈ 시작 어미 => ㅋ, ㅌ, ㅊ
  + ㅅ 시작 어미 => ㅆ
  + ㄴ 시작 어미 => ㄴ
  + 모음 시작 어미 => ㅎ탈락

- 소리의 동화;
- 구개음화: 받침 'ㄷ, ㅌ(ㄹㅌ)'이 조사나 접미사의 모음 'ㅣ'와 결합되는 경우에는 [ㅈ, ㅊ]으로 바꾸어서 뒤 음절 첫소리로 옮겨 발음한다. 다만, 조사나 접미사에 의해서만 일어날 수가 있고, 합성어에서는 구개음화가 일어날 수 없다: 밭이랑[반니랑], 홑이불[혼니불]
- 자음동화1(비음화): 'ㄴ, ㅁ' 등의 비음 앞에서 받침의 소리 [ㄱ, ㄷ, ㅂ]이 각각 [ㅇ, ㄴ, ㅁ]으로 동화되어 발음된다: 먹는[멍는], 국물[궁물], 깎는[깡는]
- 자음동화2(유음화): 'ㄴ'은 'ㄹ'의 앞이나 뒤에서 [ㄹ]로 발음한다: 난로[날:로], 신라[실라], 천리[철리], 칼날[칼랄], 물난리[물랄리], 권력[궐력]

다만, 다음 단어들은 'ㄹ'을 [ㄴ]으로 발음한다: 의견란[의:견난], 임진란[임:진난], 생산량[생산냥], 결단력[결딴녁], 공권력[공꿘녁]

*한 단어 내에서는 ㄴ이 ㄹ로 유음화가 일어나지만(권력[궐력]), 단어의 경계가 있는 경우는 유음화가 일어나지 않는다(공권력[공꿘녁]).

- 된소리 되기;
- 받침 'ㄱ(ㄲ, ㅋ, ㄱㅅ, ㄹㄱ), ㄷ(ㅅ, ㅆ, ㅈ, ㅊ, ㅌ), ㅂ(ㅍ, ㄹㅂ, ㄹㅍ, ㅂㅅ)' 뒤에 연결되는 'ㄱ, ㄷ, ㅂ, ㅅ, ㅈ'은 된소리로 발음한다. 이는 한 단어 안에서나 체언의 곡용 및 용언의 활용에서나 이 환경에서는 예외 없이 된소리로 발음한다: 국밥[국빱], 깎다[깍따], 삯돈[삭똔], 닭장[닥짱]
- 관형사형 '-(으)ㄹ' 뒤에 연결되는 'ㄱ, ㄷ, ㅂ, ㅅ, ㅈ'은 된소리로 발음한다: 할 것을[할꺼슬], 할 수는[할쑤는]
- 표기상으로는 사이시옷이 없더라도, 관형격 기능을 지니는 사이시옷이 있어야 할(휴지가 성립되는) 합성어의 경우에는, 뒤 단어의 첫소리 'ㄱ, ㄷ, ㅂ, ㅅ, ㅈ'을 된소리로 발음한다: 문고리[문꼬리], 눈동자[눈똥자], 신바람[신빠람]
- 소리의 첨가
- 합성어 및 파생어에서, 앞 단어나 접두사의 끝이 자음이고 뒤 단어나 접미사의 첫음절이 '이, 야, 여, 요, 유'인 경우에는, 'ㄴ' 음을 첨가하여 [니, 냐, 녀, 뇨, 뉴]로 발음한다: 솜-이불[솜:니불], 홑-이불[혼니불], 막-일[망닐], 맨-입[맨닙], 꽃-잎[꼰닙], 한-여름[한녀름], 신-여성[신녀성]

  다만, 다음과 같은 말들은 'ㄴ' 음을 첨가하여 발음하되, 표기대로 발음할 수 있다: 검열[검:녈/거:멸], 금융[금늉/그뮹]

  다만, 다음과 같은 단어에서는 'ㄴ(ㄹ)' 음을 첨가하여 발음하지 않는다: 6·25[유기오], 3·1절[사밀쩔], 송별-연[송:벼련], 등-용문[등용문] '다만'에 제시되지 않은 단어 중에도 다음과 같은 경우는 'ㄴ' 첨가가 일어나지 않는다.
    - 접두사가 결합한 경우: 몰인정, 불일치 등
    - 합성어의 경우: 독약, 그림일기 등
    - 구 구성의 경우: 작품 이름, 아침 인사 등
    - 한자 계열의 접미사가 결합한 경우: 한국인, 경축일 등

5장 주요 참고문헌

한국어의 음운규칙에 대한 주요 참고문헌은 이익섭(2001, 초판 1986), 배주채(2003), 이진호(2021, 초판 2005), 국어어문규정집(2012) 등이다

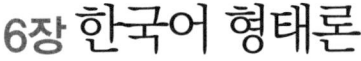

6장 한국어 형태론

: 한국어의 문법 단위에는 무엇이 있나?

6.1. 문법적 특징과 문법 단위

한국어의 문법론은 형태론과 통사론으로 나누어서 살펴보기로 하겠다.

6.1.1 문법적 특징

1) 형태적 특징

한국어의 대표적인 형태적 특징은 첨가어(添加語)이며, 교착어(膠着語)라고도 한다. 형태 구성이 달라붙어서 결합되는 양상을 띠므로 첨가, 교착이라는 표현을 쓰게 되었다.

어근에 파생접사가 달라붙어서 단어를 이루고(예: 착+하+다=>착하다), 체언(명사, 대명사, 수사)에 격조사가 달라붙어서 주격(철수+가), 목적격(사과+를) 등의 격을 나타내고, 보조사가 달라붙어서 의미를 추가적으로 나타낸다(빵도(을x)먹었다).

용언(동사, 형용사)에는 어미가 붙는데 어미에는 선어말(先語末)어미, 어말(語末)어미 등이 다양하게 발달되어 있다. 선어말어미로 시제(먹+-었-(과거시제)+다/먹+-는-(현재시제)+다/먹+-겠-(미래시제)+다)나 높임법(가+-시-(주체높임법)+다) 등의 문법 범주를 나타낸다. 한국어 문법 범주 중에서는 높임법이 가장 발달되어 있고 특징적이라고 할 수 있다.

또한 한국어에는 분류사(단위명사)가 발달되어 있고(예: 책 세 권, 세 명, 차 세 대, 개 세 마리), 대명사(代名詞)는 발달되어 있지 않으며, 영어에 있는 관계대명사, 관사(冠詞), 접속사(接續詞), 가주어(假主語)는 없다.

2) 통사적 특징

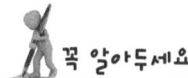 꼭 알아두세요

주격중출문이란?

주격중출문은 주어가 두 개 있는 것처럼 보이는 문장을 말한다. 그래서 예전에는 이중주어문이라는 표현을 사용하기도 했다. '토끼가 귀가 길다.'와 같은 문장을 말한다. 주격조사 '가'가 결합되어 있어서 주어가 두 개인 것처럼 보이지만 엄격하게 말하면 하나는 주어가 아니다. 의미가 [토끼의 귀가 길다]이므로 '귀'는 주어이지만 '토끼' 뒤에 오는 '가'는 관형격 조사 '의'의 기능을 가진다. 그래서 '토끼'는 문장 성분이 주어가 아니라 수식언이다. 서술어 '길다'의 주어는 '토끼'가 아니라 '토끼의 귀'인 것이다.

학교 문법에서는 '토끼'는 대주어, '귀가 길다'는 서술절로 보고, 서술절 안에 있는 주어 '귀'를 소주어로 분석한다. 국어학계에서는 '토끼가'는 '주제(主題, topic)', '귀가 길다'는 '평언(評言, comment)'으로 파악한다.

한국어는 '주어(Subject)+목적어(Object)+서술어(Verb)', 즉 SOV 유형

의 문장 구성 순서를 기본적으로 갖고 있다.

서술어를 수식하는 수식부사나 주어나 목적어 등의 체언을 수식하는 관형사는 자리를 옮기지 못한다. 체언을 수식하는 관형어는 수식을 받는 체언 앞에만 오고, 서술어를 수식하는 부사어는 수식을 받는 서술어 앞에 온다.

예
주어(Subject): 귀여운(관형어)+아이가(체언)
목적어(Object): 빨간(관형어)+사과를(체언)
서술어(Verb): 맛있게(부사어)+먹었어(용언)

그렇지만 문장 구성 요소의 자리 변동이 어느 정도는 허락되어 자유로운 편이라고 할 수 있다.

예 먹었어, 맛있게.

또한 한국어에서는 주어가 잇달아 나타나는 문장 구성이나 목적어가 잇달아 나타나는 주격중출문, 대격중출문이 있고, 주어가 없는 문장도 많이 쓰인다.

예
주격중출문: 남대문 시장이 옷이 만 원이 싸다.([남대문 시장의 옷값이 만 원이 싸다])
대격중출문: 나는 빵을 세 개를 먹었다.([나는 세 개의 빵을 먹었다])
무주어문: 불이야!

그리고 어근이나 어간의 뒤에 오는 활용어미는 용언의 일부로서 어간과 더불어 한 단어를 이루지만 그 문법적 기능은 문장 또는 용언구 전체에 영향을 미친다.

예
할아버지께서 노인정에 가신다.
(가+-시(주체높임)-+ㄴ(현재시제)+다)

마지막으로 한국어는 핵심 내용이 문장의 끝에 오는 언어에 속한다. 이는 문장의 핵심 내용이 마지막에 나오므로 문장을 끝까지 들어 보아야 한다는 뜻과 같다.

6.1.2 문법 단위

다음 예문을 통해서 문법 단위의 유형에 대해서 알아보자. 문법 단위 유형으로는 가장 작은 단위인 형태소부터 음절, 단어, 어절, 구절, 그리고 가장 큰 단위인 문장이 있다. 문법 단위와 함께 단위별 특징을 소개하기로 한다.

예 영희가 어제 재미있는 만화책을 읽었다.

1) 형태소
(1) 형태소의 유형

예
영희/가/ 어제/ 재미/있/는/ 만(漫)/화(畫)/책(冊)/을/ 읽/었/다.
- 어휘형태소: 영희, 어제, 재미, 있-, 만, 화, 책, 읽-
- 문법형태소: 가, -는, 을, -었-, -다
- 자립형태소: 영희, 어제, 재미, 책
- 의존형태소: 가, 있-, -는, 만, 화, 을, 읽-, -었-, -다

형태소(形態素, morpheme)는 의미를 가진 가장 작은 단위이다. 여기에서 의미란 어휘적 의미뿐만 아니라 문법적 의미까지도 포함한다. 형태소의 종류는 어휘형태소와 문법형태소, 자립형태소와 의존형태소로 나눌 수 있다.

어휘형태소는 실질적인 어휘 의미와 기능을 가진 형태소로 실질형태소라고도 하며, 문법형태소는 실질적인 어휘 의미는 없고 문법적인 의미와 기능을 가진 형태소로 형식형태소라고도 한다.1) 자립(自立)형태소는 단독으로 단어가 될 수 있는 형태소이고, 의존(依存)형태소는 다른 형태소와 결합하여야만 쓰일 수 있는 형태소이다.

(2) 이형태

이형태(異形態, allomorph)는 한 형태소의 교체형으로 형태소가 놓이는 환경에 따라 음상(音相)을 달리 한다. 이형태는 음운론적으로 제약된 이형태와 형태론적으로 제약된 이형태로 나눈다.

예1
음운론적으로 제약된 이형태:
자음 + 이/ 모음 + 가(주격조사), 자음 + 을/ 모음 + 를(목적격조사)

예2
형태론적으로 제약된 이형태:
하 + -였-/ 나머지 어간 + -았-/ -었-(과거시제)

음운론적으로 제약된 이형태는 선행 결합 요소의 음운 환경의 차이에

---

1) 한자는 1음절 1형태소이다. 다만 예외적으로 '모순(矛盾), 총각(總角), 석류(石榴), 포도(葡萄), 인도(印度)'의 경우는 한자 1음절이 한국어에서는 의미를 가지지 못하므로 2음절이 하나의 형태소가 된다.

따라서 다른 형태소가 결합되는 경우이고, 형태론적으로 제약된 이형태는 선행 결합 요소의 형태의 차이에 따라서 다른 형태소가 결합되는 경우이다.

음운론적으로 제약된 이형태의 예로 주격 조사 '이 ~ 가'가 있다. 이들은 선행 결합 요소의 음운 환경의 차이에 따라서 체언의 마지막 음이 자음으로 끝나면 '이'가 결합되고 모음으로 끝나면 '가'가 결합된다. 음운 환경에 따라서 달리 결합되므로 음운론적으로 제약된 이형태라고 한다.

형태론적으로 제약된 이형태의 예로는 과거 시제 형태소 '-았- ~ -었- ~ -였-'이 있다. 이 중에서 '-았-'과 '-었-'의 이형태는 선행 요소의 마지막 모음이 양성모음이면 '-았-'이 결합되고 음성모음이면 '-었-'이 결합되므로 이들은 음운론적인 이형태라고 할 수 있다. 그런데 선행 어간으로 '하다'가 오는 경우에는 '-았-'이 결합되지 않고 '-였-'이 결합된다. 이 경우는 음운론적인 이형태라고 할 수가 없고 형태론적인 이형태가 되는 것이다.

예 잡 + -았- + 다, 먹 + -었- + 다, 하 + -였- + 다

(3) 상보적 분포

한 형태소가 이형태를 가진 경우 환경의 차이에 따라서 달리 나타나므로 이형태들이 같이 나타날 수가 없다. 이렇게 상호보완적으로 나타나는 것을 상보적 분포(相補的 分布)라고 한다. 다른 형태소의 환경에 쓰이게 되면 비문법적인(非文法的) 문장을 만들게 된다.

예
밥이 맛있다. *밥가 맛있다.
칼국수가 맛있다. *칼국수이 맛있다.

형태소 분석에서 '재미있는'을 형태소로 나누면 '재미/있/는'이 된다고 하셨는데 여기에서 '-는'과 '책을 읽는다'를 '책/을/읽/는/다'로 형태소 분석을 했을 때의 '-는-'은 어떻게 다른지 궁금합니다.

둘 다 문법형태소입니다. '재미있는'에서의 '-는'은 관형형어미이고, '읽는다'에서 '-는-'은 현재시제 선어말어미입니다.

관형형어미 '-는'은 이형태로 '-(으)ㄴ'이 있는데 '-는'은 현재를 의미하면서 뒤 체언을 수식해 주는 반면(예: 읽는 책), '-은'은 과거를 의미하면서 체언을 수식해 줍니다(예: 읽은 책). 용언 어간 말음이 자음으로 끝나면 '-은'이 오고 모음으로 끝나면 '-ㄴ'이 옵니다(예: 본 책).

여기에서 이형태 '-는'과 '-은'의 구분은 동사와 결합했을 때만 일어납니다. '-느-'가 현재 진행되고 있다는 과정성과 움직임을 나타내는 동작성의 특성을 가지고 있기 때문에 '-는'은 형용사와는 결합되지 않습니다(예: 예쁜 옷/*예쁘는 옷).

현재시제 선어말어미 '-는-'도 이형태 '-ㄴ'이 있습니다. 동사 용언의 어간 말음이 자음으로 끝나면 '-는-'이 오고(예: 먹는다), 모음으로 끝나면 '-ㄴ'이 옵니다(예: 간다). 형용사 어간에는 둘 다 결합되지 않으며 현재 시제를 나타내는 형태소가 따로 없습니다(예: 예쁘다/*예쁜다/*예쁘는다).

예전에 현재 시제 형태소의 역할을 했던 '-느-'를 형태소로 분석할 수도 있지만 일반적으로는 분석하지 않고 종결어미의 일부로 처리하고 있으며, 직설법이라는 서법으로 보기도 합니다.

2) 음절

예

영 / 희 / 가 / 어 / 제 / 재 / 미 / 있 / 는 / 만 / 화 / 책 / 을 / 읽 / 었 / 다

음절(音節, syllable)은 초성, 중성, 종성이 결합된 하나의 단위이다.

3) 단어

  예
  영희/가/ 어제/ 재미있는/ 만화책/을/ 읽었다.

단어(單語, word)는 자립 형식 중에서 가장 작은 단위로 내부에 휴지(休止)를 둘 수 없어서 분리가 되지 않는다. 단어는 대부분 품사의 자격을 가진다. 그러므로 '만화책을'은 2개의 단어이고(만화책+을), '읽었다(읽다)'는 1개의 단어이다. 합성어 '만화책'은 1차적으로 '만화'와 '책'으로 분석되며, 이들은 자립 형식인 단어의 자격을 갖는다. '만화'는 다시 두 개의 형태소 '만+화'로 분석되는데 이들은 의존 형식이다. 또한 조사는 품사 자격을 주어서 하나의 단어로 취급하지만, 어미는 품사 자격을 주지 않기 때문에 '읽었다(읽다)'는 1개의 단어가 된다.

4) 어절

  예 영희가 / 어제 / 재미있는 / 만화책을 / 읽었다.

어절(語節, syntactic word)은 띄어쓰기(word-spacing) 단위를 말한다.

5) 구절

  예 재미있는 만화책을(명사구) / 만화책을 읽었다.(동사구)

구절(句節, phrase)은 두 단어 이상의 구성을 말한다.

6) 문장

  예 영희가 어제 재미있는 만화책을 읽었다.

문장(文章, sentence)은 문법적으로 가장 큰 단위이다. 더 큰 단위인 발화(utterance)나 담화(discourse)는 화용적인 단위이다.

> 자립형태소와 의존형태소가 어떻게 달라요? 자립형태소와 의존형태소, 어휘형태소와 문법형태소에 대한 설명이 조금 비슷해서 그러는데 혹시 자립형태소=어휘형태소, 의존형태소=문법형태소 이렇게 생각하면 되나요?
>
> 　자립형태소는 어휘형태소가 대부분이고 의존형태소는 문법형태소가 대부분이지만 반드시 그런 것은 아닙니다. 예를 들어 어휘형태소는 자립형태소가 대부분이지만 동사나 형용사의 어간은 어휘형태소이지만 의존형태소입니다. 어미가 결합되어야 자립적으로 쓰일 수 있기 때문입니다. 예를 들어 동사 어간 '읽-', 형용사 어간 '예쁘-'는 어미가 붙어야 쓰이지요. '읽다, 읽고, 읽으니, 읽어서: 예쁘다, 예쁘고, 예쁘니, 예뻐서' 이렇게요.

6.2. 단어 형성법

실질형태소에 형식형태소가 붙거나 실질형태소끼리 모여 새 단어를 만드는데 단어를 형성하는 조어법(造語法, word formation)의 유형에는 다음 세 가지가 있다.

6.2.1 단일어

단일어(單一語, simple word)는 실질형태소가 하나인 단어이다.

　예　밥, 아기, 매우, 예쁘다, 가다, 읽다, 먹다 등

6.2.2 파생어

파생어(派生語, derived word)는 실질형태소인 어기(語基)에 파생접사(派生接辭)가 결합되어 만들어진 단어이다. 어기는 자립적인 어기와 비자립적 어기가 있으며, 파생접사는 어기의 앞에 결합되는 접두사(接頭辭)와 어기 뒤에 결합되는 접미사(接尾辭)가 있다. 자립적인 어기는 어미가 직접 결합될 수 있고(예: 뛰- + 다), 비자립적인 어기는 어미가 직접 결합될 수 없으며 어근(語根)이라고 한다.(예: 깨끗- + -하- + -다, 착- + -하- + 다)

예
- 명사파생어, 동사파생어, 부사파생어…….
- 접두사 결합형: 무(無)+소유/소속/의미, 불(不)+공정/합리, 헛(虛)+구역질/손질, 치+솟다, 드+높다 등
- 접미사 결합형: 선생/형+님, 멋+쟁이, 입+덧, 부정/논리+적(的), 세계/정보+화(化), 건강공부+하다, 깨끗/착+하다, 자랑/수치+스럽다 등
- 접사 없이 내적(內的) 변화에 의한 파생:
  - 모음 교체법: 빨갛다/뻘겋다(아 → 어), 파랗다/퍼렇다(아 → 어), 싸늘하다/써늘하다(아 → 어) 등
  - 자음 교체법: 가맣다/까맣다(ㄱ → ㄲ), 갸우뚱/까우뚱(ㄱ → ㄲ), 똥똥하다/퉁퉁하다(ㄸ > ㅌ)
- 영(零, zero) 파생: 신다(동사)/신(명사), 빗다(동사)/빗(명사), 오늘(명사)/오늘(부사), 잠깐(명사)/잠깐(부사) 등

6.2.3 합성어

합성어(合成語, compound word)는 실질형태소가 두 개인 단어를 말한다.

> **예**
> - 명사합성어, 동사합성어, 형용사합성어…….
> - 대등합성어(병렬합성어): 봄+가을, 아들+딸 등
> - 종속합성어: 노래(피시/찜질)+방, 몸+무게, 몸살/코/목+감기, 만화/소설+책, 큰/작은+집, 돌아+가다, 뛰어+가다, 살펴+보다, 뒤돌아+보다 등
> - 융합합성어: 밤+낮(=[항상]), 피+땀=([노력]) 등

그 밖에 드물지만 합성과 파생이 함께 일어난 단어도 있는데 이를 복합어(複合語, complex word)라고 한다. 이들에 대해서는 IC 분석을 적용하여 파생과 합성의 과정을 어떤 순서로 적용하느냐에 따라서 파생어나 합성어 중 하나로 분류하기도 한다.

> **예**
> - 높낮이=높-+낮- ⇒ 높낮-(합성) ⇒ 높낮-+-이(파생) ⇒ 높낮이
> - 옷길이=옷+길-+-이 ⇒ 옷+길-(합성) ⇒ 옷길-+-이(파생) ⇒ 옷걸이
>   ↘ 길+-이(파생) ⇒ 옷+걸이(합성) ⇒ 옷걸이
> - 뒷걸음질=뒤+ㅅ+걷-+-음+-질 ⇒ 걷-+-음+-질(파생) ⇒ 뒤+ㅅ+걸음질(합성)
>   ⇒ 뒷걸음질
>   ↘ 뒤+ㅅ+걸음(합성) ⇒ 뒷걸음+-질(파생)
>   ⇒ 뒷걸음질

6.3. 품사론

6.3.1 품사의 분류 기준과 유형

품사(品詞, part of speech)는 단어를 문법적 성질의 공통성에 따라 몇 갈래로 묶어 놓은 것을 말한다. 학교 문법에서는 한국어의 품사를 9개로 나누고 있다. 국어학계에서는 10품사, 또는 11품사로 나누기도 한다.

품사를 나누는 기준은 다음 세 가지이다.

첫째, 기능 기준을 들 수 있다. 한 단어가 문장 가운데서 다른 단어와 맺는 관계를 말한다. 문장의 주어냐 서술어냐 등으로 분류하는 것이다. 기능에 의해서는 체언, 용언, 관계언, 수식언, 독립언으로 나눈다.

둘째, 의미 기준을 들 수 있다. 여기서 의미는 어휘 의미가 아닌 형식적인 의미를 말한다. 움직임을 나타내느냐, 성질이나 상태를 나타내느냐, 수를 나타내느냐 등으로 분류한다. 그리하여 의미에 의해서 체언류를 명사, 대명사, 수사로 나누고, 용언류는 동사와 형용사로 나누며, 수식언은 관형사와 부사로 나눈다. 관계언에는 조사가 있고, 독립언에는 감탄사가 있다.

셋째, 형식 기준을 들 수 있다. 단어의 형태적 특징을 말하는데 굴절을 하느냐, 하지 않느냐로 분류하는 것이다. 형식에 의하면 조사는 곡용에 참여하고, 동사와 형용사는 활용에 참여한다.

품사 분류를 정리해 보면 다음과 같다.

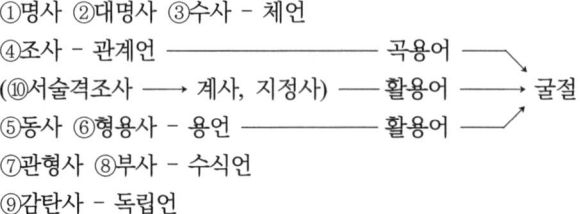

①명사 ②대명사 ③수사 – 체언
④조사 – 관계언 ─────────── 곡용어 ─┐
(⑩서술격조사 ──→ 계사, 지정사) ── 활용어 ─┼─→ 굴절
⑤동사 ⑥형용사 – 용언 ─────── 활용어 ─┘
⑦관형사 ⑧부사 – 수식언
⑨감탄사 – 독립언

학교 문법에서 나누고 있는 9품사는 명사, 대명사, 수사, 조사, 동사, 형용사, 관형사, 부사, 감탄사이다. 국어학계에서는 여기에다 조사 중 성질이 다른 서술격조사 '이다'를 따로 계사(繫辭) 또는 지정사(指定詞)로 분류하여 10품사론을 주장한다. 체언에 조사가 결합되는 것을 곡용이라 하는데 조사 중에서 서술격조사는 체언에 결합되는 것은 다른 조사들과 같은데

유일하게 곡용이 아닌 활용을 하기 때문에 구분해야 한다는 취지이다.

예 학생+이다. 학생+이니까, 학생+이므로, 학생+이어서 등

어떤 학자의 경우는 여기에 현재 형용사로 되어 있는 '있다, 없다'를 존재사(存在詞)로 따로 분류하여 11품사론을 주장하기도 한다.

예 오늘 약속이 있다/없다. 나는 언니가 있다/없다.

6.3.2 품사와 문장 성분

품사와 문장 성분(文章成分, sentence elements)의 구분이 잘되지 않거나 품사끼리 혼동이 오는 경우들이 있어서 다음에 설명하여 구분하고자 한다.

1) 명사와 명사형

원래 품사가 명사인 것과 다른 품사에 명사형어미가 결합된 명사형을 혼동할 수 있다. 전자는 명사로 사전에 표제어로 등재되어 있지만 후자는 명사형으로 사전에 표제어로 올라와 있지 않다. 명사파생접미사가 결합되면 단어가 파생되어 파생명사가 되어 사전에 표제어로 올리지만, 명사형어미가 결합되면 활용형이 되는데 활용형은 사전에 표제어로 올리지 않는다.

예
요즘 나쁜 꿈을 많이 꾸기 때문에 깊은 잠을 자기가 어렵다.
- 꿈(동사 '꾸-' + 명사파생접미사 '-(으)ㅁ') => 명사
- 꾸기(동사 '꾸-' + 명사형어미 '-기') => 명사형
- 잠(동사 '자-' + 명사파생접미사 '-(으)ㅁ') => 명사
- 자기(동사 '자-' + 명사형어미 -기) => 명사형

위 문장에서 '꿈'과 '잠'은 품사가 원래 명사이다. 단어가 형성되는 과정을 보면 동사 '꾸다, 자다'의 어간에 명사파생접미사 '-(으)ㅁ'이 결합되어 파생명사 '꿈, 잠'이 생성된 것이다. 그런데 '꾸기'와 '자기'는 명사가 아니라 명사형이다. 원래 품사는 동사 '꾸다, 자다'이고, '꾸-, 자-'에 명사형어미 '-기'가 붙어서 만들어진 명사형인 것이다. 명사나 명사형이나 뒤에 조사가 결합되는 것은 같지만, 앞에 결합되는 선행 요소의 성격이 다르다. 명사는 수식언으로 관형어가 올 수 있는 반면에 명사형은 동사처럼 수식언으로 부사어가 온다.

2) 관형사와 관형사형

마찬가지로 관형사와 관형사형도 원래 품사가 관형사인 것과 다른 품사에 관형사형어미가 결합된 관형사형이 있다. 전자는 관형사로 사전에 표제어로 등재되어 있지만 후자는 관형사형으로 사전에 표제어로 올라오지 못한다.

예
예쁜 사람에게 새 옷을 입혀 놓으니 더욱 예쁘구나.
 - 예쁜(형용사 '예쁘-' + 관형사형어미 '-ㄴ') => 관형사형
 - 새 => 관형사

위 문장에서 '예쁜'은 '사람'을 수식하고 '새'는 '옷'을 수식하여 둘 다 수식언으로 뒤에 명사류 등의 체언이 온다. 그러므로 문장 성분은 둘 다 관형어가 된다. 그런데 '새'는 원래 품사가 관형사인 관형어인 반면에 '예쁜'은 형용사 '예쁘다'에 관형사형어미 '-ㄴ'이 결합된 관형사형 관형어라는 점이 다르다. 그래서 사전에서 '예쁜'은 찾을 수가 없고 '예쁘다'만 찾을 수 있다. 동사나 형용사는 '-다'가 결합된 기본형만 사전에 표제어로 올린다.

3) 부사와 부사형

부사와 부사형도 마찬가지로 원래 품사가 부사인 것과 다른 품사에 부사형어미가 결합된 부사형의 형태가 비슷하여 혼동이 올 수 있다. 부사는 사전에 표제어로 등재되어 있지만 부사형은 사전에 표제어로 올라오지 못한다.

> **예1** 새로 시작한 사업이니 마음을 새롭+게 먹고 잘 하기 바란다.
>
> **예2** 둘이 결혼해서 예쁘+게 잘 살기 바란다.

예1)에서 '새로'는 '시작한'을 수식하고 '새롭게'는 '먹고'를 수식하여 둘 다 수식언이다. 문장 성분은 부사어이며, 뒤에는 동사나 형용사가 온다. 그런데 '새로'는 원래 품사가 부사인 부사어인 반면에 '새롭게'는 형용사 '새롭다'에 부사형어미 '-게'가 결합된 부사어라는 것이 다른 점이다. 예2)에서도 '예쁘게'와 '잘' 둘 다 '살기'를 수식하는 부사어이다. '예쁘게'는 형용사 '예쁘다'에 부사형어미 '-게'가 결합된 부사어이고, '잘'은 원래 품사가 부사인 것이다.

4) 관형사와 수사

관형사와 수사도 혼동할 수 있다. 한국어에는 관형사와 수사가 나누어져 있다. 수사 뒤에 수를 세는 단위명사인 분류사가 오는 경우는 수사임이 분명하여 혼동이 일어나지 않지만, 뒤에 일반 명사가 오는 경우는 그것이 관형사인지 수사인지 혼동이 올 수 있다.

예1 헌 책 스무 권을 팔아 봐야 새 책 한 권도 못 산다.
예2 우리 집은 아버지 혼자 벌어서 여섯 식구가 먹고 산다.

예1)에서는 '스무, 한'이 분류사 '권'을 수식하므로 수사라는 것을 쉽게 알 수 있다. 여기서 '헌, 새'는 관형사이다. 그런데 예2)를 보면 '여섯 식구'에서 '여섯'이 명사 '식구(食口)'를 수식한다. '헌 책, 새 책'에서 '헌, 새'가 명사 '책'을 수식하는 관형사인 것처럼 여기서 '여섯'도 관형사가 아닐까 하는 혼동을 일으킬 수 있다. 그렇지만 이것 역시 수사이다. 명사를 수식하는 것은 같지만 수식하는 것이 수(數)일 때는 수사로 취급한다고 이해하면 쉬울 것이다.

5) 동사와 형용사

동사는 움직임을 표현하고, 형용사는 모습이나 성질, 상태를 나타낸다는 점에서 의미상의 차이를 가지지만, 형태상 뒤에 어미가 결합한다는 점에서 공통점을 갖는다.

그런데 뒤에 결합하는 어미에 차이를 보인다. 동사는 모든 종류의 어미와 결합이 자유롭지만 형용사의 경우는 결합에 제약을 보여 명령형어미와 청유형어미가 결합하지 못하는 점이 다르다.

예
아이가 밥을 잘 먹는다. 아이가 참 예쁘다.(평서형)
아이가 밥을 잘 먹었니? 아이가 예쁘니?(의문형)
아이가 밥을 잘 먹는구나. 아이가 참 예쁘구나.(감탄형)
아가~ 밥 많이 먹어라. *아가~ 예뻐라.(명령형x)
아가~ 할머니랑 같이 먹자. *아가~ 예쁘자.(청유형x)

또한 형용사는 동사와 달리 움직임을 표현하지 않기 때문에 과정성이나 동작성을 나타내는 '-느-'와의 결합도 되지 않는다. 예전에 현재 시제 형태소의 역할을 했던 '-느-'가 현재는 '-는'에 결합되어 종결어미의 일부로 인식되고 있지만 그 기능이 흔적으로 남아 있어서 형용사에는 결합될 수 없는 것이다.

예

먹는 모습 ⇒ 먹는(먹 + -느- + -ㄴ) 모습
예쁜 모습 ⇒ 예쁜(예브 + ㄴ) 모습
*예쁘는 모습 ⇒ 예쁘는(예브 + -느-(x) + ㄴ) 모습

이런 점에서 동사와 형용사는 차이를 가진다고 하겠다.

 이것이 궁금해요

동사와 보조동사는 어떻게 달라요?

  동사는 움직임을 표현하는 품사입니다. 그런데 동사가 연이어 두 개가 사용되면서 앞 동사는 본래의 의미대로 쓰이지만 뒤에 나오는 동사는 본래의 의미대로 쓰이지 않습니다. 본래의 의미와는 다른 의미를 가지고 본동사(本動詞)를 도와주므로 보조동사(補助動詞)라고 합니다.
  예를 들어 "이것 좀 먹어 봐요."에서 '먹어(먹다)'는 본동사이고 '봐요(보다)'는 보조동사입니다. '먹다'는 본래의 의미대로 [eat]의 의미로 쓰였지만 '보다'는 본래의 의미인 [see]의 의미가 아닌 [try(시도)]의 의미로 '먹다(먹는 행위)'를 시도해 보라는 의미를 가집니다. "내가 먹어 버렸어."에서 '먹어(먹다)'는 본동사이고 '버렸어(버리다)'는 보조동사입니다. '먹다'는 본래의 의미대로 [eat]의 의미로 쓰였지만 '버리다'는 본래의 의미인 [throw away]의 의미가 아닌 강조의 의미로 먹는 행동을 시원하게 끝냈음을 의미합니다.

> 6장 주요 참고문헌
>
> 한국어 문법론에 대한 주요 참고문헌은 남기심·고영근 외(2019, 초판 1985), 이익섭(2001, 초판 1986), 임홍빈·장소원(1995), 이익섭·채완(2004, 초판 1999) 등이다. 그 밖에 김창섭(1994), 김정은(1995)에서는 단어형성법을, 임홍빈(2007)에서는 주제화를, 학교문법은 이관규(2012)를 참고하였다.

7장 한국어 통사론

: 한국어의 대표적인 문법 범주는 무엇인가?

통사론은 형태론보다 더 큰 단위의 문법 현상을 다룬다. 문장 차원에서 문장 성분과 문법 요소가 문장에서 하는 역할과 기능을 중심으로 살펴보기로 하겠다.

한국어의 대표적인 문법 범주로는 시제(時制), 높임법, 피동법(被動法), 사동법(使動法), 부정법(否定法) 등이 있으며, 복수(複數), 성(性)은 한국어에서는 문법 범주가 아니다.

7.1. 문장 성분

한국어의 문장 성분에는 주어, 서술어, 목적어, 보어, 관형어, 부사어, 독립어가 있다.

문장 성분 - 주어 + 관형어 + 목적어 + 부사어 + 서술어
- <u>영희가</u>(주어) + <u>밥을</u>(목적어) + <u>먹는다</u>(서술어).
- 영희가 + <u>대학생이다</u>(보어).
- 영희가 + <u>뜨거운</u>(관형어)+ 밥을 + 먹는다.
- 영희가 + <u>뜨거운</u>(관형어)+ 밥을 + <u>천천히</u>(부사어) + 먹는다.
- <u>아</u>(독립어)~ 그렇구나. <u>야</u>(독립어)! 너 어디 가니?

주어, 서술어, 목적어, 보어는 문장을 이루는 필수적인 성분으로 주(主)성분이라 하고, 관형어, 부사어, 독립어는 중요한 기능은 아니므로 부속(附屬)성분이라고 한다. 주어는 주성분이지만 구어에서 생략되는 경우가 많은데 이는 문장 표면에 나타나지 않았을 뿐 주어가 없는 것이 아니다. 다음의 예를 보면 쉽게 이해할 수 있다.

예
A: 너는 뭐 먹을 거니?
B: 비빔밥.(← <u>나는</u> 비빔밥을 먹을 거야.)

A: 너도 갈 거니?
B: 아니, 안 가.(← 아니, <u>나는</u> 안 가.)

7.2. 굴절

굴절(屈折, inflection)은 곡용과 활용으로 나눈다. 이러한 결합 과정에서 문법 범주를 형성한다고 할 수 있다.

7.2.1 곡용

1) 곡용의 개념

곡용(曲用, declension)은 체언에 조사가 결합하는 현상이다. 명사, 대명사, 수사 등의 체언(體言)이 문법적 기능을 발휘하는 데에 있어서 조사의 도움을 받는 현상을 말한다.

2) 곡용의 유형

체언에 결합하는 조사(助詞)를 곡용어미(曲用語尾, declension ending)라고도 한다. 조사가 결합하여 격을 만드는 유형에는 다음과 같은 것들이 있다.

(1) 주격

주격조사가 체언에 결합되면 체언을 그 문장의 주어로 만든다. 주격(主格, subjective case)을 만드는 조사에는 '이', '가'가 있고, 존대형 '께서'가 있다. 체언의 마지막 음이 자음으로 끝나면 '이'가 결합되고 모음으로 끝나면 '가'가 결합된다. 체언이 높임의 대상이면 '께서'가 결합된다.

> **예**
> 빵이 맛있다.
> 포도가 달다.
> 선생님께서 책을 주셨다.

(2) 목적격

목적격조사가 체언에 결합되면 체언을 그 문장의 목적어로 만든다. 목적격(目的格, objective case)을 만드는 조사에는 '을', '를', 'ㄹ'이 있으며,

대격(對格)조사라고도 한다. 체언의 마지막 음이 자음으로 끝나면 '을'이 결합되고 모음으로 끝나면 '를'이 결합된다. 모음과 '를'이 결합된 형태는 구어에서 '-르'가 줄어든 축약형 'ㄹ'로 쓰이기도 한다.

> **예**
> 친구가 책을 선물했다.
> 동생은 사과를 좋아한다.
> 내가 널(←너를) 사랑해.

(3) 여격

여격조사가 체언에 결합되면 체언을 그 문장의 보어로 만든다. 여격(與格, dative case)을 만드는 조사에는 '에게', '께'가 있다. 체언이 높임의 대상인 경우에 '께'가 결합된다.

> **예**
> 할머니께서 손녀에게 인형을 사주셨다.
> 선생님께 드릴 말씀이 있어요.

(4) 공동격

공동격조사가 체언에 결합되면 뒤에 오는 체언과 연결시켜 주는 역할을 한다. 공동격(共同格, comitative case)을 만드는 조사에는 '와', '과'가 있는데 체언의 마지막 음이 자음으로 끝나면 '과'가 결합되고 모음으로 끝나면 '와'가 결합된다. 구어에 많이 쓰이는 '(이)랑', '하고'도 있다. 나열격(羅列格)조사 또는 비교격(比較格)조사라고도 한다.

> **예**
> 손녀가 친구와 놀이터에서 놀고 있다.(공동격)

사과와 감과 배를 사 왔다.(나열격)
너랑 너랑 알게 된 지 벌써 칠년이 됐네.(공동격)
너하고 키 차이가 10센티미터는 날 거야.(비교격)

(5) 처격

처격조사가 체언에 결합되면 서술어를 수식하는 역할을 한다. 처격(處格, locative case)을 만드는 조사에는 '에'가 있다. 장소를 나타내는 체언에 결합하므로 처소격(處所格)조사라고도 한다.

예

겨울방학 동안 부산에 놀러갔다.
요즘 컴퓨터게임에 빠져서 공부를 안 한다.

(6) 도구격

도구격조사가 체언에 결합되면 도구와 수단을 나타내는 역할을 한다. 도구격(道具格, instrumental case)을 만드는 조사에는 '(으)로'가 있으며, 체언의 마지막 음이 자음으로 끝나면 '으로'가 결합되고 모음으로 끝나면 '로'가 결합된다. 조격(造格)조사라고도 한다.

예

볼펜으로 필기를 한다.
칼로 무를 썰다.

(7) 서술격

서술격조사가 체언에 결합되면 체언을 그 문장의 서술어로 만든다. 서술격(敍述格)을 만드는 조사에는 '이다'가 있다. 체언의 마지막 음이 자음이든 모음이든 모두 '이다'가 결합되는데 모음으로 끝나는 경우에는 '-이'가 생략되는 경우가 많고 자연스럽다.

> **예**
> 하영이는 대학생<u>이다</u>.
> 유진이는 주부<u>다</u>./주부<u>이다</u>.

(8) 특수조사

조사 중에는 격조사와 다른 성격을 가진 특수조사가 있다. 특수조사는 격조사와 달리 격을 나타내지 않고 의미를 추가하는 일을 담당한다. '은/는, 만, 도, 조차, 마저, 까지' 등이 있다.

> **예**
> 은/는: 너<u>는</u> 가면 안 돼., 너<u>는</u> 잘 하는구나.
> 만: 너<u>만</u> 가려고?, 너<u>만</u> 잘 하면 된다.
> 도: 너<u>도</u> 가려고?, 너<u>도</u> 잘 하면 되지.
> 조차: 너<u>조차</u> 가려고?, 너<u>조차</u> 잘 하는구나.
> 마저: 너<u>마저</u> 가는구나., 너<u>마저</u> 잘 하는구나.
> 까지: 너<u>까지</u> 가는구나., 너<u>까지</u> 잘 하는구나.

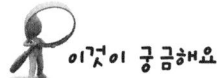
이것이 궁금해요

> 주격조사에는 '이'와 '가'가 있고, 체언의 마지막 음이 자음으로 끝나면 '이'가 결합되고 모음으로 끝나면 '가'가 결합된다고 했는데요. '하영이가 착하다.'의 경우에는 왜 '이'와 '가'가 둘 다 오나요?
>
> '하영이가'는 '하영+이+가'로 분석할 수 있는데 여기에서 '-이'는 주격조사가 아니라 접미사입니다. 형태가 우연히 같을 뿐이지 여기서 '-이'는 '(받침 있는 사람의 이름 뒤에 붙어) 어조를 고르는 접미사'입니다. 그래서 '-이'가 뒤에 붙은 '하영이'까지가 체언이 되는 것이고 모음으로 끝난 체언 뒤에 주격 조사 '가'가 결합되었다고 보면 됩니다.

7.2.2 활용

1) 활용의 개념

활용(活用, conjugation)은 용언에 어미가 결합하는 현상이다. 용언(用言)인 동사나 형용사가 문법적 기능을 발휘하는 데에 있어서 어미의 도움을 받는 현상을 말한다.

2) 활용어미의 체계

활용어미(活用語尾, conjugational ending)는 '동사/형용사 어간 + 선어말어미 + 어말어미'의 체계로 구성된다. 활용어미는 먼저 어말어미와 어말어미 앞에 오는 선어말어미로 나뉜다.

(1) 선어말어미

선어말어미(先語末語尾, pre-final ending)는 어간 다음에 결합하는 순서에 따라서 다음과 같은 것들이 있다. '주체높임법 -(으)시- + 시제 -(느)ㄴ- / -았-~-었-~-였-/-겠- + 공손법 -(오)ㅂ-~-습- + 직설법 -느-, 회상법 -더-, 확인법 -리-, 강조법 -니-'의 순이다.

직설법, 회상법 등의 서법(敍法)은 화자의 심리적인 상태를 표현하는 것이며, '-ㅂ-~-습-'의 경우는 객체높임법이 선어말어미의 역할을 하지 않고 어말어미화된 것이다.

- 주체높임법 선어말어미: -(으)시-
- 시제 선어말어미: 과거시제(-았/었-), 현재시제(-는/ㄴ-), 미래시제(-겠-)
- 서법 선어말어미: -겠-([추측], [의지]), -더-([회상], [단절])

(2) 어말어미

선어말어미 뒤에 오는 어말어미(語末語尾, final ending)는 다시 문장을 끝맺어 주는 종결어미(終結語尾, sentence-final ending)와 끝맺지 않는 비종결어미로 나눌 수 있다. 비종결어미에는 앞뒤 구절을 연결해 주는 연결어미와 앞 구절의 성질을 바꾸어 주는 전성어미가 있다.

전성어미에는 앞 구절을 관형사절로 만들어주는 관형사형어미 '-ㄴ/-ㄹ'이 있고, 명사절로 만들어주는 명사형어미 '-ㅁ/-기'가 있으며, 부사절로 만들어주는 부사형어미 '-게, -도록'이 있다.

연결어미는 부동사어미라고도 하는데 여러 의미로 앞뒤 구절을 연결해 준다. '-고'는 나열의 의미를, '-며'는 병행의 의미를, '-아/어'는 양태의미를, '-니/-매'는 원인의 의미를, '-면'은 조건의 의미를, '-나'는 양보의 의미를, '-러'는 목적의 의미를 부여한다.

종결어미는 문장의 마지막에 와서 문장을 끝맺는 역할을 하는데 공손법(恭遜法, honorific system) 체계에 따라서 등급이 나누어진다. 종결어미의 종류는 다음과 같다. 평서법어미 '-다'는 문장을 서술문으로 만들고, 의문법어미 '-니'는 문장을 의문문으로 만들며, 명령법어미 '-라'는 문장을 명령문으로 만든다. 청유형어미 '-자'는 문장을 청유문으로 만들고, 감탄법어미 '-구나'는 문장을 감탄문으로 만든다. 약속법어미 '-마'는 문장을 약속문으로 만들고, 허락법어미 '-렴'은 허락문으로 만든다. 어말어미의 유형을 다음과 같이 정리할 수 있다.

- ■ 비(非)종결어미
  - 전성어미
    - 관형사형어미(-ㄴ, -ㄹ)
    - 명사형어미(-음, -기)
    - 부사형어미(-게, -도록 등)

- 연결어미(접속어미)
  - 대등접속어미: 나열(-고), 병행(-며)
  - 종속접속어미: 원인(-니까), 조건(-다면), 양보(-더라도), 목적(-러) 등
  - 부동사어미: -아/어
- 종결어미
  - 평서법 종결어미: -다.(평서문)
  - 의문법 종결어미: -니?(의문문)
  - 명령법 종결어미: -라.(명령문)
  - 청유형 종결어미: -자.(청유문)
  - 감탄법 종결어미: -구나.(감탄문)
  - 약속법 종결어미: -마.(약속문)
  - 허락법 종결어미: -려므나.(허락문)

7.3. 문장의 종류

앞에서 문장을 평서문, 의문문, 명령문, 감탄문, 청유문, 약속문, 허락문으로 나눈 것은 화자가 청자에게 어떠한 목적으로 문장을 발화했는지 서법적으로 분류한 것이다. 이러한 문장의 종류를 문장의 구조에 의해서 분류해 보면 단문, 중문, 복문(내포문), 접속문으로 나눌 수 있다.

7.3.1 단문과 중문

단문(單文, simple sentence)은 문장에 주어와 서술어가 하나씩 있는 구조를 말한다. 반면에 중문(重文, compound sentence)은 주어와 서술어가 두 개 이상인 구조를 말한다. 중문은 두 절이 대등하게 결합되므로 병렬문(竝列文)이라고도 한다.

> **예**
> 버스가 온다. 친구가 내린다.(단문)
> 버스가 오고, 친구가 내렸다.(중문)

7.3.2 내포문

주어와 서술어가 두 개이면서 한 절이 다른 절의 한 성분으로 포함되는 것을 복문(複文, complex sentence) 또는 내포문(內包文, embedded sentence)이라고 한다. 포함하고 있는 절을 주절(主節, main clause) 또는 모문(母文, matrix)이라 하고 포함된 절을 종속절(從屬節, subordinate clause)이라 한다.

내포문에는 관형절 내포문, 명사절 내포문, 부사절 내포문의 세 종류가 있는데 모문(母文)에 어떤 성격의 절을 포함하고 있느냐에 따라서 나눈 것이다.

관형절 내포문은 관형사형어미 '-(으)ㄴ'이나 '-(으)ㄹ'이 이끄는 관형절이 포함된 구조이다.

> **예**
> 관형절 내포문: 친구가 내린 버스가 떠났다.
> ⇒ [친구(내포문의 주어)가 내린(=내리+ㄴ)(관형절 내포문)]+버스(모문의 주어)+떠났다.(모문의 서술어)

명사절 내포문은 명사형어미 '-(으)ㅁ'이나 '-기'가 이끄는 명사절이 포함된 구조이다.

> **예**
> 명사절 내포문: 나는 친구가 오기를 기다리고 있었다.
> ⇒ 나는(모문의 주어)+[친구(내포문의 주어)가 오기(=오+기)(명사절 내포문)]를+기다리고 있었다.(모문의 서술어)

부사절 내포문은 부사형어미 '-게, -도록'이 이끄는 부사절이 포함된 구조이다.

> **예**
> 부사절 내포문: 나는 [눈이 빠지게] 친구를 기다렸다.
> ⇒ 나는(모문의 주어)+[눈(내포문의 주어)이 빠지게(=빠지+게)(부사절 내포문)] 친구를+기다렸다.(모문의 서술어)

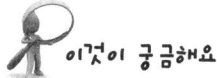

> 모문과 종속절에 대한 질문인데요. '나는 친구가 오기를 기다리고 있었다.'에서 '모문'이 '나는 기다리고 있었다.'이고, 종속절은 '친구가 오기를'인가요? 아니면 모문은 문장 전체 '나는 친구가 오기를 기다리고 있었다.'를 가리키나요?
>
> '나는 친구가 오기를 기다리고 있었다.'라는 문장에서 모문은 '나는 기다리고 있었다.'입니다.

7.3.3 접속문

접속문은 앞뒤 구절이 접속어미(또는 연결어미)에 의해서 이어진 문장 구조를 말한다. 의미상으로는 나열의 접속어미와 대조의 접속어미로 나눌 수 있다. 나열의 접속은 '-고, -(으)며' 등의 접속어미로 연결되고, 대조의 접속은 '-지만, -으나' 등의 접속어미로 연결된다.

> **예**
> 친구는 서울에 살며, 나는 광주에 산다.(나열 접속)
> 친구는 서울에 살지만 나는 지방에 산다.(대조 접속)
> 친구는 취직했으나, 나는 아직 취업준비생이다.(대조 접속)

종속절과 내포절이 어떻게 달라요? '날씨가 선선해지니, 책이 더 잘 읽힌다.' 와 같은 문장이 있다고 할 때, 제 생각에는 '날씨가 선선해지니'가 종속절이며 대등절과 같은 유형의 문장이란 생각이 들었습니다. 그러나 앞 설명에서 대등절은 중문이며, 종속절은 내포문(내포절)과 함께 복문에 속한다는 구절을 보았습니다. 복문은 두 문장(절) 중에서 하나는 상위, 다른 하나는 하위의 지위로 결합하는 문장입니다. 이 개념에 내포절이 해당된다는 것은 잘 이해할 수 있지만 종속절이 해당한다는 것은 이해가 잘 되지 않습니다. 그래서 종속절이 왜 대등절과 다른 문장 유형에 속해야 하는지 궁금합니다. 또한 부사절과 종속절의 관계가 그 이유라면, 종속절을 부사절로 바꿔 사용할 경우에만 복문에 해당한다고 봐야 하는 것인지도 질문 드립니다.

대등절은 말 그대로 두 절이 대등하게 연결되는 구조여서 접속어미 중 '-고, -며, -나' 등으로 연결되는 반면, 종속절은 한 절(종속절)이 한 절(주절)에 종속되어 있는 연결 구조여서 접속어미 '-니까, -어서, -지만' 등으로 연결되는 것들입니다. 조건이나 이유를 걸고 있기에 종속되어 있다고 보는 것이지요.

예전 전통문법에서는 절을 3분하여 대등절, 종속절, 내포절로 나누었습니다. 그러다가 새 견해로 절을 2분하여 대등절과 내포절로 나누게 되었습니다. 후자에 따르면 부사형어미들을 단순 연결어미로 보지 않고 부사절(종속절)을 만드는 어미로 본 것입니다. 이 부사절들은 모문에 내포된 종속절이 됩니다.

다시 간략하게 정리해 보면, 대등하게 연결되는 나열 접속어미에 의해서 만들어진 (두 절의) 결합 문장은 중문, 대등하지 않고 하나가 하나에 종속되는 대조 접속어미에 의해서 만들어진 (두 절의) 결합 문장은 복문이라고 할 수 있습니다.

7.4. 문법 범주

한국어의 대표적인 문법 범주로는 시제, 높임법, 피동법, 사동법, 부정법을 들 수 있다. 문법 범주를 이룬다는 것은 반드시 그 문법 범주를 표현하는 '문법 요소'를 가지고 있다는 것이다.

7.4.1 시제

시제(時制, tense)는 어떤 상황의 시간적 위치를 구별해 주는 문법 범주를 말한다. 과거 시제, 현재 시제, 미래 시제로 나눌 수 있다.

1) 과거 시제

과거 시제(過去時制, past tense)는 선어말어미 '-았-'에 의해서 표시한다. '-았-'의 이형태로는 '-었-, -였-'이 있다. '-았-'은 앞에 오는 어간의 마지막 모음이 양성모음인 경우에 오고 음성모음인 경우에는 '-었-'이 결합된다. 어간 말음이 자음 받침이 없이 모음으로 끝난 경우는 '-았/었-'에서 모음이 탈락되고 'ㅆ'만 결합된다.

> **예**
> 잡았다(잡+았+다), 먹었다(먹+었+다), 하였다(하+였+다), 갔다(가+ㅆ+다)

2) 현재 시제

현재 시제(現在時制, present tense)는 선어말어미 '-는-'에 의해서 표시한다. '-는-'의 이형태로는 '-ㄴ-'이 있다.

평서문의 경우는 어간말음이 자음으로 끝나면 '-는-'이 오고 모음으로 끝나면 '-ㄴ-'이 온다.

> **예** 먹는다(먹+는+다), 잔다(자+ㄴ+다)

관형절의 경우는 어간말음이 자음으로 끝나든 모음으로 끝나든 상관없이 '-는-'으로 현재시제를 표시한다.

> 예 잡는(잡+느+ㄴ) 사람, 가는(가+느+ㄴ) 사람

그런데 '-는-'을 역사적으로 해석해 보면, '-느-+ㄴ'의 구조로 분석할 수 있으며 여기에서 '-느-'가 과정성, 진행성의 의미를 가지므로 어간이 동사인 경우에만 결합될 수 있고 형용사인 경우에는 못 오고 '-ㄴ-'만 결합된다고 할 수 있다. '-느-'는 어떤 움직임이 진행되고 있음을 표시하는 능동성을 가지고 있으므로 현재의 정지된 상태나 성질, 모습을 표현하는 형용사에는 결합될 수 없는 것이다.

> 예
> 예쁜(예쁘+ㄴ)+여자/*예쁘는(예쁘+느+ㄴ)+여자
> 착한(착하+ㄴ)/*착하는(착하+느+ㄴ)+여자

3) 미래 시제

미래 시제(未來時制, future tense)는 선어말어미 '-겠-'에 의해서 표시한다. 정확하게 말하자면 '-겠-'은 아직 일어나지 않은 일에 대한 표현이기 때문에 시간상으로는 미래인 것이 맞다.

> 예 내일은 오늘보다 더 춥겠다.

4) 시제와 서법

> 예
> 피자가 정말 맛있겠다.

내가 너 대신 가겠다.
어제 그 사람 만나서 정말 좋았겠다.

그런데 위 문장들의 의미를 자세히 살펴보면 미래의 일에 대한 '추측'이나 '의지'를 표현하고 있고 과거에 대한 추측 표현도 가능함을 알 수 있다. 그리하여 이 '-겠-'이 화자의 심리적인 태도를 나타낸다고 해서 시제 범주로 보지 않고 서법(敍法, mood) 범주로 보기도 한다.

'-더-'의 경우도 이와 비슷하다.

예
그 식당 음식 정말 맛있더라.(과거 회상)
그 친구 일 잘하게 생겼더라.(과거 추측)
일 잘하겠더라.(미래 추측)

시간상으로는 과거인 것이 맞지만, 의미를 자세히 살펴보면 과거의 일에 대한 회상을 하는 것이므로 회상시제라고 한다. 그런데 과거의 사실이 아닌 미래에 일어날 일에 대해서 말할 때도 '-더-'를 사용한다. 이런 경우는 '-더-'가 추측의 의미도 가지고 있다.

이것이 궁금해요

서법과 시제, 상이 어떻게 달라요?

    시제(時制, tense)는 어떤 상황의 시간적 위치를 구별해 주는 문법 범주를 말하고, 상(相, aspect)은 어떤 상황의 시간적 분포를 말합니다. 서법은 화자의 심리적인 태도를 드러내는 문법 범주입니다. 상(相)은 시간의 내적인 구조를 나타내 주는 문법 범주로 진행상(進行相) '-고 있다', 완료상(完了相) '-어 있다' 등으로 나누기도 합니다. 그리고 서법(敍法, mood)은 화자의 심리적인 태도를 나타내는 문법 범주로 '-겠-'의 경우 미래시제를 나타내면서 동시에 미래의 일에 대한 화자 자신의 추측이나 의지를 표현하는 것이 대표적인 예입니다.

7.4.2 높임법

높임법(또는 경어법, 敬語法, honorific system)은 누구를 높이느냐에 따라서 세 가지로 나눌 수 있다. 그 문장의 주어를 높이면 주체높임법, 객체를 높이면 객체높임법, 상대방을 높이면 상대높임법 범주로 본다.

1) 주체높임법

주체높임법은 문장의 주어가 높임의 대상일 때 용언에 '-시-'가 결합되면서 표현된다. 그런데 높임의 대상은 사람이 원칙이며 귀한 물건이나 높은 사람의 물건은 높이지 않는 것이 원칙이다. 그리고 높임에 대한 판단의 기준은 나이, 항렬, 지위, 친밀 정도로 결정되고, 높임의 주체와 화자가 원칙적으로 비교되지만 듣는 청자와의 비교도 작용한다. 대부분의 용언에 결합이 가능하며, '계시다, 잡수시다, 주무시다'처럼 어휘로 굳어진 것도 있다.

> 예
> 할머니께서 노인정에 가셨다.
> 할머니께서 노인정에 계신다.
> 할머니께서 진지를(←밥) 잡수신다(←먹다).

2) 객체높임법

객체높임법은 문장 주어의 행위가 미치는 대상인 객체, 즉 여격 대상이나 목적어 대상에 대하여 존대 의향을 가지고 표현하는 범주이다. 현대국어에 와서 쓰임이 한정되어 나이나 지위가 낮은 인물이 높은 인물에게 하는 행동을 기술하는 어휘인 '드리다, 바치다' 등의 특수동사에만 남아 있다.

> 예 제가 선생님께 한 가지 질문을 드리고 싶습니다.

3) 상대높임법

상대높임법은 상대방을 얼마만큼 높이느냐 낮추느냐에 따라서 다양하게 나누어진다. 상대방을 아주 높이는 '합니다체'부터 보통 높이는 '해요체', 점차 낮아지는 '하오체', '하게체', 낮추어 대하는 '해체', 아주 낮추는 '해라체'가 있다. '하오체, 하게체'는 최근에는 잘 쓰지 않는다.

> **예**
> - 합니다체: (할아버지께서) 어제 그 식당에 가셨습니까?
>   어제 그 식당에 가셨습니다.
> - 해요체: (할아버지께서) 어제 그 식당에 가셨어요?
>   어제 그 식당에 가셨어요.
> - 하오체: (할아버지께서) 어제 그 식당에 가셨소?
>   어제 그 식당에 가셨소.
> - 하게체: (할아버지께서) 어제 그 식당에 가셨는가?
>   어제 그 식당에 가셨네.
> - 해체: (할아버지께서) 어제 그 식당에 가셨어?
>   어제 그 식당에 가셨어.
> - 해라체: (할아버지께서) 어제 그 식당에 가셨니?
>   어제 그 식당에 가셨다.

7.4.3 피동법

피동법(被動法, passive form)은 남에게 어떤 행동을 당하는 피동(被動)을 문법적으로 표현하는 문법 범주이다. 피행동주가 행동을 하는 행동주에게 어떤 행위나 동작을 당하는 것을 나타낸다. 피동법은 피동접미사에 의해서 만들어지는 단형피동과 '-어 지다'가 결합되어 만들어지는 장형피동이 있다. 한국어의 자연스러운 문장은 피동문이 아니고 문장의 주어를 행동하는 사람으로 하는 능동문이라고 할 수 있다.

1) 단형피동

단형피동은 타동사 어간에 피동접미사 '-이-, -히-, -리-, -기-'에 의해 파생된 피동사로 만들어진 피동으로 '짧은 피동'이라고도 한다.

> 예 보다→보이다, 업다→업히다, 밀다→밀리다, 안다→안기다

그런데 타동사 중에서 접미사 '-하다'가 붙은 동사나 수여동사(주다, 받다, 드리다, 바치다), 수혜동사(얻다, 잃다, 찾다, 돕다, 입다, 사다), 경험동사(알다, 배우다, 바라다, 느끼다), 대칭동사(만나다, 닮다, 싸우다) 등은 피동접미사를 취하지 못한다.

단형피동문은 다음과 같다.

> 예 도둑이 경찰에게 잡혔다.

2) 장형피동

장형피동은 타동사에 '-어 지다'가 결합되어 만들어진 피동으로 '긴 피동'이라고도 한다.

장형피동문은 다음과 같다.

> 예 인형이 예쁘게 잘 만들어졌다.

7.4.4 사동법

사동법(使動法, causative form)은 남으로 하여금 어떤 행동을 하도록 하는 사동(使動)을 문법적으로 표현하는 문법 범주이다. 사동주가 피사동주

에게 행동을 시켜서 피사동 행위를 하게 하는 것을 나타낸다. 사동법은 사동접미사에 의해서 만들어지는 단형사동과 '-게/도록 + 하다/만들다'가 결합되어 만들어지는 장형사동이 있다.

1) 단형사동

단형사동은 동사나 형용사의 어간에 사동접미사 '-이-, -히-, -리-, -기-, -우-, -구-, -추-, -애-' 등에 의해 파생된 사동사에 의한 사동으로 '짧은 사동' 또는 직접적으로 시켜서 '직접사동'이라고도 한다.

> **예**
> 죽다→죽이다, 앉다→앉히다, 울다→울리다, 웃다→웃기다,
> 깨다→깨우다, 솟다→솟구다, 낮다→낮추다, 없다→없애다

그런데 어간이 모음 '이'로 끝나는 동사, 수여동사, 대칭동사, '-하다' 동사는 사동접미사를 취하지 못한다.
단형사동문은 다음과 같다.

> **예**
> 엄마가 아이에게 우유를 먹인다.
> 선생님이 학생에게 책을 읽혔다.
> 개그맨이 시청자들을 웃겼다.

2) 장형사동

장형사동은 조동사 '-게 하다'에 의한 구성이 대표적인데 '-게 만들다'도 있고, '-도록 하다/만들다'에 의한 사동까지 포함하여 '긴 사동' 또는 간접적으로 시켜서 '간접사동'이라고도 한다.

장형사동문은 다음과 같다.

예
엄마가 아이에게 우유를 먹게/도록 하다.
선생님이 학생에게 책을 읽게/도록 했다.
개그맨이 시청자들을 웃게/도록 하였다.

7.4.5 부정법

부정법(否定法, negation)은 부정적인 형식 요소를 사용하여 부정적인 표현을 하는 문법 범주이다. 말하자면 의미가 부정적이라고 해서 부정문이 되는 것은 아니라는 것이다. '나는 빵을 안 좋아해.'는 '안'이라는 부정 요소 때문에 부정문이 되지만, '나는 빵을 싫어해'는 부정 요소가 없고 의미만 [좋아하지 않다]가 되므로 부정문이라고 할 수 없다. 부정문에는 부정사(否定辭) '안, 못'에 의해서 만들어지는 단형부정과 '-지 않다, -지 못하다'가 결합되어 만들어지는 장형부정이 있다. 또 '안'에 의해 만들어진 부정문을 '안'부정문이라 하고, '못'에 의해 만들어진 부정문을 '못'부정문이라고 한다.

1) 단형부정

단형부정은 '짧은 부정'이라고도 하는데 '안'이나 '못'이 앞에 오는 구성의 부정문을 말한다. 그리하여 '안' 부정문과 '못' 부정문으로 나뉘는데 '안' 부정문은 단순 부정을 하거나 의도적인 부정을 표현하고, '못' 부정문은 의지나 의도가 있더라도 능력이 부족함을 표현한다. '안'이 결합되면 '의지'에 의한 부정을 의미하고, '못'이 결합되면 '능력 부족'에 의한 부정을 의미한다고 하겠다.

단형부정문은 다음과 같다.

> **예**
> 학교에 <u>안</u> 갔다. 학교에 <u>못</u> 갔다.
> 시험공부를 <u>안</u> 했다. 시험공부를 <u>못</u> 했다.
> 비가 <u>안</u> 온다. *비가 <u>못</u> 온다.

마지막 예문에서는 능력 여부를 논할 수 있는 인간이 아닌 '비'가 주어이므로 단순 부정을 의미하는 '비가 안 온다.'는 자연스러우나, 비가 능력을 가진 주체가 아니므로 능력 부족을 논할 수가 없어서 '비가 못 온다.'는 비문법적인 문장이 되는 것이다.

2) 장형부정

장형부정은 '긴 부정'이라고도 하는데 '-지 않다, -지 못하다'가 뒤에 오는 부정문을 말한다. 장형부정도 마찬가지로 '안' 부정문과 '못' 부정문으로 나뉘고, 단형부정과 의미 차이는 같은데 구성만 길어진 것이다.
장형부정문은 다음과 같다.

> **예**
> 학교에 가<u>지</u> <u>않</u>았다. 학교에 가<u>지</u> <u>못</u>했다.
> 시험공부를 하<u>지</u> <u>않</u>았다. 시험공부를 하<u>지</u> <u>못</u>했다.
> 비가 오<u>지</u> <u>않</u>았다. *비가 오<u>지</u> <u>못</u>했다.

3) 기타 부정

그 밖에 '말다'에 의해서 만들어진 부정표현이 있다. 명령문과 청유문에 '말다'를 쓴 것을 '말다' 부정문이라 한다. 또 '없다, 모르다, 아니다'에 의해서 만들어진 부정표현도 있다. 이들 표현을 문법적인 요소로 볼 것인가 어휘적인 요소로 볼 것인가에 따라서 부정법으로 볼 수 있을지가 결정된다. 이익섭·채완(2004:317)에서는 이것들을 부정을 전담하는 보조용언으로 보고 특수부정어(特殊否定語)로 보았다.

7장 주요 참고문헌

한국어 통사론에 대한 참고문헌으로 채완(1986), 이홍식(2000)에서는 문장 성분과 어순을, 서태룡(1988)에서는 활용어미를, 이남순(1998), 성광수(1999a)에서는 격과 조사를, 장경희(1985), 고영근(2004)에서는 시제·서법·양태를, 송창선(1998)에서는 사동법을, 김동식(1990)에서는 부정법을 참고하였다.

8장 한국어 어휘론

: 한국어의 어휘 체계는 어떻게 변천했는가?

8.1. 한국어 어휘에 대한 기본적 논의

8.1.1 한국어 어휘의 특징

한국어 어휘의 특징은 다음과 같다. 첫째, 한국어 어휘 체계는 고유어, 한자어, 외래어가 삼원 체계를 이루고 있으며 한자어가 차지하는 비중이 크다. 둘째, 한자어와 고유어가 전문어와 일상어, 문어와 구어의 대립을 보이면서 유의관계를 이루고 있는 경우가 많다. 셋째, 의성·의태어가 풍부하고, 파생어와 복합어가 생산적인데 이는 유연성이 높은 단어들이 발달했음을 말해 준다. 넷째, 평어와 높임어가 대응 짝을 이루어 높임어휘가 하나의 층위를 이루고 발달해 있다. 다섯째, 친척어휘장, 색채어휘장, 미각어휘장 등 특정 어휘장이 발달해 있다. 친척어휘장은 유교문화의 영향에 따른 위계질서에 의해서 항렬, 부계와 모계, 남녀의 차이를 반영한 결과이고,

색채어휘장과 미각어휘장은 평음, 경음의 대립이나 양성 모음과 음성 모음의 대립, 형용사 파생접미사의 발달과 같은 언어적인 특징에 따른 결과이다.

8.1.2 한국어 어휘의 유형

한국어 어휘의 유형은 다음과 같이 다양하게 나누어 볼 수 있다.

1) 기초 어휘와 기본 어휘

　기초 어휘(基礎語彙, basic vocabulary)는 한 언어에서 기본적인 의사소통에 꼭 필요하다고 인정되는 최소한의 어휘이다. 특정 언어에서 중추적인 부분을 차지하고 있는 단어의 부분 집단을 말하며, 일상적인 언어생활에 필요한 필수적인 단어 2천개 정도가 이에 해당한다. 상위 빈도 10% 이내의 범위라고 할 수 있다. 기본 어휘의 일종이 되기도 하며 기초 어휘는 반드시 기본 어휘에 포함되어야 한다. 조어상(造語上) 이차 조어의 근간이 되기도 하며, 가장 쉬운 단어이므로 더 쉬운 단어로 설명하기가 어렵다고 할 수 있다.[1]

　기본 어휘(基本語彙, fundamental vocabulary)는 한 언어의 사용 도수를 조사하였을 때 그 빈도가 가장 높은 어휘로서 일상생활에서 가장 널리 사용하므로 정상적인 사회생활을 하기 위하여 꼭 알아야 하는 어휘를 말한다. 어떤 목적에 따라 인위적으로 선정된 공리성을 가진 단어의 집단을 말하기도 한다. 넓은 의미로는 여러 층에 걸쳐서 공통적으로 출현하는 어휘소의

---

1) 최근 국립국어원에서 '국어 기초 어휘 선정 및 어휘 등급화를 위한 기초 연구'가 이루어졌다(이삼형 2017).

집합이고, 좁은 의미로는 그 영역의 전개를 위해서 가장 기본이 되는 어휘의 집합을 말한다. 예를 들면 '생활 기본 어휘, 초등학교 교육을 위한 기본 어휘, 다문화가정 여성 학습자를 위한 기본 어휘' 등이다.

2) 이해 어휘와 사용 어휘

이해 어휘(理解語彙, receptive vocabulary)는 직접 쓰지는 못해도 그 의미나 용법을 알고 있는 어휘를 말한다. 3-5만 단어 내외이며, 수동 어휘, 획득 어휘라고도 한다. 사용 어휘(使用語彙, productive vocabulary)는 말하거나 쓸 때 사용이 가능한 어휘로서 이해 어휘의 1/3 정도가 해당된다. 1-2만 단어 내외이며, 능동 어휘, 발표 어휘라고도 한다. 어휘 교육적인 차원에서 보면 이해 어휘와 사용 어휘를 구분하여 접근하는 것이 효율적이다.

그 밖에 일차 어휘와 이차 어휘로 나누기도 하는데 일차 어휘(一次語彙, primary vocabulary)는 단일어를 말하고, 이차 어휘(二次語彙, secondary vocabulary)는 일차 어휘를 근간으로 만들어진 합성어, 파생어, 복합어를 말한다.

8.1.3 한국어 어휘의 분포 양상

어휘가 분포되는 양상은 다양한데 사용 층위가 다르다는 의미에서 위상적(位相的) 요인에 의한 대립 양상으로 나누어 볼 수 있다. 위상적 요인으로는 지역, 직업, 집단, 계급, 성별, 연령, 장면 등의 차이를 들 수 있다.

먼저 지역의 차이에 의해서는 표준어와 방언으로 나누어지고, 직업의 차이에 의해서는 전문어와 일상어로 나눌 수 있으며, 사용 집단에 의해서는 은어를 나눌 수 있다. 남녀 성별 차이에 의해서는 남성어와 여성어로 나뉘며, 연령에 의해서는 아동어, 청소년어, 노인어 등으로 나눌 수 있다.

또한 장면의 차이에 의해서는 문어와 구어로 나눌 수 있으며, 존비(尊卑) 여부에 따라서 평어와 대립되는 높임어와 비속어로 나눌 수 있다.

8.1.4 한국어 어휘의 계량

어휘 연구를 효율적으로 하기 위해서는 통계언어학의 원리와 방법을 이용할 필요가 있다. 이를 위해서 국립국어원에서 각종 연구 보고서가 나와 있다. 신어 조사(1995-2014)를 비롯하여 주요 어휘 용례집(명사편, 동사편, 부사대명사편, 2001), 현대국어 사용 빈도 조사(2002, 2005), 한국 현대소설의 어휘 조사 연구(2003), 한국어 학습용 어휘 선정 결과 보고서(2003), 한국어 교육 어휘 내용 개발 1-4단계(2012-2014) 등 다양한 연구 결과물이 지속적으로 제공되고 있다.

말뭉치(corpus) 구축과 활용에 대한 연구는 1990년대 이후 본격적으로 이루어졌다. 말뭉치 자료는 주로 문화관광부와 국립국어원에서 진행했던 사업 결과물로 많이 나와 있다. 국책 사업으로서 국어 정보화는 1998년부터 '21세기 세종계획'으로 구체화되었다. 제1단계(1998~2000) 사업에서는 국어 정보화의 기반을 다지는 데 주력했고, 제2단계(2001~2003) 사업에서는 이를 바탕으로 보다 발전된 결과를 확보하였으며, 제3단계(2004~2007)에서는 그간의 연구를 통합, 조정, 분석, 서비스를 위한 종합적 연구가 이루어졌다. 21세기 세종계획 각종 연구 결과물로는 역사 자료 말뭉치(1998-2003)를 비롯하여 말뭉치 활용 방안 연구(2003), 한민족 언어정보화 통합 프로그램(2003) 등이 있고, 2015년부터 2020년까지 약 300만 어절 규모 이상을 말뭉치로 구축한 '21세기 세종계획 연구·교육용 현대국어 균형말뭉치'가 나왔다. 이후 한민족 언어 정보화 프로그램들이 지속적으로 개발되고 있다.

현재까지 국내에서 구축된 주요 말뭉치를 제시해 보면 다음과 같다(이삼형 2017:29).

기관	기간	말뭉치	목적	말뭉치 규모(어절)
연세 대학교	1990~ 2013	연세 말뭉치1	·낱말 빈도 조사 ·사전 표제어 확정	288만
		연세 말뭉치2	·국어 어휘 통계적 특성 파악	110만
		연세 말뭉치 3, 5, 6, 7	·시대별 낱말 인지도 파악(1960~1990년대)	3,548만
		연세 말뭉치4	·구어 어휘 특성 파악	77만
		연세 말뭉치8	·교육용 어휘 체계화	87만
		연세 말뭉치9	·아동 교육용 어휘 파악	150만
		연세 구어 말뭉치		99만
고려 대학교	1995	고려대 한국어 말모둠1	·국어 연구를 위한 한국어 데이터 베이스 구축 ·국어사전 편찬	1,000만
KAIST	1997	KAIST 코퍼스 Ⅲ	·정보화 사회의 자연어 처리 ·언어연구와 사전 편찬	7,000만
국립 국어원	1998~ 2007	세종말뭉치	·기초 언어 말뭉치 개발 ·통합적 국가 말뭉치 구축	6,200만
한양 대학교	2002~ 2003	연령별 구어 말뭉치	·의사소통 능력의 발달 단계 연구	350만
고려 대학교	2008~ 2013	물결 21 코퍼스	·21세기 국어의 어휘 사용 양상 연구	60,000만
국립 국어원	2010	2010년 한국어 학습자 말뭉치	·한국어교육 연구를 위한 기반 자료 구축	400만
	2015	2015년 한국어 학습자 말뭉치	·한국어교육 연구를 위한 기반 자료 구축	370만

말뭉치 자료는 한국어학 및 한국어교육 연구에 매우 유용하다. 근래에는 실제 언어 사용 자료를 구하고자 할 때 말뭉치 자료를 많이 활용하고 있다.

8.2. 한국어 어휘 체계

8.2.1 어종별 어휘 체계의 변천

한국어의 어휘 체계가 변해 온 과정을 시대별로 살펴보면 다음과 같다.

1) 고대국어시대

처음 선사시대에는 순수하게 한국어 고유어(固有語)만을 사용하다가 고대국어 시기(3,4세기~9세기 삼국시대)에 중국과의 교류가 시작되면서 중국의 사신(使臣)들이 한국에 가져온 문헌에서 처음으로 문어(文語) 한자어(漢字語)를 접하게 되었다. 이렇게 한자어가 들어오게 되면서 일상적인 구어(口語)로는 고유어를 쓰고 문어로는 한자어를 조금씩 사용하는 이원 체계의 이중 언어생활을 시작하였다.

당시에 들어온 한자어를 보면, 중국어 구어로 한국어에 유입된 한자어, 유학이나 한문학 범주의 중국 기원 한자어, 불교와 관련된 인도 한자어가 있다.

> **예**
> - 구어로 한국어에 유입된 한자어: 분(筆) > 붓, 숑(俗) > 속, 뎌(笛) > 저, 살(矢), 먹(墨), 부텨(佛) > 부처
> - 유학, 한문학 범주의 중국 기원 한자어: 가정(家庭), 결혼(結婚), 고향(故鄕), 농사(農事), 명백(明白), 분명(分明)
> - 불교와 관련된 인도한자어: 미륵(彌勒), 대비(大悲), 생계(生界)

이에 대한 자료는 <삼국사기>, <삼국유사>, <고려사> 등의 사서(史書)나 중국 고전에서 확인할 수 있다.

2) 전기 중세국어 시대

전기 중세국어 시기(10~13, 14세기 고려 시대)에는 몽골족과의 접촉이 있었는데 민간인들의 접촉이 아니고 군사들끼리의 접촉이었다. 말을 타고 매사냥을 하던 몽골족의 어휘 중 주로 말, 매, 군사용어가 들어왔다. 한자어에 이어서 몽골어가 들어오게 됨으로써 한국어의 어휘 체계는 고유어, 한자어, 몽골어의 삼원 체계가 되었다. 그 당시 들어온 몽골어의 예이다.

> **예**
> - 말(馬): 아질게몰, 졀다몰
> - 매: 보라매, 숑골매
> - 군사: 고도리(화살)

3) 후기 중세국어 시대

후기 중세국어 시기(15,16세기 조선시대)에는 민간이 중국인과의 접촉이 이루어졌다. 이때 구어 한자어라고 하는 백화계(白話系) 한자어가 한국어 어휘 체계에 많이 들어왔다. 민간인끼리의 접촉으로 한자어가 대량으로 유입되었기에 문물을 통한 직접적인 차용어가 많다. 예를 들면 다음과 같다.

> **예**
> 투구(⇐ 套盔), 상투(⇐ 上頭), 토슈(⇐ 套袖), 무명(⇐ 木綿), 다홍(⇐ 大紅), 슈슈(⇐ 蜀黍), 비치(⇐ 白菜) 등

이에 대해서는 <번역박통사(飜譯朴通事)>, <번역노걸대(飜譯老乞大)>, <노박집람(老朴集覽)>, <역어유해(譯語類解)>에서 확인할 수 있다.[2]

---

[2] <번역박통사>는 조선 중종 때 최세진이 중국어 학습서인 한문본 <박통사>에 한글로 중국어의 정음과 속음을 달아 번역한 책이고, <번역노걸대>는 <노걸대>를 언해한 중국어 학습서이며, <노박집람>은 <번역박통사>와 <번역노걸대>의

이후 백화계 한자어는 우리말 발음에 맞게 변화되어 귀화어(歸化語)가 된 것들이 많아졌다(⇐ 앞에 있는 우리말이 뒤 한자어가 변한 것임). 다음과 같이 고유어를 한자어로 만든 한자부회(漢字附會)도 급증하였다.

  예 복덕방(福德房), 서방(書房) 등

4) 근대국어 시대

근대국어 시기(17~19세기 조선시대)에는 새로운 문명과 관련된 한자어를 많이 빌려 왔다. 고유어를 의미가 부합되는 한자어로 만든 한자부회와 달리 고유어와 한자어가 음만 비슷하면 의미가 상관없더라도 무조건 한자를 갖다가 붙여 쓰는 취음어휘(取音語彙)를 만들어서 사용하게 되었다.

  예 국수(掬水), 메밀(木麥) 등

5) 일제강점기

일제강점기(20세기 전반 개화기)에는 일본어가 한국어의 어휘 체계에 강제로 들어오게 되었다. 더불어 일본식 한자어와 일본식 영어까지 투입되었는데 광복 이후 없애고자 노력하였지만 다음과 같은 학술용어에 많이 남아 있다.

  예
  연역(演繹), 귀납(歸納), 분자(分子), 분모(分母), 철학(哲學), 심리학(心理學), 미학(美學), 논리학(論理學) 등

요점을 뽑아 해설을 붙인 책이다. <역어유해>는 중국어에 한글 음을 단 어학서로 중국어 어휘사전이다.

또한 일상용어 중에서도 유의 경쟁(類義競爭)에서 일본식 한자어가 전통 한국한자어를 누르고 사용되고 있는 것들이 많다.

> **예** 식구(食口) ⇒ 가족(家族), 동기(同氣) ⇒ 형제(兄弟), 내외(內外) ⇒ 부부(夫婦), 출입(出入) ⇒ 외출(外出), 생산(生産) ⇒ 출산(出産), 심방(尋訪) ⇒ 방문(訪問), 채소(菜蔬) ⇒ 야채(野菜)

일본식 한자어 '가족(家族)'이 전통 한국한자어 '식구(食口)'보다 더 많이 사용되고, '형제(兄弟)'가 '동기(同氣)'보다 더 많이 사용되며, '부부(夫婦)'가 '내외(內外)'보다 많이 사용되고 있다. '출입(出入)'보다 '외출(外出)'이, '생산(生産)'보다 '출산(出産)'이, '심방(尋訪)'보다 '방문(訪問)'이 여전히 우세하게 사용되고 있는 일본식 한자어이다.

6) 현대국어 시대

현대국어 시기(20세기 중반 이후)는 1945년 광복 이후의 시기를 말한다. 일제강점기를 벗어나면서 일본어의 잔재를 없애기 위해서 많은 노력이 이루어졌다. 한국어의 어휘 체계에서 일본어의 퇴치와 함께 일본식 한자어와 일본식 영어까지 없애려는 노력을 많이 하였다. 건축 현장에서 쓰이는 용어들을(예: 공구리치다, 시아기하다) 제외하고는 일본어가 많이 사라졌고, '컵'을 '고뿌'라고 한다거나 '지퍼'를 '자크', '점퍼'를 '잠바'라고 발음했던 일본식 영어도 많이 사라졌다.

대신 개방화의 물결을 타고 서구외래어, 특히 영어가 많이 유입되었다. 그리하여 한국어 어휘 체계는 고유어, 한자어, 서구외래어의 삼원 체계가 되었다. 외래어는 분야별로 자리를 잡아 문학용어는 그리스어, 철학·의학용어는 독일어, 음악용어는 이탈리아어, 미술·요리용어는 프랑스어, 건축

용어는 일본어, 스포츠용어는 영어가 많이 쓰이기도 했지만 점차 영어외래어가 대부분을 차지하게 되었다.

한국어 어휘 체계에서 많은 양을 차지하고 있는 한자어와 영어외래어는 시간이 흐르면서 발음과 형태가 변하기도 하고 의미 변화를 겪기도 한다.

8.2.2 한자어의 존재 양상

한국어의 어휘 체계에는 고유어, 한자어, 몽골어, 일본어, 서구외래어 등이 구성원이 되었지만 가장 많은 양을 차지하고 있는 것은 한자어라고 할 수 있다. 한자어가 고유어보다 더 많은 양을 차지하고 있다는 것은 한국어의 어휘 체계에 나타난 가장 특징적인 현상이라고 할 수 있다. 이러한 한자어가 한국어 어휘 체계 내에서 어떠한 양상을 보이고 있는지 살펴보기로 하겠다.

한자어가 한국어 어휘체계에 들어와서 음운 변화, 형태 변화, 의미 변화를 겪으면서 귀화어, 한자부회, 취음어휘가 생겨난 것이 대표적인 존재 양상이다.

 꼭 알아두세요

귀화어란?
    귀화어(歸化語)는 한자어가 차용되어 한국어의 어휘 체계 내에서 자연스럽게 음의 변화를 겪으면서 한국인이 발음하기 편하게 바뀐 단어를 말한다. 고유어로 취급한다. '軟鷄'가 변음되어 '영계'가 되었고, '熟冷'이 '숭늉'으로 '木槿花'가 '무궁화'로, '廉恥'가 '얌체'로 된 것을 들 수 있다. 현재 계속 진행 중인 한자어도 있다. '査頓'을 '사돈'이라고도 하고 '사둔'이라고도 하며, '三寸'을 '삼촌'이라고도 하고 '삼춘'이라고도 하는데 아직 귀화어로 인정하지는 않고 있다.

1) 한자어의 음운 변화

먼저 한자어가 음운 변화를 겪은 대표적인 것으로 귀화어를 들 수 있다. '귀화어(歸化語)'는 한자어가 차용되어 한국어 어휘 체계 내에 들어와서 우리가 발음하기 쉬운 단어로 음운이 변화된 것을 말한다. 한자어가 고유어에 동화되어 한자어로서의 자격을 상실하여 본래의 모습을 회복할 수 없게 된 것들이다.

예를 들어 '필단(匹段)'이라는 한자어를 빌려와서 발음하기 쉬운 '비단'으로 바꾸어 사용하고, '사당(砂糖)'이라는 한자어를 '사탕'으로 발음하여 사용하며, '백채(白菜)'를 '배추'로 발음하여 사용하게 되었다. 처음 한국에 들어올 때와 달리 지금은 음운이 변한 형태로 사용하고 있다.

이렇게 한국어의 음운체계 내에서 자연스럽게 변음(變音)되는 과정을 겪으면서 한국인이 발음하기 편하게 바꾸어 쓰게 된 귀화어에는 다음과 같은 예들이 더 있다.

> **예**
> 무궁화(⇐목근화, 木槿花), 성냥(⇐석류황, 石硫黃), 숭늉(⇐숙냉, 熟冷), 얌체(⇐염치, 廉恥), 영계(⇐연계, 軟鷄)

2) 한자어의 형태 변화

한자어의 형태가 변화된 대표적인 것으로는 한자부회를 들 수 있다. 원래 고유어이던 것에 발음과 의미가 맞는 비슷한 한자를 붙여서 한자어 형태로 만들었다는 의미로 '한자부회(漢字附會)'라고 한다. 한국에서 만든 한국식 전통 한자어라고 할 수 있다.

> **예** 감기(感氣), 사주(四柱), 생각(生覺) 등

'감기'라는 고유어에 [찬 기운을 느낌]이라는 의미를 가진 '느낄 감(感), 기운 기(氣)'라는 한자를 붙여서 한자어 '感氣'를 만든 것이다. '생각'이라는 고유어에 [깨달음이 생김]이라는 의미를 가진 '날 생(生), 깨달을 각(覺)'이라는 한자를 붙여서 '生覺'이라는 한자어를 만들었다. 그런데 '감기'는 한자어로 인정받았지만, '생각'은 인정받지 못했다.

고유어에다 한자를 붙여서 한자어를 만든 것 중에는 한자의 중국 음만을 취하여 의미가 전혀 맞지 않은 한자어를 만든 경우가 있다. 이를 '취음어휘(取音語彙)'라고 하는데 한자부회와는 좀 다르다.

예 사과(沙果), 오라비(兀阿卑) 등

'사과'는 [사과나무의 열매]인데 고유어의 의미와 관계없고 음만 비슷한 '모래 사(沙), 실과 과(果)'라는 한자를 가져다가 한자어 '沙果'를 만든 것이다. '오라비'는 [오라버니의 낮춤말]인데 고유어의 의미와 전혀 관계없고 음만 비슷한 '우뚝할 올(兀), 언덕 아(阿), 낮을 비(卑)'라는 한자를 가져다가 한자어 '兀阿卑'를 만들었다. 한자부회와 취음어휘는 한자어로 인정받지 못한 것들도 있는데 취음어휘는 인정하지 않는 경우가 더 많다.

3) 한자어의 의미 변화

한자어의 의미가 변한 것도 있다. 원래 차용해 왔던 한자어의 의미가 아닌 다른 의미로 사용되는 경우로 다음과 같은 예들이 있다.

예
발명(發明)하다([증명(證明)하다] ⇒ 현재의미[invent])
발표(發表)하다([종기가 돋다] ⇒ 현재의미[presentation])

생산(生産)하다([출산(出産)하다] ⇒ 현재의미[product])
자연(自然)([당연(當然)히] ⇒ 현재의미[nature])
중심(中心)([심장(心臟)] ⇒ 현재의미[center])

4) 한자어와 고유어의 생존 양상

(1) 한자어와 고유어의 복합어 형성

언중이 한자어라는 의식을 하지 못한 채 고유어와 어울려 복합어를 만들어서 사용하고 있는 경우가 많다. '고유어 + 한자어'의 결합도 있고, '한자어 + 고유어'의 결합도 있으며, 결합하는 과정에서 동의중복처럼 보이는 복합어도 있다.

> **예**
> - 고유어+한자어: 밥+상(床), 숫+기(氣), 간+장(醬), 개수+통(桶)
> - 한자어+고유어: 약(藥)+밥, 양(洋)+남매, 색(色)+종이, 식(食)+칼
> - 동의중복 복합어: 면도(面刀)+칼, 탁구(卓球)+공, 손+수건(手巾)

(2) 한자어와 고유어의 유의 경쟁

한자어가 한국어 어휘 체계에서 보여주는 양상 중 가장 많은 것은 고유어와 유의 경쟁(類義競爭)을 벌이는 것이다. 한자어가 한국어 어휘 체계에 들어와서 기존에 있던 고유어와 유의관계를 형성하여 유의 경쟁을 벌이다가 고유어가 사라지거나 점차 사용되지 않은 것들도 있고, 지금도 함께 사용되면서 여전히 유의 경쟁 중인 것들도 많다. 유의 경쟁을 벌이다가 의미 범위를 달리하면서 사용되는 경우가 많은데 대체로 고유어는 구어(口語)나 일상어에 많이 쓰이고 한자어는 문어(文語)나 전문어에 많이 쓰이는 특징을 보인다.

> **예**
> - 고유어의 소멸 및 퇴화: <u>겻칼</u>:장도(粧刀), <u>고마</u>:첩(妾), <u>여름</u>:농사(農事), <u>민글월</u>:본문(本文), <u>즈믄</u>:천(千), <u>밧나라</u>:외국(外國), <u>ᄀᆞᆯ</u>:강(江), <u>길</u>:이자(利子), <u>누리</u>:세상(世上)
> - 유의경쟁 중: 목숨:생명(生命), 밑천:본전(本錢), 마지막:종말(終末), 볼모:인질(人質), 잠:수면(睡眠), 잘못:과오(過誤), 생각:사상(思想)/사고(思考)/사유(思惟), 이르다:도달(到達)하다
> - 동의중복: 역전(驛<u>前</u>)+<u>앞</u>, 국화(菊<u>花</u>)+<u>꽃</u>, 분(<u>粉</u>)+<u>가루</u>, 뼈+골(<u>骨</u>), 담+장(<u>墻</u>)

동의중복의 예들은 둘 중 하나가 사용되지 않아야 하는 오용 사례라고 하겠다.

8.2.3 영어외래어의 존재 양상

외래어(外來語, loan word)는 다른 나라에서 빌려 왔지만 외국어와 달리 고유어에는 없는 단어를 말한다. 서구외래어로는 영어가 가장 많고 대표적이다. 영어외래어도 한자어처럼 발음이 달라지기도 하고, 형태가 변하기도 하며 의미 변화를 겪기도 한다.

1) 영어외래어의 발음 변화

영어외래어의 발음을 우리 식으로 편하게 하면서 발음이 변화된 것들이 있다. 그러나 현대에 와서는 외래어 본국의 발음을 최대한 반영하여 우리 식으로 발음하고 표기하도록 하는 외래어 표기법을 지키고 있다. 발음이 변한 예는 다음과 같다.

> **예**
>
> gauze-거즈 > 가제, can-캔 > 깡통(筒), register-레지스터 > 레지, vitamin-바이타민 > 비타민, ice cake-아이스케이크 > 아이스케키, jam-잼 > 쨈

2) 영어외래어의 형태 변화

영어외래어의 형태가 변한 경우는 모두 약어로 줄어든 경우이다.

> **예**
>
> dry cleaning > 드라이, remote control > 리모컨, supermarket > 슈퍼, apartment > 아파트, air-conditioner > 에어컨, coordinator > 코디, condominium > 콘도, permanent wave > 파마, program > 프로, professional > 프로

이러한 형태 변화는 최근 들어 더욱 특징적인 현상이 되었다. 'Good night'을 '굿밤'으로 줄여 혼성어 약어까지 생겼으며, 이는 외래어뿐만 아니라 고유어, 한자어에도 전반적으로 나타나는 현상이다. 구절이 단어화되는 경우도 많고, 문장이 단어화되기에 이르렀다.3)

3) 영어외래어의 의미 변화

영어외래어의 변화 중에서는 의미 변화가 가장 흔한데 의미가 확대된 경우, 의미가 축소된 경우, 의미가 달라진 경우로 나눌 수 있다. 예를 들어 '데이트(date)'는 원래 [날짜]를 의미하는데 한국어에서는 [남녀 간의 만남]의 의미로 쓰이고, '서비스(service)'는 [봉사]의 의미인데 [덤, 공짜]의 의미

---

3) 치맥(←치킨과맥주), 열공(←열심히 공부하다), 깜놀(←깜짝 놀라다), 엄친아(←엄마 친구 아들), 갑분싸(←갑자기 분위기 싸하다), 내로남불(←내가 하면 로맨스, 남이 하면 불륜)

로 쓰인다. '부킹(booking)'도 원래 [예약]의 의미인데 골프장 부킹에는 원의미대로 사용되지만, 나이트클럽에서는 [남녀 짝짓기 소개]의 의미로 사용된다. '페이(pay)'는 [지불하다]의 의미에서 [급료]의 의미로 사용되고 있다. 그 밖에 '다이어리(diary)', '패스포트(passport)'도 있다(문금현 2020).

(1) 의미가 확대된 영어외래어
의미 변화 중에서는 다의화를 겪은 의미 확대가 가장 많이 나타난다. 의미가 확대된 영어외래어는 다음과 같다.(+ 뒤가 한국에 와서 추가된 의미임)

> **예**
> - 개런티(guarantee): 채무보증/보증하다 + 출연할 때 계약에 의해 받는 금액
> - 게이트(gate): 문 + (권력형)비리나 의혹/헬게이트
> - 로비(lobby): 호텔 현관의 홀 + 사업상 전술
> - 룸(room): 방 + 유흥업소의 밀폐된 공간
> - 린스(rinse): 헹굼 + 헤어용 세제
> - 마사지(massage): 안마 + 피부 미용
> - 마스크(mask): 가면/복면 + 얼굴 생김새
> - 메이커(maker): 제조회사 + 유명회사/고급브랜드
> - 바바리(burberry): 영국 회사 상표 + 트렌치 코트
> - 베일(veil): 가리개/가장 + 비밀로 가려진 상태
> - 부킹(booking): 기입/예약 + 웨이터에게 이성을 소개받다
> - 브로커(broker): 중개인 + 불법 거래를 소개해 주는 사람
> - 샤프(sharp): 날카로운/~바늘 + 자동 연필(샤프펜슬)
> - 서비스(service): 봉사/손님 시중 + 무료/공짜/덤
> - 솔로(solo): 독주/단독 + 독신
> - 치킨(chicken): 닭/닭고기 + 닭튀김
> - 코드²(code): 암호/신호 + 사고방식이나 성격 또는 취향
> - 코치(coach): 스포츠지도자 + 어떤 일을 뒤에서 조종하는 일
> - 펑크(punk): 불쏘시개/구멍 뚫기 + 결원이 생김/해야 할 일을 못함

- 해프닝(happening): 사건/우연한 일 + 어처구니 없는 일

(2) 의미가 축소된 영어외래어

의미가 축소된 영어외래어는 다음과 같다. 축소된 의미는 대체 어휘가 한국어에 있으므로 그것이 사용되고, 해당 외래어는 남은 의미나 좁은 의미로 축소되어 사용된다. 예를 들어 '스타(star)'는 원래 [별], [유명연예인]의 뜻을 가지고 있는데, 한국에서는 [별]의 의미로는 '별'이라는 단어를 사용하고, [유명연예인]의 뜻으로만 '스타'를 사용하므로 의미가 축소된 것이다.

> 예
> - 골(goal): 목표/득점 > 득점
> - 다이어트(diet): 식이요법/음식/식단 > 식이요법/체중 조절
> - 댄스(dance): 춤 > 서양춤
> - 데이트(date): 날짜/이성 교제 만남 > 이성끼리 교제를 위해 만남
> - 드라이브(drive): 운전 > 기분전환 운전
> - 레스토랑(restaurant): 음식점/식당 > 서양 음식점
> - 레자(leather): 가죽(제품) > 인조가죽
> - 마담(madam): 부인/주부/포주 > 술집 여주인
> - 바캉스(vacance): 휴가 > 여름철 피서
> - 세일(sale): 돈 받고 물건 파는 일 > 할인 판매
> - 스텝(step): 보통 걸음 > 춤 출 때 걸음
> - 아이디어(idea): 이념/생각 > 새로운 생각
> - 오바이트(overeat): 토하다 > 과음 후 구토
> - 콤플렉스(complex): 단지/열등감 > 열등감
> - 코트¹(coat): 모피/도금/외투 > 외투
> - 파티(party): 정당/사교 모임 > 잔치나 사교 모임

(3) 의미가 달라진 영어외래어

의미가 달라진 영어외래어는 다음과 같다.

> [예]

- 노트북(notebook): 공책 ⇒ 노트북컴퓨터
- 레슨(lesson): 학과/수업/교훈 ⇒ 개인지도
- 루즈(rouge): 빨강 ⇒ 립스틱
- 리베이트(rebate): 환불/할인 ⇒ 뇌물
- 무스탕(mustang): 야생마 ⇒ 고급 모피 옷
- 바텐더(bartender): 술집주인 ⇒ 칵테일을 만들어 파는 사람
- 비주얼(visual): 시각의 ⇒ 외모/외형
- 사이다²(cider): 사과주스 ⇒ 탄산수
- 서빙(serving): 음식 1인분 ⇒ 식당에서 손님 시중드는 일
- 스케일(scale): 눈금/척도 ⇒ 일의 범위/인물의 도량
- 스킨(skin): 피부 ⇒ 화장수
- 스프레이(spray): 분무기/물보라 ⇒ 머리 고정 헤어 제품
- 쌕(색6)(sack): 자루/침낭 ⇒ 배낭/책가방
- 애프터(after): ~뒤의/~후에 ⇒ 소개팅 후 다시 만남/뒤풀이
- 원샷(one shot): 일회용/1회 완결소설 ⇒ 술을 한 번에 다 마시기
- 인스턴트(instant): 즉석/순간적 ⇒ 가공식품
- 커닝(cunning): 교활 ⇒ 시험 때 부정행위
- 커트라인(cutline): 신문 사진의 설명문/측량선 ⇒ 합격, 불합격의 결정선
- 콘센트(consent): 동의하다 ⇒ 전기꽂이/콘센트
- 콘크리트(concrete): 구체적인 ⇒ 시멘트 반죽물
- 클렌징(cleansing): 깨끗이 하기 ⇒ 얼굴화장 지우기
- 탤런트(talent): 재능/재능 가진 사람 ⇒ 드라마에 출연하는 연기자
- 트롯(trot): 빨리 걷다 ⇒ 대중가요의 하나
- 티오(TO): 조직표 ⇒ 정원03(定員)
- 파이팅(fighting): 싸우는 ⇒ 잘 싸우라는 외침
- 폴라(polar): 북극/남극의 ⇒ 목 올라온 스웨터
- 프림(prim): 미국 크림회사 ⇒ 커피에 넣는 크림
- 페이(pay): 지불하다 ⇒ 월급
- 피규어(figure): 숫자/모습 ⇒ 동물 모형 장난감
- 헬스(health): 건강 ⇒ 헬스클럽에서 하는 운동

이것이 궁금해요

다의화와 전의 현상에서 '전의된 낱말은 중심적 의미와 주변적 의미를 가지게 된다'고 했습니다. 여기서 노트북을 예로 들어보면 원래 'notebook'의 뜻은 [공책]이지만 이것이 전의(뜻이 바뀜)되어 [노트북컴퓨터]를 의미하게 되었고 이 [노트북컴퓨터]가 중심의미가 되었다는 것은 이해하였습니다. 그런데 그럼 원래의 뜻이었던 [공책]이 주변적 의미가 되는 것인가요? 또한 '그 낱말의 원래 의미([공책])가 중심적 의미가 되고 유사한 개념에 옮겨 쓰인 경우([노트북컴퓨터])가 주변적 의미가 된다'고 했는데 이는 '노트북컴퓨터'가 중심의미가 되는 것에 모순되는 설명이 아닌가요? 그리고 의미가 옮겨지는 경우에 대한 설명 중 유사와 접촉에 해당하는 예가 어떤 것이 있는지 알고 싶습니다!

아닙니다. 'notebook'의 뜻은 [공책]은 중심의미이고, 의미상의 유사에 의해서 생긴 [노트북컴퓨터]는 주변의미로 생긴 것입니다. 그런데 이 주변적 의미가 단어 의미의 중심으로 오게 되었다는 것입니다. 그래서 전의입니다. 한국에서 외국어가 아닌 외래어 기준으로 보았을 때, '노트북'은 [공책]의 의미로는 쓰이지 않고 [노트북컴퓨터]의 의미로만 쓰이니까요. 의미가 바뀌게 되었다는 것입니다. 원래 단어 'notebook'이 한국에 와서 '노트북'으로 쓰이면서 [노트북컴퓨터]를 의미하게 되었고 이 의미가 주변의미로 생긴 것이지만 의미가 달라지면서 중심에 오게 되었다고 이해하면 됩니다.

'유사'는 의미가 비슷하다고 이해하면 되므로 유의어의 예들이 해당됩니다만, 국어학에서 일반적으로 '유사어'라는 용어를 쓰지 않고 '유의어'라는 용어를 씁니다. 주로 유사어는 형상상의 유사성에 초점을 맞추어 여린말, 센말, 준말, 본딧말 등을 말할 때 많이 씁니다.

'접촉'은 함께 같이 쓰이면서 의미가 옮아가는 경우로 부사 '매우'와 '너무'의 경우 전자는 본래 '맵-'에서 온 말이라(매우<미오<밀-+-오) 부정적인 서술어와 공기하다가 현재는 '공부를 매우 잘 한다' 등의 긍정적인 의미를 가진 술어와 접촉을 많이 하다 보니 긍정적인 강조 의미를 더 많이 갖게 되었습니다. 후자도 '넘-'에서 온 말이라(너무<너므<넘-+-으) 부정적인 서술어와 공기하다가(예: 너무 못 생겼다) 현재는 긍정적인 의미를 가진 술어와 접촉을 많이 하다 보니(예: 너무 너무 예쁘다, 너무 너무 맛있다) 긍정적인 강조 의미를 더 많이 갖게 된 경우입니다. 이런 경우 접촉에 의해서 의미가 전염되었다고 해서 '전염'이라는 용어를 쓰기도 합니다.

(4) 한국식 영어외래어

영어에는 없는데 한국에서 만든 한국식 영어외래어가 있어서 특징적이다. '고스톱, 바겐세일, 브루스타, 언택트, 홈드라마, 화이트데이' 등을 예로 들 수 있다. 영어에는 없지만 간접적으로 영어에서 왔다고 볼 수 있다.(대체 영어가 있는 경우는 ( ) 안에 제시함)

예

가스레인지(gas stove), 골인(reach the goal), 노골(nonexistent goal), 더치페이(splitting the bill), 드라이기(機)(dryer), 러닝셔츠(under shirt), 러브호텔(no-tell motel), 레미콘(ready mixed concrete), 레포츠(leisure sports), 록카페(영rock 프café), 룸살롱, 리어카(bicycle cart), 마이카(private car), 믹서기(機)(blender), 브라운관(管)(television), 비닐봉지(vinyl bag/plastic bag), 비닐하우스(greenhouse), 사인펜(felt-tipped pen), 샤프(펜슬)(propelling pencil), 선팅(window tinting), 아이쇼핑(window shopping), 애프터서비스(after sale service), 오토바이(motorcycle), 오피스텔(office hotel), 올백(straight back), 와이셔츠(white shirts/dress shirts), 원룸(one-room apartment), 재(財)테크(財務 technology), 전자(電子)레인지(microwave oven), 카센터(car repair shop), 컴맹(盲)(computer illiteracy), 팩(mask), 팬티스타킹(panty hose), 하이타이, 핸드폰(cell phone), 헬기(機)(helicopter), 휴대(携帶)폰(cell phone) 등

8.2.4. 어휘의 생성과 소멸

어휘 체계 내에서 어떤 어휘는 사라지기도 하고 고어가 되어 가기도 한다. 이렇게 소멸의 과정을 겪는 어휘가 있는 반면에 새로운 어휘가 생겨나기도 하여 생성과 소멸을 반복하고 있다고 할 수 있다. 신어(新語, newly-coined word)들이 어떠한 방식에 의해서 생겨났는지 알아보기로 하자.

1) 신어의 생성 방식

생성 방식에 따른 신어의 유형을 분류하면 다음과 같다(문금현 1999a).

> Ⅰ. 체계적인 방식(신조어의 생성)
>   1) 기존 형태에 접사 결합
>   (1) 내적 변화에 의한 파생법-①자음 교체 ②모음 교체
>   (2) 접사에 의한 파생법-①접두법 ②접미법 ③접두-접미법
>   2) 기존 형태의 합성
>   (1) 형태보존형 합성법-①기능유지형 합성법 ②기능변화형 합성법
>   (2) 형태손상형 합성법-①기능유지형 합성법 ②기능변화형 합성법
>   3) 기존 형태의 변형
>   (1) 기존 단어 일부의 대체-①관련어 ②유의어 ③반의어
>   (2) 기존 형태의 축약-①준말 ②약어
>   (3) 기존 형태의 역전
> Ⅱ. 재활용의 방식(기존어의 재활용)
>   1) 다의적 재활용   2) 품사적 재활용
> Ⅲ. 산발적인 방식(신생어의 창조)

파생법에 의한 신어는 접미 파생의 경우가 접두 파생에 비해서 더 생산적이다.

예
- 접두 파생: 덧정, 헛소동, 맞드라이브, 맞카드, 왕내숭, 왕빈대
- 접미 파생: 배치기, 나눔이, 지킴이, 치실질, 배찌, 코찌, 발찌, 꺽꺽대다, 까이다, 찜하다, 피디님, 컴퓨터장이, 마음적, 편집광적

합성법에 의한 신어는 합성의 두 구성 요소가 기존의 형태를 변형시키지 않고 그대로 합성된 경우(형태보존형 합성어)와 한 요소의 기존 형태가 손

상된 형태로 합성된 경우(형태손상형 합성어)가 있다. 후자는 구성 요소 단어의 일부를 절단하고 남은 부분이 하나의 형태소가 되어 다시 합성어의 구성 요소가 됨으로써 새로운 합성 의미를 가지게 된 것이다. 여기에서 절단되고 남은 부분이 본래의 문법 기능을 유지하면 '형태손상·기능유지형 합성어'가 되는 것이고, 단어나 어근의 문법 기능이 변하여 접사적 기능을 가진 단어 형성 요소가 되면 '형태손상·기능변화형 합성어'가 된다.

예
- 형태보존형 합성법
  - 기능유지형 합성법: 술덧, 항아리바지, 손수운전자, 닭살톤, 말보드, 벼락스타, 수입빈대, 직빵, 식신, 기억캡슐, 가제트팔, 토크쟈키 // 배째다, 배튕기다
  - 기능변화형 합성법: 신삼국지, 신손자병법, 초암기법, 페카드, 인터넷광, 채플광, 꼼꼼녀, 댄디족, 얌통, 힙합룩, 백수맨, 썰렁맨
- 형태손상형 합성법
  - 기능유지형 합성법: 라제비, 앞저트, 디카룸, 레스빠, 피자테리아
  - 기능변화형 합성법: 명토크, 요델리, 컴도사, 컴마을, 컴소식, 컴친구, 패스토랑, 멀티피아, 에코피아, 화이트피아, 홈토피아

기존의 형태를 변형하여 신어를 만드는 경우는 다음과 같다.

예
- 기존 단어의 일부 대체
  - 관련어 대체: 눈가심[←입가심], 절음(絕音)[←절필(絕筆)]
  - 유의어 대체: 육두방정/출래방정[←오두방정], 칠등신[←팔등신]
  - 반의어 대체: 미혼부(未婚父)[←미혼모(未婚母)]
- 기존 형태의 축약
  - 준말: 아찌[←아저씨], 직딩[←직장인]
  - 약어: 간만에[←오래간만에], 조퇴[←조기퇴직]
  - 외래어: 피시에스(PCS)[Personal Communicative Service]

- 기존 형태의 역전: 짜가(←가짜)

다음은 기존 형태의 변화 없이 그대로 가져다가 재활용하는 방식이다. 새로운 의미만 더 갖게 되므로 형태만을 신어 판단의 기준으로 삼는다면 신어라고 할 수 없다. 품사만 달라지는 경우도 있다.

> [예]
> - 다의적 재활용: 거품빼기, 꺾기, 딱지, 말밥, 팩, 비디오테크, 예스마담// 까다[헐뜯다], 꺾다
> - 품사의 재활용: 사자(주문), 팔자(주문)(동사 → 명사)

이상에서 신어가 생성되는 방식을 유형별로 살펴보았다. 다음은 최근 한국어에서 생성된 신어들을 중심으로 생성 경향을 살펴보자.

2) 최근 신어의 경향

한국어에서 최근 생겨난 신어(新語)를 보면 형태상으로는 줄임말이 많은 것과 의미상으로는 극단적이고 자극적인 표현들이 많은 것이 특징적이다. 특히 인터넷상에서 이러한 경향이 많이 나타난다. 다음은 대표적인 최근 신어이다(문금현 2019:155-167).

> [예]
> 개공감, 개극혐, 개빡치다, 개웃기다, 개이쁘다, 개쩔다, 김치년, 극혐, 남혐, 노답, 메갈년, 여혐, 일베충, 존예, 존잘, 한남충, 한녀충 등

이러한 신어의 특징을 보면 고유어가 많은데, 고유어 접두사 '개-, 씹-, 존-'에 의한 파생어가 생산적이다. 한자어의 경우는 접미사 '-충(蟲)'에 의

한 파생어가 많다. 품사별로 보면 명사가 가장 많고, 형식 단위로는 단어가 많으며, 구절이나 문장이 단어가 된 경우도 있다

> **예**
> - 고유어 접두사: 개웃기다, 씹예, 존잘
> - 한자어 접미사: 쌍수충, 야갤충, 죠죠충
> - 구절의 단어화: 밸붕(←밸런스 붕괴), 졸귀(←졸라(엄청) 귀엽다)
> - 문장의 단어화: 뇌텅(←뇌가 텅 비었다), 세젤잘(←세상에서 제일 잘생 겼다), 피꺼솟(←피가 거꾸로 솟다)

조어적 특징으로는 파생어가 많은 것이 특징적이다. 의미상으로는 긍정 의미보다는 부정의미를 표현하는 신어가 많은데 인간에 대한 부정표현이 가장 많다. 남녀의 성 대립 표현이 많은 것도 특징이다.

이러한 신어들을 사용하는 이유는 표현이 신선하고 재미있고 감정표현을 더 강하게 할 수 있기 때문인데 앞으로 정착할 것으로 예상되는 신어들은 다음과 같이 주변에서 자주 듣고 표현이 집약적이면서도 감정과 상황표현의 의미 전달을 효과적으로 할 수 있는 것들이다.

> **예** 개빡치다, 개웃기다, 개이득, 극혐, 노답, 노잼, 심쿵, 여혐, 존예

사라질 것으로 예상되는 신어들은 특정 웹사이트에서만 사용되거나 주변에서 잘 사용하지 않고 어감이 불쾌한 것들이라 하겠다.

> **예** 대깨문, 문슬람, 오크년 등

이러한 신어의 생성과 소멸과 정착의 경향을 통해서 어휘 체계 내에서의 어휘의 향방도 유추해 볼 수 있다.

8장 주요 참고문헌

한국어 어휘론에 대한 주요 참고문헌은 심재기(1982, 1989, 2000), 임지룡(1991a), 김광해(1993), 문금현(1999a, 2019, 2020), 이삼형(2017) 등이다

9장 한국어 의미론

: 한국어의 의미를 어떻게 파악할 것인가?

한국어 의미론은 의미를 연구하는 언어의 형식 단위에 따라서 단어(單語) 의미를 연구하는 단어의미론(單語意味論) 또는 어휘의미론(語彙意味論, lexical semantics), 구절(句節) 의미를 연구하는 구절의미론(句節意味論, phrase semantics), 문장(文章) 의미를 연구하는 문장의미론(文章意味論, sentence semantics) 또는 통사의미론(統辭意味論), 그리고 발화(發話) 의미를 연구하는 발화의미론(發話意味論) 또는 화용론(話用論, pragmatics)으로 나눌 수 있다.

9.1. 단어의미론

9.1.1 의미성분분석론

단어의 의미를 파악하는 방법론은 여러 가지가 있는데 나이다(Nida)의 성분분석론을 대표적으로 들 수 있다. 이 이론은 단어의 의미를 구성 성분으로 나누는 것으로 성분분석(componential analysis) 또는 의미해체(semantic decomposition)라고 한다. 사전에서 어떤 단어의 뜻풀이로 사용된 단어들을 보면 해당 단어의 의미 성분을 알 수 있다.

예를 들어 '총각'이라는 단어의 사전 뜻풀이는 [결혼하지 않은 성년 남자]이다. 뜻풀이로 사용된 단어 [미혼(결혼하지 않은)], [성년(성인)], [남자]가 '총각'의 의미 성분들이라고 할 수 있다. '노총각'의 경우는 사전 뜻풀이가 [혼인할 시기를 넘긴 나이 많은 남자]이다. '총각'의 의미 성분과 [미혼], [성년], [남자]가 같으며, [결혼적령기를 넘김], [나이 많음]이 의미 성분으로 추가된 점이 다르다.

성분분석의 방법은 단어의 의미 파악을 할 수 있는 가장 기본적인 방법이라고 하겠다. 그런데 구체적인 대상을 지칭하는 단어의 경우에는 이러한 의미 분석의 방법으로 설명이 어렵지 않지만 추상적인 대상의 경우는 설명이 쉽지 않다. 예를 들어 '행복, 짜증'과 같은 단어에 대한 의미의 구성 성분을 무엇으로 선택할지 사람에 따라 각각 달라서 객관성을 갖기가 어렵다는 한계가 있다.

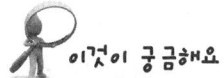
이것이 궁금해요

"언어 표현이란 의미의 표징(表徵)이 아니고 자의적인 기호 즉 자의적인 의미 기호이다."라는 문장에 대해 질문드립니다. 교수님께서 자의적인 의미 기호라는 것은 우연에 의해 만들어진 것으로 사회적으로 약속한 의미라고 말씀해 주셨던 것으로 기억합니다. 이 자의적이라는 것의 의미가 [字義, 自意, 恣意] 이 세 가지 중 어떤 것인지 정확히 알고 싶습니다. 각각의 한자어에 대응됨에 따라 의미가 달라져 혼동이 됩니다. 의미의 자의성이 무슨 뜻인가요?

언어 표현이 자의적인 기호라고 할 때의 자의는 '恣意'가 맞습니다. 필연적인 것이 아니라 임의적으로 만들었다는 뜻입니다. 그렇게 만든 후에 사회 구성원들이 이런 뜻으로 쓰자고 약속을 해서 의미가 부여된 것입니다.

> 의미론에서 다루었던 문맥 의미(용법)와 화용론에서 다루는 발화 의미의 차이점이 무엇인가요? 다른 용어를 써서 둘을 구분하는 이유가 이해되지 않아 질문을 드립니다. 둘 다 맥락에 따라서 의미 파악을 하는 것 아닌가요?
>
> 문맥 의미(용법)는 발화 의미보다 상대적으로 더 좁은 의미로 생각하면 이해하기 쉬울 것 같습니다. 둘 다 맥락에 따라서 의미 파악을 하는 것은 맞습니다. 그런데 문맥 의미는 문맥에 사용되는 용법에 따라서 의미가 새롭게 생겨나는 것이라면(예: 다의어) 화용론에서 다루는 발화 의미는 살아있는 화맥(화·청자와의 관계(나이, 성별, 친소관계 등), 시간, 공간)이 의미 파악에 작용한다는 것이 차이를 보인다고 하겠습니다.

9.1.2 어휘장이론

단어가 여럿 모인 것을 어휘(語彙)라고 한다. 그리고 일정한 의미 영역에 속해 있는 어휘가 모여 있는 것을 어휘장(語彙場, lexical field) 또는 의미장(意味場, semantic field)이라고 한다. 이러한 어휘의 의미를 파악하는 방법론은 여러 가지가 있는데 트리어(Trier)의 어휘장 이론을 대표적으로 들 수 있다. 어휘장 이론은 한 단어의 의미를 파악하는 데에 있어서 관련된 다른 단어들과의 관계 속에서 의미를 파악하는 방법을 말한다.

나이다의 성분분석론이 한 단어의 의미를 해체하여 의미를 파악하고자 하는 방법이라면 트리어의 어휘장 이론은 관련된 다른 단어들과의 관계 속에서 의미를 파악한다는 점에서 대조적이다. 한 단어의 어휘장에 포함될 수 있는 어휘는 상하위어, 유의어, 대립어를 비롯하여 센말, 여린말, 본딧말, 준말 등 모든 관련어휘가 다 해당된다.

어휘장 이론은 일정한 의미 영역(semantic domain)에 속하는 단어들이 하나의 장(場, field)을 이루면서 매우 긴밀하게 연결되어 있다는 것이다. 장의 종류는 주제별로 공간어휘장, 시간어휘장, 음식어휘장, 요리어휘장, 맛어휘장, 색채어휘장, 계절어휘장, 신체어휘장, 식물어휘장, 동물어휘장, 인간어휘장, 친척어휘장 등으로 다양하게 나눌 수 있다.

한 사람이 알고 있는 단어의 양은 엄청나게 많은데 이렇게 많은 단어를 기억할 수 있는 것은 단어들이 체계적으로 조직화가 되어 있기 때문이다. 인간의 머릿속 사전에서 단어들이 조직화되어 있는 양상은 매우 복잡하나, 머릿속 사전의 구조는 주제별 사전(시소러스, thesaurus)과 꽤 비슷하게 체계적이라고 할 수 있다.

나라마다 발달한 어휘장의 유형이 다른데 그 나라의 언어에서 발달한 어휘장의 유형을 살펴보면 언어적인 특징과 함께 문화적인 특징도 반영되어 있음을 알 수 있다. 어떤 언어에서 매우 발달한 특성 어휘장을 통해서 그 나라의 언어와 문화를 엿볼 수 있는 것이다. 한국어에서 발달한 어휘장을 통해서 한국어의 특징과 한국 문화를 알 수 있으므로 한국어 교육에서도 어휘장을 활용한 한국어 어휘 교육이 활성화되고 있다.

한국어 어휘장의 유형은 다음과 같이 나눌 수 있다(문금현 2011a, 2012).

1) 기초어휘장
(1) 신체어휘장 (2) 공간 개념 어휘장 (3) 시간 개념 어휘장 (4) 수 개념 어휘장

2) 기본어휘장
(1) 장소별 생활어휘장
① 공적 장소 - ⓐ 우체국어휘장 ⓑ 은행어휘장 ⓒ 동주민센터어휘장

② 준공적 장소 - ⓐ 학교어휘장 ⓑ 병원어휘장(병 포함)

③ 사적 장소 - ⓐ 집어휘장(주생활에 포함)

(2) 존재와 관계 및 행위어휘장

① 존재어휘장 - ⓐ 인간어휘장 ⓑ 동·식물어휘장

② 관계어휘장(친척/호칭·지칭어)

③ 행위 관련 어휘장 - ⓐ 직업어휘장 ⓑ 전공어휘장 ⓒ 취미어휘장 ⓓ 운동어휘장 ⓔ 여행어휘장(교통 수단/여행 장소 등) ⓕ 소비 관련 어휘장(지출/쇼핑 장소 등)

(3) 현상별 어휘장

① 계절/날씨/온도어휘장

② 색채어휘장

③ 맛어휘장

3) 문화어휘장

(1) 의생활어휘장

(2) 식생활어휘장 - ① 음식어휘장 ② 요리어휘장

(3) 주생활어휘장

(4) 경조사어휘장(결혼/집들이/잔치(돌/생일/환갑)/병문안/문상 문화)

(5) 명절 및 공휴일어휘장(전통놀이/정신문화포함) - ① 명절 및 공휴일 ② 전통놀이(윷놀이 등) ③ 정신문화

(6) 국가 이름 어휘장

한국어의 특징적이고 체계적인 어휘장으로는 친척어휘장, 음식어휘장, 색채어휘장, 윷말어휘장 등을 들 수 있다. 예를 들어 한국어 친척어휘장은 혈연간의 위계질서를 중시하는 한국의 유교 문화를 보여주고 있다. 나이의 다소(多少) 또는 항렬(行列)에 의해서 어휘가 나뉘고, 남녀 차이 또는 부계냐 모계냐에 따라서도 어휘가 나뉘어 친척어휘장이 매우 풍부하다. 또한

음식어휘장은 한국인의 식생활인 음식문화를 나타내 주고, 인간어휘장의 경우는 한국인이 인간에 대해서 중시하는 특징이 무엇인지를 알게 해준다.

특히 색채어휘장의 경우는 한국어의 언어적인 특징을 잘 보여주는 어휘장이다. 여기서 언어적 특징이란 평음과 경음의 대립, 양성모음과 음성모음의 대립, 색채형용사 파생접미사의 발달 등에 의한 어휘 분화를 말한다.

예
- 평음:경음 대립 - 발갛다:빨갛다, 가맣다:까맣다
- 양성모음:음성모음 대립 - 빨갛다:뻘겋다, 파랗다:퍼렇다, 노랗다:누렇다, 까맣다:꺼멓다, 하얗다:허옇다
- 파생접두사 - 새빨갛다/시뻘겋다, 새파랗다/시퍼렇다, 샛노랗다/싯누렇다, 새까맣다/시꺼멓다, 새하얗다
- 파생접미사 - 붉으스름하다:푸르스름하다:노르스름하다, 붉으죽죽하다:푸르죽죽하다:노르죽죽하다, 노리끼리하다, 희끄무레하다

이러한 특징들은 어휘장을 분류하는 기준을 통해서 잘 드러난다. 분류 기준이 체계적이고 질서정연한 대표적인 어휘장으로는 공간어휘장을 들 수 있는데 크게 방향, 위치, 장소의 세 기준으로 하위 분류할 수가 있으며, 세부 하위 기준도 체계적이므로 다음에 제시한다.

공간 개념 어휘장	
방향	동쪽/서쪽/남쪽/북쪽, 앞/뒤, 앞쪽/뒤쪽, 옆, 위/아래, 위쪽/아래쪽, 안/밖, 안쪽/바깥쪽, 여기/저기/거기, 왼쪽/오른쪽, 이쪽/그쪽/저쪽, 쪽, 가로/세로, 동(東)/서(西)/남(南)/북(北), 앞뒤, 양쪽, 위아래, 사방/상하/안팎/좌우, 뒤편/이편/저편
위치	가운데, 땅/하늘, 밑, 바깥, 사이, 지하, 창문, 골목/골목길, 바닥/옥상/입구/창밖/창고, 실내/집안/야외, 옆방/옆집, 위층/아래층, 주변/주위, 구석/구석구석/모퉁이/밑바닥/중앙/한가운데, 뒷골목/언덕, 창/창가
장소	가게/백화점/슈퍼마켓/시장(남대문시장/동대문시장)/빵집/서점, 공원/공항/대사관/병원/시청/약국/우체국/은행, 교실/기숙사/도서관/학교, 극장/영화관/수영장/호텔, 레스토랑/식당/중국집/카페/커피숍, 아파트/집/주차장, 대형 할인매장/상설 할인매장, 분식집/식당가/음식점/제과점/포장마차, 해수욕장, 간이식당/호텔식당, 구멍가게/재래시장, 구청

- 공간 개념어의 분류 기준

1차 기준 -방향 -사방: 동쪽, 서쪽, 남쪽, 북쪽
     -전후: 앞, 뒤
     -좌우: 왼쪽, 오른쪽
     -상하: 위, 아래
  -위치: 가운데, 밑, 여기
2차 기준 -방향 -내외(내부/외부): 안, 밖
     -원근(근칭/중칭/원칭): 이쪽, 그쪽, 저쪽,
  -위치 -땅, 하늘, 지상, 지하

- 단계별 어휘 분류

1단계) 공간 기초 개념어
  -방향: 동쪽/서쪽/남쪽/북쪽, 앞/뒤, 앞쪽/뒤쪽, 옆, 위/아래, 위쪽/아래쪽, 안/밖, 안쪽/바깥쪽, 여기/저기/거기, 왼쪽/오른쪽, 이쪽/그쪽/저쪽, 쪽
  -위치: 가운데, 땅/하늘, 밑, 바깥, 사이, 지하, 창문
2단계) 난이도 낮은 고빈도 장소 관련 단어
  -가게/백화점/슈퍼마켓/시장(남대문시장/동대문시장)/빵집/서점, 공원/공항/대사관/병원/시청/약국/우체국/은행, 교실/기숙사/도서관/학교, 극장/영화관/수영장/호텔, 레스토랑/식당/중국집/카페/커피숍, 아파트/집/주차장
3단계) 공간 기본 개념어
  -방향: 가로/세로, 동(東)/서(西)/남(南)/북(北), 양쪽
  -위치: 골목, 실내/야외, 옥상/입구/창고, 주변/주위
4단계) 공간 기초 개념어에서 파생, 복합된 단어
  -방향: 앞뒤, 위아래
  -위치: 골목길, 바닥/집안/창밖, 옆방/옆집, 위층/아래층
5단계) 난이도 중간의 구체적인 장소 관련 단어
  -대형 할인매장/상설 할인매장, 분식집/식당가/음식점/제과점/포장마차, 해수욕장
6단계) 공간 기본 개념어 Ⅱ
  -방향: 사방(四方), 상하(上下), 좌우(左右)
7단계) 세부적인 공간 개념어
  -방향: 뒤편/이편/저편, 안팎
  -위치: 구석/구석구석/모퉁이/밑바닥/중앙/한가운데, 뒷골목/언덕,

창/창가
8단계) 개념에 해당하는 난이도 높은 실제 장소 관련 단어
 -간이식당/호텔식당, 구멍가게/재래시장, 구청

- 공간개념어의 의미지도

난이도 \ 방향		사방	전후	상하	내외	좌우	원근
하	단일어	----	앞/뒤	위/아래	안/밖	----	여기/거기/저기
	복합어1	동쪽/서쪽 남쪽/북쪽	앞쪽 뒤쪽	위쪽 아래쪽	안쪽 바깥쪽	왼쪽 오른쪽	이쪽 그쪽 저쪽
		⇩	⇩	⇩	⇩	⇩	⇩
중	단일어	가로/세로 동/서/남/북					
	복합어1	----		위층 아래층			
	복합어2	----	앞뒤	위아래			
		⇩	⇩	⇩	⇩	⇩	⇩
상	복합어1	----	뒤편	----	----	----	이편 그편 저편
	복합어2	사방(四方)	전후(前後)	상하(上下)	안팎	좌우(左右)	----

 다음은 음식어휘장의 예시이다. 한국의 음식을 1차적으로 식사, 간식, 후식, 특별음식으로 분류하고, 2차적으로 식사류는 밥과 국과 반찬으로 나누었으며, 다시 요리법이나 재료 등으로 분류하였는데 분류 기준이 상당히 체계적이고 일관성이 있다.

음식어휘장

분류 기준							난이도	하	중	상
식사류	밥류	요리법	재료	쌀				밥/쌀밥		
				잡곡	보리			보리밥		
					콩			콩밥	잡곡밥	
					찹쌀					찰밥
		요리법	볶음					볶음밥	김치볶음밥	
			볶아서 쌈						오므라이스	
			비빔					비빔밥	돌솥(비빔)밥 (조리도구)	
			쌈					김밥		유부초밥
			얹음					초밥		
			소스						카레라이스	
	죽류	재료						죽/전복죽/호박죽	깨죽/야채죽/잣죽	
	면류	모양	국수	재료	메밀			냉면		
					밀가루	대면	국물 유	우동		
							무		스파게티	
						중면	국물 유	라면/칼국수/짬뽕		
							무	짜장면		
						소면	국물 유	국수	콩국수	잔치국수
							무		비빔국수	
			반죽	반죽을 떼어 넣음					수제비	
		기타						떡볶이/(군)만두/피자	만둣국	

분류 기준								하	중	상
식사류	반찬류	보관방법	김치류	요리법	김치	절임	배추	김치	배추김치	
						무		깍두기	열무김치/총각김치
						파			파김치
						오이			오이소박이
					겉절이	무침			겉절이
					물김치	국물		동치미/물김치	
			밑반찬류	요리법	볶음	재료		멸치볶음	콩자반
					조림	재료		소고기장조림	
					장아찌	재료	마늘	장아찌	마늘장아찌	
							오이		오이장아찌	
							깻잎			깻잎장아찌
					젓갈	재료				오징어젓/명란젓/창란젓
					기타	재료		김		간장게장
			일반반찬	요리법	구이	재료	고기	닭	닭고기		닭갈비
								돼지	돼지고기/삼겹살		목살구이
								소	고기/갈비/불고기/소고기	부위별 갈비/등심/안심	LA갈비/등심구이/안심구이	스테이크/떡갈비
							생선		갈치구이/장어구이/조기구이	삼치구이/자반고등어구이
					무침	재료	채소	나물/콩나물/시금치나물	고사리나물	가지나물/취나물
							기타		도토리묵무침	북어포무침/

										오징어무침
식사류	국물류	요리법	볶음	재료		양상추		샐러드		
						잡채	낙지볶음/오징어볶음/제육볶음		감자볶음/버섯볶음	
			부침	재료			김치전/호박전	부추전/파전/빈대떡/달걀부침(계란말이)		두부전/명태전/해물파전
			쌈	재료			쌈	상추쌈		돼지고기보쌈
			조림	재료				갈치조림/고등어조림		
			찜	재료			갈비찜	달걀찜		북어찜
			튀김	튀김	재료			튀김/감자튀김/오징어튀김		닭튀김/새우튀김
				튀김 후 처리		돈가스/탕수육				
			회					회		생선회/소고기육회
		국류	온				국	된장국/미역국/콩나물국/육개장/해장국		북엇국/아욱국
			냉							오이냉국
		찌개류	재료				찌개/김치찌개/된장찌개	순두부찌개		동태찌개/청국장찌개
		탕류	재료				갈비탕/설렁탕	삼계탕		꽃게탕/닭볶음탕/아귀탕/꽃게탕/해물탕
			맛의 특징					매운탕		

				네모		식빵			
간식류	재료	빵	모양	동그라미	빵	햄버거			
				구멍			도넛		
		떡			떡				
		과자	종류		과자/껌/사탕/초콜릿				
		기타	종류		땅콩/오징어/아이스크림				
후식류	재료	과일	종류		감/귤/딸기/바나나/배/사과/수박/포도/토마토	레몬/방울토마토/복숭아/오렌지/참외		단감/홍시, 부사	
		음료	차		차/커피/홍차	녹차/유자차/인삼차/코코아			
			음료수	종류	우유/주스/콜라	요구르트		탄산음료	
			술		술/맥주/소주/포도주	막걸리		동동주/정종	
			물		물/생수				
특별음식	특징	명절	주식		떡국/송편			팥죽	
			간식	전통과자				약과	
			후식	전통음료				식혜/수정과	
		궁중	부식					구절판/신선로	
		지역특산	주식			(전주)비빔밥/(춘천)닭갈비		(춘천)막국수/(중부)김밥	
음식용어	특징	국가별	동양	한국	한식				
				중국	음식	중식/중국음식			
				일본		일식			
			서양		양식				

9장 한국어 의미론 153

9.1.3. 의미의 변화

단어의 의미는 끊임없이 변화를 겪는다. 의미가 확대되거나 축소되기도 하고 달라지는 경우도 있다. 의미 변화의 원인은 다음과 같다.

1) 의미 변화의 원인

(1) 불연속적인 전달

언어가 한 세대에서 다음 세대로 불연속적인(discontinuous) 방법으로 전달되는 과정에서 의미 변화가 일어난다.

예를 들어 '희한(稀罕)하다'는 원래 [매우 드물다]의 뜻이었고, 현재 사전의 의미도 [매우 드물거나 신기하다]로 되어 있다. 구세대가 이 단어를 신기하고 좋은 일에 적용해서 쓰다 보니 신세대들은 원래의 의미가 가지고 있는 [매우 드물다]는 의미가 아닌 [신기하고 이상하다]는 뜻으로만 생각하게 되어 의미가 달라진 것이다. "옥동자 참 희한하게 생겼네."의 예문에서 '희한하다'는 [매우 드물다]는 의미가 아닌 [매우 신기하고 이상하다]는 의미로 쓰였음을 알 수 있다. 또 '세수하다'는 현재 [손이나 얼굴을 씻다]라는 의미를 가지고 있다. 그런데 원래는 [세수(洗手)]의 글자 그대로 [손을 씻는다]는 의미로만 쓰였고 [얼굴을 씻는다]는 의미로는 '세면하다'가 쓰였다. 즉 처음에는 '세면(洗面)'과 '세수(洗手)'를 구분하여 썼는데 구세대가 점차 '세면하다'를 사용하지 않고 '세수하다'로 다 포괄하여 쓰게 되면서 신세대는 예전의 사용은 모른 채 현재의 쓰임만 가져다 쓰게 된 것이다. '세면'은 '세면하다'로는 쓰이지 않고 '세면대, 세면도구'로 복합어를 형성해서 사용되고 있다.

(2) 의미의 모호성

의미의 모호성(vagueness)이 의미 변화의 요인이 된다. 예를 들어 '사랑'은 중세국어에는 [생각하다(思), 그리워하다(戀), 사랑하다(愛)]의 여러 의미를 지니고 있어서 의미가 모호하였는데 [사랑하다]의 의미로 주로 사용한 결과 오늘날은 [사랑하다(愛, love)]의 의미만 가지게 되어 의미가 축소되었다.

(3) 유연성의 상실

유연성(有緣性, connectivity)이란 단어와 단어가 가지고 있는 의미 사이의 연관성을 말한다. 그런데 이 유연성(有緣性, connectivity)이 상실되면서 의미 변화가 일어나게 된다. 단어와 단어의 의미가 연관성을 가지다가 연관성이 사라지면 연결고리가 느껴지지 않으면서 의미가 변한다. 지시물은 변했는데 단어는 그대로 사용되는 경우가 여기에 해당되니 자연스럽게 의미 변화를 겪게 된다.

예를 들어 '수세미'는 식물 수세미의 열매를 말려서 그릇을 씻는 데에 사용했던 것이다. 지금은 수세미가 아닌 플라스틱이나 철 또는 천으로 만들어서 사용하고 있는데도 여전히 '수세미'라는 단어를 사용한다. 그리하여 '수세미'가 [그릇 씻는 도구]로 의미가 확대되는 결과를 낳게 된 것이다. '필통(筆筒)'은 말 그대로 붓을 꽂아 놓는 통이었으나 지금은 [필기도구를 담는 도구]로 의미가 확대되었다. 지시물과 단어가 유연성을 잃게 되면서 생긴 의미의 변화라고 하겠다.

(4) 언어적 원인

언어적 원인에 의한 의미 변화도 있다. 예를 들어 '아침, 저녁, 머리'의 경우 각각 '아침(밥), 저녁(밥), 머리(카락)'에서 단어의 뒤 일부가 생략되면서 나머지 단어가 전체 의미를 가지게 되었다. 그리하여 '아침 먹었니?, 저녁은 언제 먹을 거니?, 머리 자르러 미장원에 가야겠다.'로 사용한다. 이렇게 되면 '아침, 저녁, 머리'가 원래 가지고 있던 의미 '[朝, morning], [夕, evening], [頭, head]'에다 각각 '[breakfast], [supper], [hair]'의 의미를 더하게 되어 의미 확대의 변화를 겪게 되는 것이다.

함께 쓰이는 단어의 영향을 받아서 의미가 변하는 경우도 있다. 이를 감염(感染, contagion)이라고도 한다. 부사 '너무, 별로, 전혀'의 경우 부정적인 서술어와 자주 결합하게 되면서 처음과는 달리 점차적으로 부정적인 의미를 갖게 되었다. 그리하여 '너무 싫어, 별로 만나고 싶지 않다, 전혀 모르겠다.' 등으로 부정적인 의미와 잘 어울리게 되었다. 그러다가 '너무'의 경우는 최근에 강조 표현으로 많이 사용되면서 다시 긍정의미를 회복하게 되었다. '너무 너무 좋아, 너무 너무 잘한다.'로 중복 사용이 되는 경우가 많다.

(5) 사회적 원인

사회적인 원인에 의해서 의미 변화가 일어나기도 한다. 한 단어가 서로 다른 사회 계층에서 사용되면서 의미가 확대 또는 축소되는 경우가 있다.

종교 사회에서 '아버지'가 [생부(生父)]라는 의미가 아닌 [하느님]의 의미로 쓰인다거나 '형제'가 [남자 신도]를 의미하고, '자매'가 [여자 신도]를 의미하게 되면서 의미 확대를 일으키게 된다. 친척 용어인 '이모'도 여기에 해당된다. 가게 종업원이나 가사도우미처럼 친척 관계가 아닌 사람들에게 친근하게 표현하고자 친척에게 쓰는 친척어를 일반화시켜 사용하게 되면서 단어의 의미가 확대되었다.

(6) 심리적 원인

심리적 원인에 의해서도 의미 변화가 자주 일어나게 된다. 주로 금기어나 완곡어가 이에 해당된다. 두려움의 존재인 죽음이나 질병에 대한 단어나 표현하기 민망한 성적 표현이 여기에 해당된다.

'젖'이라는 신체어의 사용이 민망하여 '가슴'으로 돌려서 표현하다 보니 '가슴'의 의미가 원래의 [chest]에서 [유방(乳房), breast]의 의미까지 추가로 가지게 되면서 의미가 확대되었다. 또 '고추'도 남자의 성기를 완곡하게 돌려 표현하게 되면서 의미가 확대된 경우이다.

2) 의미 변화의 결과

의미 변화의 결과는 먼저 의미 범주가 달라져서 의미가 확대된 경우, 축소된 경우 그리고 달라진 경우가 있다. 또한 의미 가치가 변해서 의미 가치가 상승 또는 하락한 것으로 나눌 수 있다.

(1) 의미의 확대

의미 변화는 대체적으로 기존의 의미와 관련이 있는 새로운 의미를 덧붙여 사용하는 과정에서 의미 변화를 일으키는 경우가 가장 많다. 새로운 단어를 만들어서 사용하는 것보다 기존 단어에 의미를 덧붙이는 것이 더 편하기 때문이다. 그리하여 많은 단어들이 의미가 확대되는 다의화를 겪었다. 대부분의 단어가 다의어라 해도 과언이 아니다.

예를 들면, '겨레'는 원래 [종친, 宗親, relative]의 의미에서 [민족, 民族, people]의 의미로 지시 범위가 확대되었다. 최근의 예로 '언니'를 보면 원래 [손위 여자 형제를 이르는 말]이었는데 지금은 [여자 선배, 가게에서 일하는 여자 종업원, 가게에 온 손님] 등으로 의미가 확대되어 쓰인다. 새로 만드는 것보다 기존의 단어를 가져다가 사용하는 것이 더 편하고 '언니'라는 단어가 가지고 있는 친근함도 전달할 수 있다고 생각했기 때문이다.

(2) 의미의 축소

의미의 축소는 단어가 가지고 있는 여러 의미 중에서 한두 의미로 의미 범위가 좁혀져서 쓰이는 경우를 말한다.

예를 들어 현재 '어리다'는 [幼, young]의 의미를 가지고 있는데 예전에는 [어리석다, 愚, silly]의 의미도 같이 가지고 있다가 축소되었고, '사랑하다'도 현재는 [愛, love]의 의미만 가지고 있지만 예전에는 [생각하다, 思, think], [그리워하다, 戀, miss]의 의미도 가지고 있다가 의미가 축소되었다. 외래어 '드라이브(drive)'도 원래 [운전]의 의미인데 [기분전환 운전]으로 의미가 지시하는 범위가 축소되었다. '레스토랑(restaurant)'도 [식당, 음식점]에서 [서양 음식점]으로 지시 범위가 축소되었다.

(3) 의미의 변이

의미의 변이는 의미가 달라지는 것을 말한다. 원래 가지고 있던 의미로는 쓰이지 않고 새 의미로만 쓰이는 경우를 말한다.

예를 들어 '감투'가 예전에는 [모자, 帽子, cap]의 의미로 쓰였는데 지금은 [벼슬, government post]의 의미로 변했고, '방송'이 예전에는 [석방, 釋放, release]의 의미였는데 지금은 [放送, mass communication]의 의미로 변했다.

외래어 '노트북(notebook)'도 한국에 들어와서 원 의미인 [공책]의 의미로는 쓰이지 않고 [노트북컴퓨터]의 의미로 달리 쓰이고, '페이(pay)'가 [지불하다]라는 원 의미와 달리 한국에서는 [월급]이라는 달라진 의미로 쓰인다.

> 다의화 달리 전의 현상은 새로 형성된 주변적 의미가 중심적 의미로 바뀌는 현상이라고 이해했습니다. 그런데 "전의는 중심적 의미가 하나인데, 다의는 중심적 의미가 둘 이상일 경우이다."라는 부분이 이해가 가지 않습니다. 중심적 의미가 하나만 있다면 다의어가 아니라 전부 전의어인가요?
>
> '다의'는 중심의미에서 새 의미가 파생되어 생겼는데 둘 다 중심의미 역할을 하는 것이에요. 예를 들어 '손'의 의미가 ①[신체기관의 손] ②[씀씀이] ③[노동력] 이런 식으로 다 중심의미 역할을 하면서 사용됩니다. 그런데 '전의'는 전에 있던 의미가 새로 생긴 의미로 바뀐다는 점이 다릅니다. 그러니까 중심의미는 새로 생긴 의미 하나뿐이라는 것입니다. 원래 있던 처음 중심의미로는 안 쓰이니까요. 예를 들어 '노트북'은 원래 'notebook'으로 [공책]이 중심의미이고, 의미상의 유사에 의해서 [노트북컴퓨터]가 주변의미로 생겨났습니다. 그런데 이 주변의미가 단어 의미의 중심으로 오게 되어서 전의(뜻이 바뀜)가 됩니다. 결국 한국에서는 '노트북'의 중심의미가 [공책]에서 [노트북컴퓨터]로 바뀌게 된 것이지요.

(4) 의미 가치의 변화

의미 가치가 달라진 경우는 의미 가치가 상승한 경우와 하락한 경우로 나눌 수 있다. 의미 가치가 상승한 경우는 기존의 의미보다 좋은 의미를 갖게 된 경우를 말하고 의미 가치가 하락한 경우는 더 좋지 않은 의미를 갖게 된 경우를 말한다.

의미 가치가 하락한 경우의 예를 보면 외래어 '마담'은 원래 [부인]의 의미를 가지고 있는데 '술집 마담' 등의 사용으로 [술집 여주인이나 술집에서 봉사하는 여자]로 의미 가치가 하락하게 되었다. 한자어 '치아(齒牙)'가 차용되어 존대 어휘로 자리 잡으면서 고유어 '이(齒)'는 평대 어휘가 되어 '이'의 의미 가치는 하락했다고 볼 수 있다.

반면에 '이빨'은 의미 가치가 상승한 경우이다. 원래 사람에게는 '이'를 쓰고 동물에게는 '이빨'을 사용했는데, 점차 사람에게도 '이빨'을 자연스럽게 쓰게 되면서 '이빨'의 의미 가치는 상승한 것으로 보인다. 외래어 '드라이브(drive)'의 경우는 원래는 [운전]의 의미인데 '근교로 드라이브를 하고 왔더니 마음이 좀 풀렸어.'처럼 [기분전환 운전]의 의미로 쓰이면서 의미 가치가 상승되었다.

9.2. 단어와 단어 사이의 의미 파악

단어와 단어가 상관관계를 갖는 경우에 의미를 파악하는 방법은 다양하다. 단어들이 계열관계를 이루고 있는 경우로는 의미의 상하관계, 유의관계, 대립관계를 들 수 있고 의미의 복합관계로 다의관계와 동음이의관계를 들 수 있다.

9.2.1 상하관계

두 단어가 상하관계(上下關係, hyponymy)를 이루고 있는 것은 같은 어휘장에 속해 있는 것들이다. 같은 어휘장에 포함되어 상하관계를 구성하고 있는 단어들을 트리다이어그램으로 그려보면 연결 관계가 쉽게 파악된다.

인간어휘장의 예를 들어 상하관계의 구조를 살펴보기로 하겠다. 인간을 나누는 여러 기준들에 의해서 인간 개념어의 의미 지도를 그려봄으로써 그 구성 체계를 알아볼 수 있는데 신체 특성, 성격, 능력, 성별, 인간관계가 인간어휘장의 분류 기준이 된다(문금현 2011b).

먼저 인간의 신체 특성에 대해서는 생김새의 전체적인 분위기나 크기,

부피, 강약에 의해서 나누어져 있고, 긍정적인 표현을 더 많이 하는 것을 알 수 있다. 부분적으로는 얼굴을 모양과 미추(美醜)로 나누고, 머리는 모양과 상태, 장단에 의해서 주로 표현하는 것으로 나타났다. 신체 기능은 질병이나 장애 유무에 의해서 판단하였다.[4]

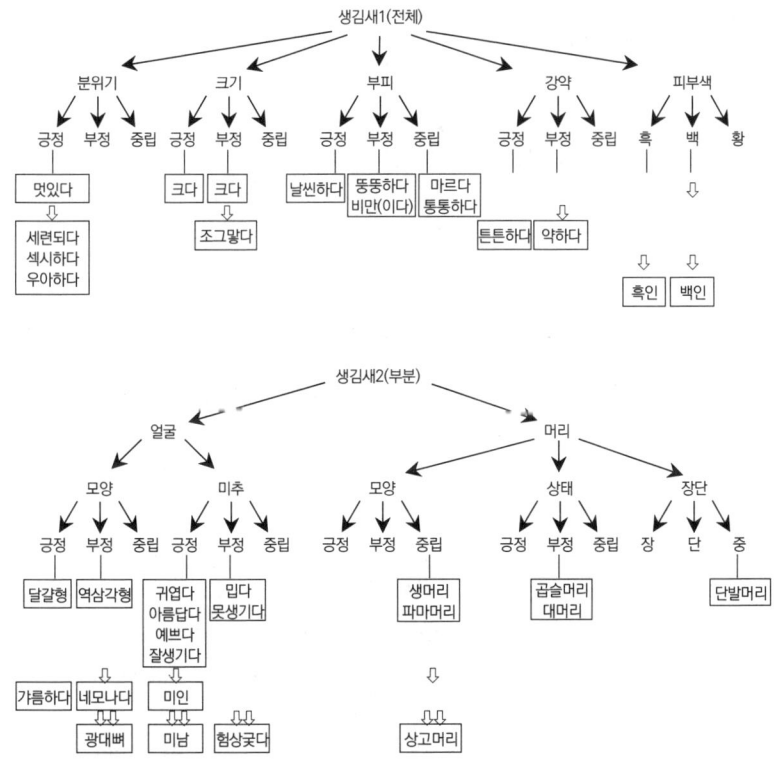

둘째, 인간의 성격은 기질과 태도로 나누고, 긍정과 부정으로 나누었는데 어휘량이 많고 다양한 것으로 보아 이에 대한 관심이 많음을 알 수 있다.

---

4) 난이도에 의해서 화살표 아래로 내려갈수록 난이도가 높은 단어이다.

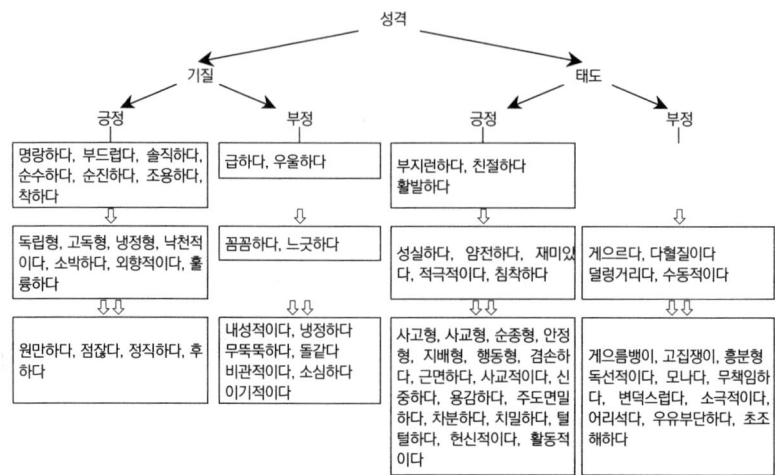

셋째, 인간의 능력에 대해서는 우월과 열등으로 나누어지며, 능력에 대한 사회적 발현인 직업으로 인간을 다양하게 표현하고 있다.

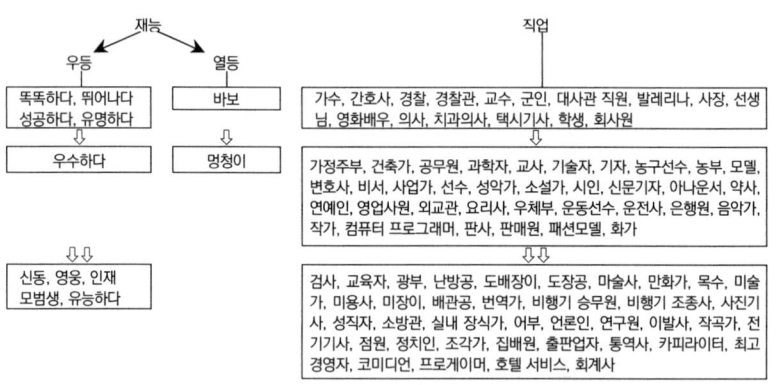

넷째, 성(性)에 의해서는 남녀로 구분하고, 나이에 의해서는 아이와 어른으로 구분한다.

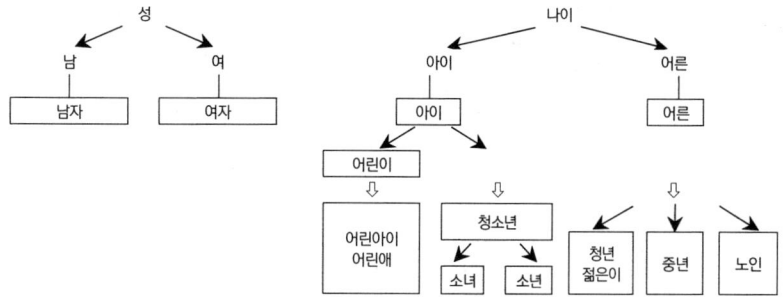

다섯째, 인간관계는 가정, 학교, 사회에서 이루어진다.

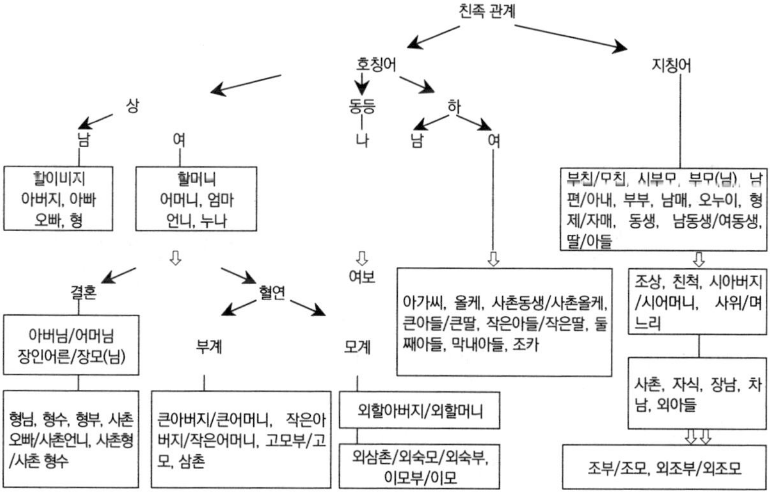

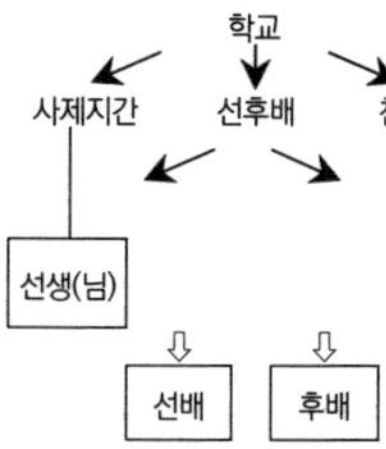

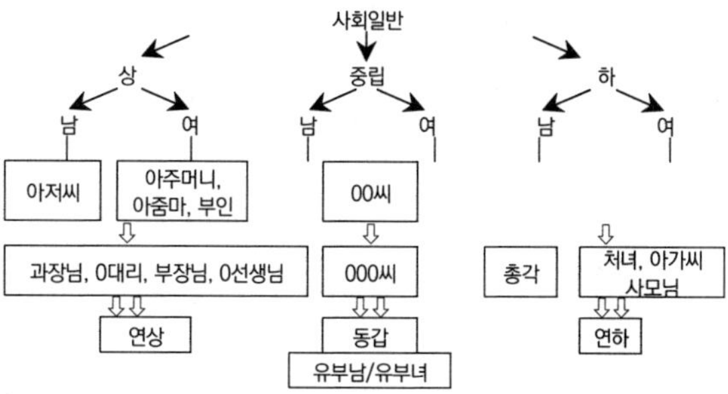

이상에서 인간어휘장을 이루고 있는 어휘의 구성 기준과 어휘 목록을 살펴보았다. 인간어휘장의 어휘를 분류하는 기준을 보면 '긍정/부정', '우등/열등', '유/무', '상/하', '남/녀'와 같이 전반적으로 이분법적인 사고방식으로 인식하고 있음을 알 수 있고, 하위어로 갈수록 어휘가 구체적이고 세부적으로 표현되며, 한자어가 많아지는 특징을 보인다. 의미 가치 기준에 의하면, 부정적인 의미보다는 긍정적인 의미의 단어가 많은 것으로 보아 인간을 긍정적으로 표현하는 것을 더 선호함을 알 수 있다. 단어들 사이의 의미관계 중에서 상하관계를 이루는 것들은 어떤 기준에 의해서 하나의 어휘장으로 묶인다고 하겠다.

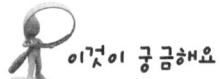
이것이 궁금해요

의미장의 빈자리를 채울 때 하위어를 가져다 쓰는 방법의 경우, 하위어의 위치에서 상위어가 될 때, 그 단어의 의미에 중화가 일어난 것으로 봐도 괜찮을까요? 혹은 중화는 의미장 이론과는 별개의 개념으로 구별해서 생각해야 할까요? 예를 들어 '길기/ 짧기'의 상위어로 '길이'라는 단어가 빈자리를 채우는 경우, 중화가 일어난 것으로 생각되는데, 하위어 가져다쓰기 방법의 대다수가 중화를 거쳐 일어난다고 이해해도 되는지 궁금합니다.

하위어에서는 대립을 보이던 '길다'와 '짧다'가 상위어로 둘이 묶이는 환경에서는 대립되지 않고 '길이'(길지도 짧지도 않은)가 되면서 길다는 의미도 짧다는 의미도 잃게 됩니다. 즉 중화가 되면서 의미 대립을 하지 않게 된다는 것이지요. '형제'와 '자매'도 마찬가지로 상위어 '형제'에서는 중화가 일어나지요. 그러나 '아들'과 '딸'은 상위어로 '자식'이 있으니 대립쌍의 중화가 일어나지 않고, '아버지'와 '어머니'도 '어버이'가 있으니 대립쌍의 중화가 일어나지 않습니다.

9.2.2 유의관계

단어와 단어가 의미가 비슷하여 유의관계에 있는 것들이 있다. 이것들 사이의 의미 차이를 잘 파악해야 한다.

1) 용어 정리

유의관계(類義關係, synonymy)를 나타내는 용어로는 먼저 '동의어(同義語)' 사용을 주장하는 입장이 있다. 동의어란 비교되는 두 낱말 간의 의미가 동일한 것을 말한다. 다시 말하면 낱말이 형태(소리)는 다르나, 의미는 같은 낱말들을 동의어라고 한다. synonym의 원뜻은 동의(same meaning)이므로 우리말 용어로는 동의어라 하는 것이 적절하다. 그런데 동의어를 개념적 의미가 동일한 낱말들이라고 하였지만 실제로 동의어를 가려내는 데에는 미묘한 문제가 많이 따른다. 인간의 언어는 개념만을 전달하기 위해서 존재하는 것이 아니고, 여러 가지 감정 가치라든가 뉘앙스를 전달하기 위해서도 존재하기 때문이다. 그리고 모든 낱말의 의미가 개념적 의미와 연상 의미로 명확히 구분되는 것도 아니기 때문이다.

그런데 형태가 다르면서 의미가 완전히 동일한 낱말이 있을 수 있느냐는 의문을 제기하면서 동의어란 용어가 부적절하다는 주장이 있다. 이 입장에서는 형태가 다르면 비록 미세한 차이일지라도 의미 차이가 있게 되므로 동의어란 용어는 맞지 않고, 대신 의미가 유사하다는 말은 가능하므로 '유의어(類義語)'라는 용어를 쓰는 것이 합당하다고 보는 것이다. 사실 낱말의 형태가 다르면서 어감이나 강조와 같은 뉘앙스까지 완전히 동일한 낱말은 존재하지 않는다고 할 수 있다.

그러나 여기서의 '의미'는 개념적 의미를 말하는 것으로 볼 수 있다. 따라서 의미가 같다는 것은 '개념적 의미'가 같다는 것이지 주변적 의미까지 같다는 뜻은 아니다. 그리고 유의어라고 할 때 의미가 유사하다는 것은 그 한계가 어디까지냐는 문제도 있다. 그리하여 '유사어(類似語)'라는 용어를 쓰기도 하나, 유사하다는 것은 형태에 해당될 수 있는 말이기 때문에 의미론의 용어로는 적절하지 못하다.

국어학계에서는 '유의어'를 일반적으로 사용하고 있고, 학교 문법에서는 '비슷한말'을 사용하고 있다.

2) 개념 정의

유의어(類義語, synonym)는 유의관계를 이루고 있는 단어들로서 비슷한 의미를 갖는 단어들을 말한다. 예를 들면 '바라다:원하다', '곤충:벌레'처럼 개념의미는 같으나 연상의미가 다른 단어들이 있다.

예
곤충 채집 / ??벌레 채집
징그러운 벌레가 기어 다닌다 / ??징그러운 곤충이 기어 다닌다.

또 '강냉이:옥수수', '부추:솔'처럼 사용하는 지역이 달라서 방언과 표준어의 차이를 보이는 단어들이 있으며, '범:호랑이'처럼 고어와 현대어의 차이(저빈도어:고빈도어)를 보이는 경우도 있다. '할아버지:조부(祖父)'는 고유어와 한자어의 차이를 가진 단어들이고, '키:신장(身長)'은 일상어와 전문어, 또는 구어(口語)와 문어(文語)의 차이를 가진 유의어들이다.

형태가 다른 두 단어가 완전한 동의를 가지기는 어렵다. '키'와 '신장'의 경우 의미의 차이가 거의 없어 보이지만 다음 예문을 비교해 보면 이들 사이에도 용법의 차이가 있음을 알 수 있다.

예
승후가 그동안 키가 많이 컸구나. / ?승후가 그동안 신장이 많이 컸구나.
신장 발육 촉진제 / ?키 발육 촉진제

그리하여 '키'는 구어와 일상어에 더 어울리고, '신장'은 문어와 전문어에 어울린다고 한 것이다. 즉 개념은 동일하지만 주변적 연상 의미가 다른 낱말들이 인간의 언어생활에 필요하기 때문에 유의어가 발생하게 된 것이다. 따라서 유의어는 동일한 개념 의미에 상이한 연상 의미를 가진 낱말들 사이에서 형성된다고 하겠다.

3) 유의어의 변별 기준

유의어는 두 단어 사이의 차이점을 밝혀낼 수 있는 변별 기준을 찾는 것이 중요하다. 유의어의 변별 기준은 다음과 같다(문금현 1989:16-17).

(1) 함축 의미의 차이-①개념적:구체적 ②정도의 점층적 차이
(2) 내포 의미의 차이-③능동적:수동적 ④주관적:객관적
(3) 적용 범위의 차이-⑤제한적:비제한적 ⑥전문적:비전문적
　　⑦경어:평어:비어
(4) 지시 범위의 차이-⑧전체적:부분적 ⑨일반적:특수적
(5) 문체상의 차이-⑩고어:현대어 ⑪구어:문어 ⑫방언:표준어
(6) 감정 가치의 차이-⑬친밀:소원한 표현 ⑭우아:비천한 표현
　　⑮강조:평조적 표현

이 유의어의 의미 변별 기준을 유의어 쌍 하나에 하나만을 적용하여 판별하지 않고, 기준 적용에 우선순위를 두어 순차적으로 단계별로 적용하되 중복 적용도 가능하게 하면 더 효율적인 변별이 된다. 그리하여 변별을 쉽게 할 수 있는 단계부터 난이도를 높여 4단계로 판별 기준을 다음과 같이 재조정하였다(문금현 2004a).

> 1) 1단계 의미 변별 기준
>   (1) 어종의 차이 - ① 고유어:한자어 ② 고유어:외래어 ③ 한자어:외래어
>   (2) 사용 빈도의 차이 - 저빈도어:고빈도어(또는 고어(古語):현대어(現代語))
> 2) 2단계 의미 변별 기준
>   (3) 적용 범위의 차이 - 전문어:일상어
>   (4) 지시 범위의 차이 - 광범위:소범위
>   (5) 표현상의 차이 - ① 경어·비어:평어 ② 줄임말:본딧말 ③ 구어:문어
>   ④ 강조:평조적 표현
> 3) 3단계 의미 변별 기준
>   (6) 결합구성의 차이
> 4) 4단계 의미 변별 기준
>   (7) 내포 의미의 차이

먼저 유의어의 쌍 중에서 어종의 차이를 보이거나(고유어, 한자어, 서구 외래어) 사용 빈도의 차이를 보이는 것들(또는 고어적 조짐을 보이는 저빈도 단어와 고빈도를 보이는 단어), 사용 공간의 차이에 의해서 대응을 보이는 것들(방언과 표준어)은 쉽게 구별을 할 수 있다.

그러나 어종이나, 고어 및 방언 여부가 구별된다고 해서 그 단어들의 의미 차이가 다 변별되는 것은 아니다. 이렇게 의미 차이가 변별되지 않으면 2차적으로 적용 범위나 지시 범위의 차이 그리고 표현상의 차이에 의해서 구분해 본다.

이러한 기준에 의해서도 의미 차이가 변별되지 않는 경우는 해당 단어들이 문장에서 결합하는 다른 단어들과의 결합 관계를 통해서 차이를 파악하는 3단계의 변별 기준을 적용해야 한다. 즉 함께 구문을 이루는 경우와 이루지 못하는 경우를 통해서 쓰임의 차이를 밝히는 것이다. 이는 말뭉치 자료를 바탕으로 검색해서 쓰임의 빈도수나 결합구성 등의 객관적인 근거 자료를 바탕으로 한다. 3단계에서도 의미 변별이 되지 않는 경우는 마지막으로 4단계 변별 기준인 내포 의미의 차이를 깊이 있게 재검토해 보는 것이

다.

이렇게 의미 분석의 방법에 새로운 변화를 줄 수 있었던 것은 말뭉치 자료가 존재했기에 가능했다. 말뭉치(corpus) 자료의 검색을 통해서 이를 증명할 수 있는 객관적인 근거를 마련하게 되었다. 특히 결합구성의 차이에 의한 유의어의 의미 변별에 매우 효과적이다.

4) 유의어의 의미 변별 방법
(1) 어종의 차이

가장 단순하고 간단하게 유의어의 의미를 변별할 수 있는 기준으로 '어종(語種)의 차이'를 들 수 있다. 어종을 구별하는 것은 단순하다. 그러나 어종이 구별된다고 해서 의미 차이가 다 밝혀지는 것은 아니다.

예
고유어:한자어 - 길:도로(道路) 등
고유어:외래어 - 크기:사이즈(size) 등
한자어:외래어 - 분홍색(粉紅色):핑크색(pink色) 등

(2) 사용 빈도의 차이

다음으로는 '사용 빈도의 차이'를 비교하여 저빈도어와 고빈도어로 분석하는 방법이 있다.

예 화병:꽃병, 범:호랑이, 책방:서점

'화병(花甁):꽃병(甁)'의 경우는 1차적으로 어종의 차이로 구별되면서 다시 사용 빈도의 차이를 보이는데 '꽃병'에 비해 '화병'의 출현 빈도가 훨씬 낮다. '범:호랑(虎狼)이'도 '범'이 '호랑이'보다 사용빈도가 훨씬 낮다. 또

둘 다 한자어인 '책방(冊房):서점(書店)'의 경우를 보면 '책방'이 '서점'보다 사용 빈도가 낮다. 그리하여 '화병, 범, 책방'은 말뭉치의 검색 결과 각각 '꽃병, 호랑이, 서점'보다 사용 빈도수가 현저히 낮게 나타났는데 이는 시간의 흐름에 따라서 현대로 올수록 사용 빈도가 점차 줄어들고 있어서 미세하지만 고어화의 조짐을 보인다고도 할 수 있다.

그런데 쓰임이 제약된 저빈도어지만 다음과 같이 특정한 문맥과 상황에서는 고정적으로 많이 쓰이는 특징을 보인다.

> **예**
> 범 : 호랑이 - 하룻강아지 범 무서운 줄 모른다(속담)./ 범띠 아가씨
> 보기 : 예 - 본보기/ 다음 보기에서 적당한 것을 고르시오.
> 스승 : 선생님 - 스승의 날/ 스승과 제자
> 혼인 : 결혼 - 혼인 서약/ 혼인 신고

(3) 적용 범위의 차이

다음은 '적용 범위의 차이'에 의해서 유의어가 전문어와 일상어로 구분되는 예들이다. 앞에서 '길:도로'는 어종의 차이로 1단계 변별을 거쳤다. 그러나 '길'이 고유어이고 '도로(道路)'가 한자어로 어종의 차이를 보인다고 해도 의미와 사용에 있어서 제대로 구별되지 않으므로 다음 단계로 적용 범위의 차이를 비교해 보기로 하겠다.

> **예** 도로(道路):길
> 　　　　└ 도로 표지판, 도로 구획, 도로 사정, 전용 도로
> 　　　휴양(休養):휴식(休息) 등
> 　　　　└ 휴양 산업, 휴양 지대

'도로:길'이 사용되고 있는 결합구성을 비교해 보면, 상대적으로 '길'은

'도로'보다 일상어에 자연스럽고 많이 쓰이며, '도로'는 상대적으로 전문용어에 더 어울린다. '휴양:휴식'도 휴식은 일상적으로의 쓰임이 많고, 상대적으로 '휴양'은 전문적인 사용에 더 어울린다.

> **예**
> 아직 갈 <u>길</u>이 먼데 이렇게 <u>길</u>을 헤매다가는 더 늦게 생겼네.
> 직원들이 <u>휴식</u>을 취할 수 있도록 <u>휴식</u> 공간과 <u>휴식</u> 시간이 필요하다.

(4) 지시 범위의 차이
'지시 범위의 차이'에 의해서 유의어를 구분할 수가 있다.

> **예** 관습:관례, 청첩장:초대장 등

'관습:관례'를 보면 '관습'은 [예전부터 그 사회에서 인정되어 내려오는 습관화된 질서나 규칙]을 말하고, '관례'는 [예전부터 습관처럼 되어버린 일]을 말하므로 지시 범위의 차이를 보여 '관습'은 사회 규범에 관한 것을 지시하여 구속감이 느껴지는 반면 '관례'는 구속력이 약함을 느낄 수 있다.
'청첩장:초대장'은 두 단어 모두 [남을 초대하고자 하는 편지글]을 의미하지만, '청첩장'은 결혼식에 초대하는 것만을 지시하고 '초대장'은 더 광범위하게 적용되어 생일 파티, 결혼식, 개업식, 시사회 등에 초대하는 것도 모두 포함한다. 한국인이라면 이러한 지시 범위의 차이를 잘 구별할 수 있어서 유의어로 보지 않지만, 외국인의 경우는 구별이 쉽지 않을 수 있다. 한국인을 대상으로 유의어 쌍을 구별하는 경우와 외국인을 대상으로 유의어 쌍을 구별하는 경우에 있어서 의미 분석에 차이가 드러남을 알 수 있다.

(5) 표현상의 차이
한국어 유의어 쌍은 '표현상의 차이'에 해당되는 경우가 많은데 이는 평어와 경어의 대응을 이루고 있는 어휘가 많기 때문이다. 줄임말과 본딧말, 센말과 여린말의 차이로 유의관계를 이루고 있는 예들도 여기에 해당된다.

예
경어:평어 - 예) 연세:나이, 생신:생일, 말씀:말, 주무시다:자다 등
줄임말:본딧말 - 예) 티:티셔츠, 괜히:공연히   등
여린말:센말 - 예) 졸졸:쫄쫄, 보글보글:뽀글뽀글

 꼭 알아두세요

결합구성이란?
　결합구성(結合構成)이란 구절을 이루는 단어들이 결합되어 있는 관계를 말한다. 단어들 사이의 관계가 긴밀한지, 어떤 단어들과 자주 결합하는지를 중시한다. 결합구성을 비교하여 유의어 쌍의 의미 차이를 변별하기도 하고, 연어나 관용구절의 차이를 밝히기도 한다.

(6) 결합구성의 차이
'결합구성의 차이'로 유의어 쌍을 구분할 수가 있는 예들을 보면 다음과 같다.

예 동창회:동문회, 모습:모양, 따르다:붓다, 만끽하다:누리다 등

'동창회:동문회'의 경우를 보면, 어종이 같고 개념 의미도 같은데 결합구성에서는 차이를 보인다. 이들 유의어 쌍은 상대 대응어가 고정적으로 결합하는 구성과는 잘 결합하지 않고 결합이 가능하더라도 매우 어색하게 느껴진다. '재경(在京) 동문회(同門會)'라고는 많이 쓰이는데 '재경(在京) 동창회(同窓會)'라고는 하지 않으며, 대신 '동기(同期) 동창회(同窓會)'라고는

하는데 '동기(同期) 동문회(同門會)'라고는 하지 않는다.

예 재경 동문회/*재경 동창회, 동기 동창회/*동기 동문회

결합구성에서 차이를 보이는 유의어 쌍은 같은 어종인 경우가 많고 대체로 공통적으로 결합이 가능하면서도 몇 개의 구문에서만 차이를 보이는 경향이 있다. 주로 차이를 보이는 구문은 결합구성이 한 단어에만 고정되어 있는 경우이다. 말뭉치 검색 결과에서 두 유의어 쌍이 공통적으로 결합되는 결합구성과 한쪽에만 결합되어 차이를 보이는 결합구성을 비교하여 다음 표로 제시해 보았다.5)

번호	유의어	빈도	변별 결합구성	전 항목 공통 결합구성
1	실력	335	영어 ~/~ 테스트/~이 늘다	~으로/~이 있다/~이 없다/~을 갖다/~을 인정/~발휘/~을 믿다/~을 과소평가하다/~을 과시하다
	능력	540	~의 한계/~이 닿는/~을 시험하다/OO에 대한 ~/~을 과소평가하다/~을 과시하다	
2	예의	270	~를 차리다/~를 지키다/~가 없다/~를 표하다/~가 아니다/~를 알다	~을(를) 갖추다/~이(가) 바르다/~을(를) 배우다/~을(를) 알다
	예절	33	~에 대해/~이 서툴다/~교육	
3	외모	148	~에 신경쓰다/~지상주의	~을(를) 가지다/~을(를) 중시하다/~에 신경쓰다
	겉모습	22	~이 드러나다	
4	취업	45	위장~/해외~/~설명회	~을 하다/~ 이 되다/~을 시키다/~알선/~을 못하다/~을 부탁하다/~걱정
	취직	244	~시험/~을 못하다/~을 부탁하다/~걱정	
5	평생	554	~을 두고/~소원/~해로하다/~후회하다/~을 그(이)렇게/~ 처음	~동안/~한번/~을 바치다/~함께/~을 보내다/~을 두고/~을 그(이)렇게/~을 통해
	일생	159	~일대/~을 통해	

(7) 내포의미의 차이

---

5) 밑줄 친 결합구성은 상대 유의어가 말뭉치상으로는 한쪽에만 출현하여 나타나지는 않았지만 직관에 의하면 실제로 공통적으로 결합이 가능하다고 판단하였기에 공통 결합구성에 포함시키고 밑줄로 표시한 것이다.

마지막으로 '내포의미의 차이'로 유의어 쌍을 구분하는 방법이 있다. 공기 관계에 의한 결합구성까지 거의 같아서 차이가 뚜렷하게 드러나지 않는 유의어 쌍의 경우는 단어가 내포하고 있는 의미를 세밀하게 분석해 볼 필요가 있다.

> **예** 건너편:맞은편 등

예를 들어 '건너편(210회 출현):맞은편(370회 출현)'의 경우 결합구성이 거의 일치하는데, 말뭉치에 출현하는 빈도에 차이를 드러낸다. '길 건너편(31회):길 맞은편(5회)', '건너편 자리(2회):맞은편 자리(28회)'의 출현 빈도 차이를 자세히 비교해 보면, '건너편'은 거리감이 있기 때문에 '자리'보다는 '길'과의 결합이 더 자연스럽고 '맞은편'은 가까운 곳을 의미하므로 '길'보다는 '자리'와의 결합이 더 자연스럽다는 사실을 알아낼 수가 있다. 결합구성에 나타난 출현 빈도수가 밑바탕이 되어 내포의미를 도출하게 된 것이다.

이상에서 유의어의 의미 차이를 변별하는 여러 방법들을 단계별로 제시하였다. 하나의 유의어 쌍에 의미 변별 기준 하나만 적용되지 않고, 여러 기준이 여러 단계에 걸쳐서 중복 적용됨을 알 수 있다.

9.2.3 대립관계

1) 용어와 개념 정의

대립어(對立語, antonym)는 대립관계(對立關係, antonymy)를 이루고 있는 단어들을 말한다. 한 쌍의 대립어는 의미 특성에 있어서 같은 성질과 함께 다른 성질을 동시에 가지고 있어서 동질성(同質性)과 이질성(異質性)의 양면성(兩面性)을 지니고 있을 때 성립된다. 두 어휘소는 공통된 특성을 많이 가지고 있으므로 의미상 가까우면서도 하나가 달라서 의미상 배타적(排他的)이 된다. 같은 유(類)에 속하면서 종(種)이 달라서 종차(種差)가 있는 것이다(임지룡 1992).

이러한 대립어에 대한 용어로는 반의어, 반대말, 상대어 등이 사용되어 왔다. '대립어'가 '반의어'와 '상대어'를 아우르는 용어라 할 수 있으므로 이를 사용하기로 한다. 학교 문법에서는 '반대말'을 사용하고 있다.

대립어에 대해 질문이 있습니다. 대립어의 개념 정의에서 "반의어 사이에서 대립을 보이는 이질성의 기준을 제시해주는 것이 중요하며, 반의어와 상대어를 구별해줄 필요도 있다."라고 하는데 여기에서 '반의어'와 '상대어'의 의미를 잘 모르겠습니다.

  반의어는 반대 의미를 가지고 있는 것이고, 상대어는 상대적이라는 의미를 갖고 있잖아요. 반의어는 '좋다:나쁘다, 쉽다:어렵다' 이런 식으로 의미가 반대가 되는데, 상대어인 '아버지:어머니'는 반대되는 개념이라고 할 수는 없겠고, 상대적인 개념이라고 하는 것이 더 맞겠죠? 그래서 반대와 상대의 개념을 다 가진 대립어라는 용어를 쓰게 되었다는 것입니다.

2) 의미 특성

대립관계에 있는 대립어 쌍의 의미 특성을 잘 드러내 주는 의미 특성으로 극성과 중화를 들 수 있다.

(1) 극성

대립어의 가장 기본적인 의미 특성으로는 극성(極性, polarity)을 들 수 있다. 양쪽 극단에 의미가 대립을 보이고 있는 경우인데 극성은 주로 긍정과 부정으로 구분된다.

긍정과 부정의 대립을 표현하는 방식을 보면 먼저 형태상으로 부정을 나타내는 요소가 붙은 단어와 붙지 않은 단어가 대립을 보이는 방식이 있다. 예를 들면 '관심:무관심, 완성:미완성, 합격:불합격'처럼 부정을 나타내는 접사 '무(無), 미(未), 불(不)' 등이 결합되는 유형을 말한다. 그리고 단어의 의미 자체가 하나는 긍정 의미를 갖고 다른 하나는 부정 의미를 가지면서 대립을 보이는 경우가 있다. 예를 들어 '좋다:나쁘다, 쉽다:어렵다, 맞다:틀리다, 안전하다:위험하다' 등을 말한다.

그리하여 대립어의 유형은 대립을 나타내는 형태의 유무에 의한 대립인가, 아니면 의미에 의한 대립인가로 유형이 구분된다고 하겠다.

(2) 중화

중화(中和, neutralization)는 대립어가 대립을 보이다가 두 단어를 아우르는 상위어에서는 대립이 사라지는 현상을 말한다. 중화의 개념은 대립어를 이해하는 데에 도움이 된다.

예를 들어 '아버지:어머니'의 대립어 쌍은 상위어 '어버이(부모)' 에서는 대립쌍이 가지고 있는 남자:여자의 대립이 사라지고 두 단어의 대립 의미가 통합됨으로써 의미가 중화된다는 것이다. '아들:딸'의 대립쌍도 상위어 '자식'에서는 남자 자식인 '아들'과 여자 자식인 '딸'이 가지고 있는 남자:여자의 대립이 사라지고 의미가 중화된다.

그런데 대립어 쌍의 상위어를 대립되고 있는 하위어 중 하나를 가져다 만든 경우가 있다. '길다:짧다' 대립어 쌍의 상위어가 '길이'이고, '높다:낮다' 대립어 쌍의 상위어가 '높이'인 것을 들 수 있다. 여기에서는 상위어 '길이'와 하위어 '길다', 상위어 '높이'와 하위어 '높다' 사이에서 중화가 일어나서 대립이 사라지게 된다.6) '형제(남자 형제):자매(여자 형제)'의 상위어도 '형제'인데 "너희 집은 형제가 몇이니?"라는 문장에서 '형제'는 [남자 형제]를 의미하는 것이 아니고 남녀 형제를 합한 의미이다. 영어에서 'man:woman'의 상위어가 'man'인 것과 같다. 이들에 대한 구별은 문맥을 통해서 가능하다.

> 대립어의 특성 중 중화 부분에 대해서 질문이 있습니다. 중화의 환경에 대한 설명에서 대립관계에 있는 두 단어가 '어떤 하나의 요소와 맞설 때' 중화가 일어난다고 나와 있는데, 여기서 하나의 요소와 맞선다는 것이 무엇을 의미하는지 궁금합니다!
>
>   예를 들면 한국에서는 '의사'에 '일반 의사'와 '치과 의사'를 구분하지 않고 다 '의사'라고 쓰는데 영어의 경우, 'doctor'와 'dentist'를 구분하여 대립을 보인다고 합니다. 그런데 이러한 대립이 'patient(환자)'와 맞설 때는 대립되지 않고 하나로 중화되어 버리는 경우를 들 수 있습니다. 'doctor'의 대립어도 'patient'이고, 'dentist'의 대립어도 'patient'가 되니까요.
>   또한 'ewe(암양)'과 'ram(숫양)'의 대립이 'lamb(새끼양)'과 맞설 때는 대립되지 않고 하나로 중화되는 것을 들 수 있습니다. 'ewe(암컷어른양)'의 대립어 새끼양도 'lamb'이요, 'ram(수컷어른양)'의 새끼양도 'lamb'이 되기 때문입니다. 수망아지 'colt'와 암망아지 'filly'는 암수가 구별되지만 새끼양의 경우는 암수 구별되는 단어가 없으므로 'lamb'에서 중화가 됩니다.

---

6) 하위어 '길다, 높다'에서 상위어 '길이, 높이'가 만들어졌다고 했는데 형용사에서 품사가 다른 명사가 만들어진 것이 다소 어색하지만 하위 개념을 가져다 상위 개념으로 사용하였다고 이해할 수 있다.

한국어의 경우는 하위어에서는 대립을 보이던 '길다'와 '짧다'가 상위어로 둘이 묶이는 환경에서는 대립되지 않고 '길이'(길지도 짧지도 않은)가 되면서 길다는 의미도 짧다는 의미도 잃게 됩니다. 즉 중화되면서 의미 대립을 하지 않게 된다는 것이지요. '형제'와 '자매'도 마찬가지로 상위어 '형제'에서는 중화가 일어나지요. 그러나 '아들'과 '딸'은 상위어로 '자식'이 있으니 하위어 중 하나를 가져다 쓰는 대립쌍의 중화가 일어나지 않고요, '아버지'와 '어머니'도 '어버이'가 있으니 역시 하위어 중 하나를 가져다쓰는 대립쌍의 중화가 일어나지 않습니다. 이렇게 하위어를 가져다가 상위어를 만드는 경우, 하위어의 위치에 있던 것이 상위어가 되면서 그 단어의 의미에 중화가 일어난 것으로 보면 됩니다.

3) 유형 분류

대립어의 유형은 다양하게 나눌 수 있다. 늘 대립관계를 유지하는 고정적인 대립어가 있는 반면 일시적으로 대립관계를 유지하는 것들도 있다. 한편 대립어가 존재하지 않는 단어들도 많다.

(1) 고정적인 대립어

고정적인 대립관계를 유지하는 것들은 크게 중간 지역이 있느냐 없느냐로 나누어 중간 지역이 있는 대립어를 '반의대립어'라고 하고, 중간 지역이 없는 대립어를 '상보대립어'라고 한다.

① 반의대립어

중간 지역이 있는 반의(反意)대립어는 무슨 기준으로 대립을 시켰느냐에 따라서 평가를 대립시킨 경우와 대상을 대립시킨 경우로 나눌 수 있다. 전자는 평가 반의대립어, 후자는 대상 반의대립어라 한다.

a 평가 반의대립어

'평가(評價) 반의대립어'는 어떤 기준으로 어떻게 평가하느냐에 따라서 객관적 척도반의어, 주관적 척도반의어, 주관적 정감반의어로 나눌 수 있다.

'객관적 척도(尺度)반의어'는 객관적 평가 기준을 적용하여 양(量)이나 속도(速度), 길이, 세기, 밝기의 척도를 측정하여 대립시킬 수 있는 관계에 있는 것들이 해당된다. '길다:짧다, 많다:적다, 크다:작다' 등이 해당된다.

'주관적 척도(尺度)반의어'는 화자 관련 기준을 적용하게 되므로 비교적 주관적인 평가로 대립시킬 수 있는 관계에 있는 것들이다. 긍정 평가와 부정 평가를 하게 되는 경우가 많다. '좋다:나쁘다, 쉽다:어렵다, 아름답다:추하다, 깨끗하다:더럽다' 등이 해당된다.

'주관적 정감(情感)반의어'는 화자 자신의 개인적이고 감정적인 판단을 하여 대립시킬 수 있는 관계에 있는 것들이다. '덥다:춥다, 기쁘다:슬프다, 좋다:싫다, 달다:쓰다' 등이 해당된다.

b 대상 반의대립어

'대상(對象) 반의대립어'는 어떤 대상을 어떻게 대립시키느냐에 따라서 존재 대립어, 방향 대립어, 이동 대립어로 나눌 수 있다.

'존재(存在) 대립어'는 존재 대상이 어떤 기준에 의해서 대립을 보이는 경우를 말한다. '부모:자식, 형:동생'처럼 혈연관계에 의한 기준으로 대립을 보이기도 하고, '남편:아내'처럼 혼인관계에 의한 기준으로 대립되기도 하며, '주인:하인'처럼 종속관계에 의한 기준으로 대립되기도 한다.

'방향(方向) 대립어'는 대상이 서로 맞선 방향에서 대립을 보이는 경우를 말한다. '남극:북극, 천당:지옥, 우등생:낙제생'처럼 양극단에서 맞서 있기도 하고, '볼록거울:오목거울, 양각:음각'처럼 중심에서 맞서 있기도 한다.

이러한 맞선 방향의 대립이 이동을 나타내는 경우가 있는데 이들을 '이동(移動) 대립어'라고 한다. '이동 대립어'는 맞선 방향으로 이동이나 변화를 나타내는 경우로 '가다:오다, 들어가다:나오다, 올라가다:내려가다' 등이 해당된다.

② 상보대립어
중간 지역이 없는 상보(相補)대립어는 중간 지역이 없으므로 상호배타적으로 양분되며, 이는 다시 상보성의 정도에 의해서 절대적 상보어와 상대적 상보어로 나눌 수 있다.

　a 절대적 상보어
'절대적(絶對的) 상보어'는 '남성:여성, 삶:죽음, 출석:결석' 등과 같이 '남성'이 아니면 '여성'이 되는 것이고, '살아 있는 것'이 아니면 '죽은 것'이 되는 것이며, '출석'을 안 했으면 '결석'을 한 것이 된다. '지각'은 출석과 결석의 중간에 있는 것이 아니고 늦게 출석을 한 것이므로 '출석'에 포함된다. 이들 유형은 극단적인 대립에 의한 양자택일(兩者擇一, selection one alternative) 구도를 의미한다.

　b 상대적 상보어
'상대적(相對的) 상보어'는 양자택일은 아니다. 예를 들어 '맞다:틀리다'의 경우 맞았으면 틀리지 않은 것이지만 o와 x표 사이에 △의 존재도 생각할 수 있으므로 '남성:여성'만큼 확실한 양자 대립 구도는 아니라는 것이 다르다.

(2) 일시적인 대립어

고정적인 대립어와 달리 대립관계가 일시적으로 또는 특정한 국면에서만 형성되기도 한다. 예를 들면 속담이나 격언과 같은 특정 국면에서만 대립쌍이 되기도 하고, 특정 노래 가사 속에서만 대립쌍으로 나타나기도 한다.

> **예**
> 낮말은 새가 듣고 밤말은 쥐가 듣는다(새:쥐)
> 돈(황금)을 돌 같이 여겨라(돈:돌)
> 남자는 배, 여자는 항구(배:항구)

속담 '낮말은 새가 듣고 밤말은 쥐가 듣는다'에서 '낮'과 '밤'은 원래 대립관계를 가지고 있는 고정적인 대립어 쌍이지만, '새'와 '쥐'는 이 속담에서만 대립관계를 보이고 있다. '쥐'의 대립어로 '고양이'를 떠올릴 수는 있지만 '새'를 떠올리기는 어렵다. 그러나 이 속담에서는 낮을 대표하는 동물로 '새'를, 밤을 대표하는 동물로 '쥐'를 대립시킴으로써 '새:쥐'가 대립어 쌍이 되었다.

격언 '돈(황금)을 돌 같이 여겨라'의 경우도 '돈'이나 '황금'의 대립어로 '돌'을 사용하였다. 이 격언에서는 흔히 가장 가치를 두는 '돈'과 가장 쓸모없는 존재로 '돌'을 대립시킴으로써 대립어 쌍이 되었다.

대중가요 중에 '남자는 배, 여자는 항구'라는 노래가 있다. 여기에서 '남자:여자'는 원래 대립관계에 있는 고정 대립어이지만, '배:항구'는 이 노래에서만 일시적으로 대립관계를 보이고 있다. '배'를 돌아다니는 남자의 특성에 비유하고, '항구'를 한곳에서 기다리는 여자의 특성에 비유함으로써 생긴 일시적인 대립어 쌍이라 하겠다.

앞에서 살펴본 것처럼 대립관계를 이루고 있는 단어들의 유형이 질서정연한 것처럼 보이지만 애매모호한 경우도 많다. 예를 들어 앞에서 '가다'의 대립어를 '오다'라고 했는데 '가다'의 대립어로는 '오다'뿐만 아니라 '서다, 멈추다, 정지하다' 등 여럿이 있다. '총각'의 대립어가 '처녀'이기도 하지만 '유부남'이기도 하다. 즉 다의어인 경우는 다의만큼의 대립쌍이 생길 수 있는 것이다.

반면에 대립어가 없는 단어도 있다. '머리카락'의 대립어가 무엇인지, '귀'의 대립어는 무엇인지, '신발'의 대립어는 무엇인지 떠오르지 않는 경우도 있고, 어떤 단어는 사람마다 떠오르는 대립어가 다르기도 하다.

이것이 궁금해요

> 어떤 단어가 특정한 대립관계로 분류되었다면 그때는 다른 대립관계로 동시에 분류될 수 없는 것이 맞나요? 아니면 관점에 따라서는 다른 대립관계로 분류될 수 있는 것인가요? 대립관계가 동시에 두 개 이상 공존할 수는 없지만, 관점에 따라서는 분류가 달라질 수 있다고 이해하였는데 그게 맞는지 궁금합니다.
>
>   '깨끗하다-더럽다'의 대립어 쌍 때문에 이런 의문이 생긴 것 같습니다. 분류할 때는 일관된 판단 기준이 있어야 하겠지요. 먼저 '깨끗하다'의 기준을 깐깐하게 판단하여 완전 깨끗한 1%만 깨끗하다고 보고 나머지 99%는 다 더럽다고 판단하는 기준으로 본다면 이 대립어 쌍은 '상보대립어'로 분류해야 합니다. 그러나 주관적인 평가 기준으로 이 정도면 깨끗하다고 판단하는 기준으로 보면 이 대립어 쌍은 '평가 반의대립어' 중에서 '주관적 척도반의어'로 분류해야 합니다. 동시에 두 유형에 넣을 수는 없다는 것입니다.

임지룡(1992)에서 의미론의 대립어 유형 중 방향대립어에 관해 질문이 있습니다. 방향 대립은 1.역의 2.대척 3.역동 4.대응의 유형으로 나뉘며, 역의(converse) 관계는 'aRb=bR´a인 경우 R과 R´가 역의 관계에 있다'고 합니다. 이 설명에 관해 정확히 이해가 가지 않아 예시를 살펴보니 '부모/자식, 형/동생, 남편/아내 등'이 역의어라고 제시되어 있는데, 앞의 역의 관계 개념 설명과 예시의 역의어들이 잘 연결되지 않아서 더 혼란스러워졌습니다. 방향 대립어 중 역의 관계와 역의어에 대해 이해가 잘 되지 않아 질문을 드립니다.

역의(converse) 관계는 'aRb=bR´a'인 경우 R과 R´가 역의 관계에 있다'고 했는데 이는 예를 들어 혈연의 축을 중심으로 대립을 보이는 '부모:자식'의 경우는 R과 R´가 항렬이 한 세대 차이로 위 아래의 대립을 보이는 경우이고, '형:동생'은 R과 R´가 동세대에서 위 아래의 대립을 보이며, '남편:아내'는 결혼의 축을 중심으로 대립을 보이되 R과 R´가 남녀 성 차이로 대립을 나타낸다고 하겠습니다. '주인:하인'은 종속관계의 축을 중심으로 R과 R´가 상하로 대립을 보인다고 하겠습니다.

9.2.4 다의관계

1) 개념 정의

다의어(多意語)는 한 단어가 여러 의미를 갖는 경우로 그 의미들이 다의관계(多意關係, polysemy)를 이루고 있는 것이다.

예를 들어 '손'이라는 단어는 ① 손(手, hand: 손이 예쁘다) ② 씀씀이(expenditure, scale: 손이 크다) ③ 노동력(勞動力, labor: 손이 부족하다, 손이 모자라다) ④ 관계(關係, relation: 손을 잡고 일하다, 그 일에서 손을 떼다) 등의 여러 의미를 가지고 있다. ① [hand]의 의미로부터 다의가 파생 전이되어 나왔다. '높다'라는 단어도 ① 산이 높다, ② 온도가 높다, ③ 직위가 높다, ④소리가 높다 등 각각 다른 의미로 사용되고 있는 다의어이다. ①[high]의 의미에서 파생되어 나온 의미들이다.

다의화 현상은 폭넓게 일어나고 있으며, 현재 거의 모든 단어가 다의어라 할 정도로 자연스럽게 진행되는 의미 변화의 현상이다.

2) 다의화와 의미 변화

다의화와 의미 변화는 밀접한 관련이 있다. 의미 변화는 단어의 의미가 확대되거나 축소되거나 달라진 것을 말하는데 다의화는 의미가 확대된 의미 변화의 경우이다. 의미 변화를 지배하는 일반적 요인 가운데 가장 중요한 것은 어휘 구조(structure of vocabulary)일 것이다. 한 언어의 어휘 체계는 개개의 단어가 매우 쉽게 의미를 획득하고 상실하는 불안정한 구조이다. 따라서 어휘 간의 유의어, 다의어, 동음어 등이 서로 생존 경쟁을 벌이는 동안 의미 변화는 자연히 부수적으로 발생한다. 특히 다의성(polysemy)의 존재가 의미를 유동시키는 요소가 된 것이다.

3) 다의화의 과정

'손'을 예로 들어 다의화의 과정을 설명해 보기로 하겠다. '손'의 ① 번 의미는 [신체기관의 손]이다. 그리고 ② [씀씀이] ③ [노동력] ④ [관계] 등의 의미를 가지고 있다. '손'의 ②번 의미는 손으로 나누어 주고 손으로 돈을 쓰고 하면서 [씀씀이, scale]의 의미가 생겼다고 볼 수 있다. 씀씀이 정도를 '손이 크다, 손이 작다' 등으로 표현한다. ③번 의미는 예전에 밭일, 논일 모두 다 손으로 일을 하였기 때문에 손과 관련되어 생긴 의미이다. 노동력의 정도를 '손이 부족하다, 손이 모자라다, 손이 없다' 등으로 표현한다. ④번 의미는 사람이나 일에 대해서 '(그 사람과)손을 잡았다, (그 일에서)손을 떼었다' 등으로 표현하면서 생긴 것이다. 사람이나 일에서 관련을 맺는다면 기본적으로 손으로 연결되기 때문에 생긴 의미라고 할 수 있다. 그래서 다의화에 의해서 생긴 의미들은 기본적으로 어원이 같은 것이다.

또 다른 예로 '아버지'를 보면, '아버지'가 기독교 집단에서 [생부(生父)]라는 의미가 아닌 [하느님]의 의미로 쓰이는 것은 일반어가 특수한 사회 환경에서 새로운 의미를 갖게 된 것이지만, '아버지'가 일반적으로도 의미가 확대되어 [어느 분야에서 처음으로 공헌을 세운 사람](예: 발명의 아버지 에디슨)의 의미를 갖게 되는 다의화의 과정도 겪었다. 두 경우 모두 어원은 [생부(生父)]인 것이다.

이처럼 새로운 의미가 파생되는 다의화의 과정에는 어원(語源, etymology)을 중심 의미로 하여 다양한 기제가 작용하였음을 알 수 있다. 그런데 고유어와 달리 한자어의 경우는 한자의 훈(訓)이 고정적이어서 의미가 다의화하기가 어렵다. 넝어외래어는 앞서 살펴보았듯이 나의화가 진행되어 원래 영어에서 사용하는 의미보다 의미가 확대된 경우가 많다.

4) 유형 분류

다의어의 유형을 어종별, 품사별, 주제별로 나눌 수 있다.

(1) 어종별 분류
   고유어: 가슴, 눈1(眼), 사람, 사이, 속, 손1(手), 아버지, 아침, 앞 등
   한자어: 영계, 인사, 자매, 자식, 자연, 점, 주의, 주인, 중심, 형식 등
   외래어: 가든, 다이어리, 드레스, 레스토랑, 리조트, 맨, 미팅 등

(2) 품사별 분류
   명사류: 손, 시간, 아침, 얼굴, 영계, 캡, 프리미엄 등

동사류: 붙다, 살다, 생각하다, 찢어지다, 하다 등
부사류: 깜빡, 다03, 다시, 또 등

(3) 주제별 분류
  공간어: 속, 안, 바깥
  시간어: 아침, 저녁
  신체어: 가슴, 눈, 손, 얼굴
  직함어: 선생님, 사장님, 사모님, 학생
  친족어: 언니, 이모, 삼촌, 자매, 할아버지, 할머니, 형, 형제
  기타 호칭어: 당신, 자기

5) 생성 기제

다의어가 생성되는 기제는 다음과 같다(울만(Ullman, 1962: 159-167/임지룡 1992:213-216).

첫째, 적용의 전이(轉移)에 의해서 다의가 생성된다. 낱말은 사용 문맥에 따라서 양상이 다르게 나타난다. 달라진 의미들의 차이가 점점 커지면서 같은 단어의 다른 뜻으로 간주하게 되면 다의어가 되는 것이다. 가장 대표적인 생성 기제라고 할 수 있다. 일반적으로 구체적인 표현에서 추상적인 표현으로 변하는 경우가 많다. '높다'의 경우 '산이 높다'처럼 '산'이라는 구체적인 대상에 대한 표현으로 쓰이다가 나중에 '눈이 높다'에서는 '눈[안목]'이라는 추상적인 대상에 대한 표현으로 사용되는 예를 들 수 있다.

둘째, 사회 환경의 특수화로 인하여 다의어가 된 경우도 있다. 요즘 기독교인들끼리 '형제(님), 자매(님)'라는 호칭을 흔히 쓰고 있다. 기독교인 집단에서 '형제'는 본래 의미인 [혈연적인 남자 형제]에서 범위를 확대하여 [남자 신도(信徒)를 이르는 말]로 사용하게 되었고, '자매'는 본래 의미인 [혈연적인 여자 형제]에서 나아가 [여자 신도를 이르는 말]을 의미하게 됨

으로써 다의어가 된 경우이다.

셋째, 반대로 특수 집단에서 사용되는 단어가 일반어로 확대 사용되면서 다의어가 된 경우도 있다. 대체적으로 특수 집단에서 사용된 긍정 의미를 확대 해석하여 적용한 예들이 많다. 사회에서 '선생님, 사장님'은 진짜 선생님과 사장님들에게 사용했던 단어이다. 요즘은 사회에서 만난 일반인들에 대한 호칭으로 '선생님'을 흔하게 사용하게 되면서 상대에 대한 존대 의미를 담은 호칭어가 되었다. '사장님'도 사회에서 만난 남자 어르신에 대한 존대 호칭어로 많이 쓰인다.

여성 친척어인 '언니'가 [나이가 위인 여자 형제]라는 의미 외에 [식당이나 가게에서 여종업원을 부르는 말 또는 가게 주인이 손님을 부르는 호칭]의 의미를 가진 것도 다의화의 일종이다. '이모'도 비슷한 경우이다. 이들 단어도 혈연이라는 특수 관계에서만 쓰이던 단어가 적용 범위를 혈연관계가 아닌 일반 사람들로 확대하면서 생긴 것이나. 상대방에게 친근함을 주고 친절과 배려의 마음을 표현하고자 공손성의 의미를 부여하게 되면서 일어난 다의 현상이다.

넷째, 낱말이 고유의 의미 이외에 비유의미를 획득하기도 하는데, 그 결과 고유의 의미와 비유의미가 공존하면서 다의어가 형성된다. 비유 중에서도 은유나 환유가 많으며, '여우'가 [狐, fox]의 의미 외에 [교활한 사람]을 의미하는 것은 은유에 의한 것이고, '아침'이 [아침 시간] 외에 [아침 식사]의 의미를 갖게 된 것은 시간의 인접성에 따른 환유에 의한 것이다.[7]

다섯째, 외국어의 영향에 의해서 기존 단어의 의미에 변화가 생긴 경우도 있다. '하느님'은 원래 [천신(天神)]을 가리켰으나, 'God'가 들어옴으로

---

7) 이에 대해서는 '아침밥' 또는 '아침식사'에서 뒤의 단어가 생략되어 '아침'이 아침밥이나 아침식사를 대표하게 된 것으로 파악할 수도 있다.

써 [여호와]의 의미를 갖게 되어 다의어가 되었다.

9.2.5 동음이의관계

1) 개념 정의

동음이의어(同音異意語, homonym)는 형태가 같아서 한 단어처럼 보이는 두 단어가 다른 의미를 갖는 경우를 말한다. 두 단어가 동음이의관계(同音異意關係, homonymy)를 이루고 있는 것이다. 다의어는 한 단어가 여러 의미를 갖는 경우로서 그 의미들 사이에 의미의 연관성이 밀접하고 하나의 어원에서 출발하였지만, 동음이의어는 이와 달리 형태만 같을 뿐 의미의 연관성이 전혀 없고 어원도 다르다고 할 수 있다.

2) 다의와 동음이의의 구별

'손'이라는 단어는 앞에서 살펴본 바에 따르면 ①[신체기관의 손] ②[씀씀이] ③[노동력], ④[관계] 등의 의미를 가지고 있다. 그런데 같은 형태의 '손'이 [자손(孫)]이나 [손님(客)], 그리고 [귀신], [단위명사]의 의미도 가지고 있다. 이때의 '손'들은 '손(手, hand)'과 관련이 없는 의미들이다. 이렇게 관련이 없는 의미를 가진 경우는 형태가 같더라도 다의관계가 아닌 동음이의관계가 되는 것이다. 어원이 다르기 때문이다. 사전에서도 어깨번호를 붙여서 손01, 손02, 손03, 손04로 표제항을 달리한다.

예
저 집은 손이 귀하다.
저 집은 인심이 좋아서 행랑채에 손이 많이 드나든다.
예전에는 손 없는 날에 이사하는 경우가 많았다.
고등어 한 손에 얼마예요?, 바나나 한 손만 주세요.

또한 '말'이라는 단어도 [言, language], [馬, horse], [斗, a unit of measure]의 의미를 가지는데 이것들 사이에서 의미의 관련성을 찾을 수 없으므로 동음이의어가 되는 것이다.

일반적으로 다의어와 동음이의어를 구별하는 가장 중요한 기준으로는 어원(語源)을 들 수 있다. 그런데 어원만으로는 둘을 구별하기가 어려운 경우가 있다. 다의어와 동음이의어의 관계에서 다의어가 의미의 관련성 즉 유연성(有緣性)을 잃게 되면 동음이의어가 되는 경우가 있기 때문이다.

'배'(腹)와 '배'(船)는 오늘날에는 동음이의어이지만, 옛날에는 다의어였을 가능성이 있다고 본다. 원래 배(船)는 통나무의 복부(腹部)를 파내고 거기에 사람이 타던 것으로서 인체의 명칭 배(腹)에서 그대로 전이되어 '배(船)'라고 했는데 점차 배 모양이 사람의 배 모양과는 달라지면서 관련성을 잃게 되어 오늘날 동음이의어가 되었을 것으로 추측할 수 있다.

3) 유형 분류

동음이의어는 여러 유형으로 나누어진다. 철자도 음도 같은데 의미만 다른 동철동음어가 있고, 동철동음어 중에는 음이 같은데 장단(長短)의 차이가 있는 것이 있으며, 음은 같은데 철자와 의미가 다른 이철동음어도 있다.

(1) 동철동음어

동철동음어(同綴同音語, homonym)에는 다음 예와 같이 의미만 다르고 장단까지 같은 완전동음어가 있다.

예

때(時, time) - 때(垢, dead skin), 비(雨, rain) - 비(帚, broom), 쓰다(用,

use) - 쓰다(書, write), 시내(河川, stream) - 시내(市內, downtown), 재(炭, ashes) - 재(嶺, hill), 철(季節, season) - 철(事理分別, discretion) – 철(鐵, iron)

그런데 동철동음어 중에서 음은 같으나 장단의 차이를 수반하는 경우는 완전한 동음어라 할 수 없으므로 이를 따로 구분하여 동형이의어(homograph)라고 한다. 다음과 같은 예들이 여기에 해당한다(뒤 단어들은 장음).

예
눈(眼) - :눈(雪), 말(馬) - :말(言), 발(足) - :발(簾),
벌(罰) - :벌(蜂), 손(手) - :손(孫)

(2) 이철동음어

이철동음어(異綴同音語, homophone)는 철자가 다르므로 표기상 차이가 나지만 발음할 때에는 동음어가 되므로 일시적인 동음어이다.

예
걸음(步)[거름] - 거름(퇴비)[거름], 넘어[너머] - 너머[너머],
반듯이(整)[반드시] - 반드시(必)[반드시], 붙이다[부치다] - 부치다[부치다]

4) 생성 원인

동음이의어가 발생하게 되는 원인을 네 가지로 정리할 수 있다.

첫째, 언어 기호의 자의성(恣意性)에 의해서 원래부터 우연히 동음이의어가 된 경우가 있다. '밤(夜) - 밤(栗)', '쓰다(書) - 쓰다(着)', '쓰다(用) - 쓰다(苦)'처럼 장단까지 같은 경우가 있고, '눈(眼) - :눈(雪)'처럼 장단의 차이가 있는 경우가 있다.

> 예

밤(栗, chestnut) - 밤(夜, night), 쓰다(書, write) - 쓰다(着, wear),
쓰다(用, use) - 쓰다(苦, bitter), 눈(眼, eye) - :눈(雪, snow)

둘째, 원래는 다른 형태를 가졌던 낱말이 역사적으로 음운 변화를 겪어서 동음이의어가 된 경우가 있다.

> 예

쓰다(書, write/着, wear) - 쓰다 < ᄡᅳ다(用, use / 苦, bitter)
내(川, stream) - 내 < ᄂᆡ(煙, smell)
다리(脚, leg) - 다리 < ᄃᆞ리(橋, bridge)
말(言, language) - 말 < ᄆᆞᆯ(馬, horse)
살(矢, arrow) - 살(< ᄉᆞᆯ(肉/膚, flesh/skin)

위의 예들은 음운의 변화로 말미암아 동음이의어가 된 경우이다. 원래 'ᄡᅳ다' 형태였을 때는 'ᄡᅳ다(用)'과 'ᄡᅳ다(苦)'만 동음이의관계였는데 어두 자음군의 경음화가 일어나 'ᄡᅳ다 > 쓰다'의 변화를 겪으면서 원래의 '쓰다(書)', '쓰다(着)'와도 동음이의관계가 되었다. 'ᄋᆞ'의 소실에 의한 변화도 있다. 'ᄃᆞ리(橋)'는 'ᄃᆞ리 > 다리'의 변화를 겪으면서 '다리(脚)'와 동음이의관계가 되었고, 'ᄉᆞᆯ(肉/膚)'은 'ᄉᆞᆯ > 살'의 변화를 겪으면서 '살(矢)'과 동음이의관계가 되었다.

셋째, 한 낱말이 의미의 관련성을 가진 다의어로 쓰이다가 그 관련성을 잃어버림으로써 동음이의어가 되는 경우이다.

> **예**
>
> 배(梨, pear) - 배(船, ship) - 배(腹, stomach)(<비·-비·-비), 눈(眼, eye) - 눈(芽, bud) - 눈(値, gradation) - 눈(罟, micromesh), 해(太陽, sun) - 해(年, year), 달(月, moon) - 달(月, month)

'배'(船)와 '배'(腹)의 관계는 '배' ① 腹(stomach) ② 船(ship)으로 다의어이던 것이 오늘날에 와서의 '배'(船)는 복부(腹部)와의 관련성을 상실함으로써 동음이의어가 되었다고 보는 것이다. 또 '눈'(眼)과 '눈'(芽), 저울눈의 '눈'(値), 그물의 '눈'(罟) 등도 모두 다의관계에 있다가 그 유연성이 상실됨으로써 동음이의어가 된 것으로 본다(양태식 1984:155). '해(太陽, sun) - 해(年, year)'나 '달(月, moon) - 달(月, month)'도 원래는 다의어였던 것이 점차적으로 의미의 유연성이 사라지면서 의미 분화가 일어난 것으로 볼 수 있다.

넷째, 외국어의 영향으로 외래어가 우연히 자기 나라 말의 소리와 같아 동음이의어를 이루는 경우가 흔히 있다. 한국어에서는 한자어가 한국어 어휘 체계에 들어오면서 우리말과 동음이의어가 되는 경우가 많다. 한자어 '燭(초<쵸)'이 한국어 어휘 체계에 들어오면서 원래 있던 '초(秒)', '초(醋)'와 동음이의관계가 되었다.

다음 예들도 동음이의어이다. 뒤의 예들이 차용된 한자어이다.

> **예**
>
> 가로(橫, width) - 가로(街路, street), 말미(休暇) - 말미(末尾), 비(雨, rain) - 비(碑, tombstone), 사랑(愛, love) - 사랑(舍廊, guest room), 시내(溪, brook) - 시내(市內, downtown), 여우(狐, fox) - 여우(女優, actress)

다음과 같이 차용된 한자어끼리 동음이의관계인 것들도 많다.

> **예**
> 방화(防火, fire prevention) - 방화(放火, arson), 사고(思考, thought) - 사고(事故, accident) - 사고(社告, official announcement)

5) 동음이의어의 생존 경쟁

동음이의어가 충돌을 일으켜 지금도 동음관계를 유지하면서 공존하고 있는 것도 많지만 동음관계를 피하기 위해서 동음이의어들끼리 생존 경쟁을 벌인다. 경쟁을 하다가 둘 다 사라진 것도 있고, 둘 중 하나만 사라지기도 한다. 음운이나 형태를 변화시켜 생존하기도 하는데 둘 다 변화된 것들도 있고, 둘 중 하나만 변화된 것들도 있다(밑줄 친 단어가 생존한 형태임).

> **예**
> - 둘 다 유지: 때(時, time) - 때(垢, dead skin), 비(雨, rain) - 비(箒, broom)
> - 둘 다 소멸: 션믈(西瓜, watermelon) > <u>수박</u> - 션믈(賂物, bribe) > 뇌물
> - 한쪽이 소멸: 잣(栢, pine nut) - 잣(城, castle) > <u>잣(栢)</u>, 부체(扇, fan) > <u>부채(扇)</u> - 부체(門, door)
> - 둘 다 형태 변화: 살(矢, arrow) > <u>화살(矢)</u> - 살(窓, bar) > <u>창살(窓)</u>
> - 한쪽만 음운 변화: 시름(憂, anxiety) - 시름(角觝, wrestle) > <u>씨름</u>
> - 한쪽만 형태 변화: <u>초(秒</u>, second) - 초(燭, candle) > <u>양초(洋燭)</u> - 초(醋, vinegar) > <u>식초(食醋)</u>

동음이의어의 생존 경쟁에서 유리한 위치는 추상적인 의미보다 구체적인 의미를 가진 단어, 대체 유의어를 가지지 않은 단어, 일반어휘보다 기초어휘라고 하겠다. 생존 경쟁에서 불리한 동음이의어는 사라지기도 하지만, 살아남기 위해서 음운을 변화시키거나 형태를 변화시키기도 한다. 예를 들어 '초'는 '초(秒) - 초(燭) - 초(醋)' 세 개의 동음이의어를 가진다. 그러다가 '초(燭)'는 '양초(洋燭)'로 많이 쓰고 '초(醋)'는 '식초(食醋)'로 많이

쓰면서 동음이의를 피하고자 하였다. 그리하여 '초'가 [燭, candle]나 [醋, vinegar]의 의미로 쓰이기도 하지만, 본래의 모습대로 가장 굳건하게 자리를 지키고 있는 것은 [秒, second]의 의미를 가지고 있는 1음절 기초어휘 '초'이다

동음이의어 생성 원인 중 의미 변화 설명에서 eye를 의미하는 '눈', 식물의 싹을 의미하는 '눈', 저울의 '눈', 그물의 '눈'이 서로 다의관계에 있다가 유연성이 상실되어 동음어가 되었다고 이야기하고 있는데, 다의어의 개념 설명에서는 위의 '눈'들이 다의관계가 성립된다고 이야기하고 있습니다. 그러면 eye를 의미하는 '눈', 식물의 싹을 의미하는 '눈', 저울의 '눈', 그물의 '눈'은 다의관계라고 봐야 하나요? 아니면 동음관계로 봐야 하나요?

민간어원설에 따르면 이들이 '처음에는' 하나의 어원에서 출발하였기에 다의어로 볼 수 있는데 지금은 어원의 연관성을 찾기가 힘들어서 동음이의어가 되었다고 보고 있습니다. 현재 '눈'은 [신체의 눈][시력][안목][판단력] 등의 의미로는 다의어이고, 식물의 싹, 저울의 눈, 그물의 눈, 하늘에서 내리는 눈과는 동음이의어 관계입니다.

9.3. 구절의미론

한국어 구절의미론에서는 단어가 결합하여 구절을 이루는 경우에 나타나는 현상들을 살펴보기로 하겠다. 연어와 관용구절이 대표적인 예이다.

9.3.1 단어 의미의 결합관계

단어와 단어가 결합되어 구절이 되면서 의미가 결합관계를 이루는 것들

이 있다. 이렇게 구절을 형성하면서 단어들의 의미가 결합되는 양상은 다양하다. 먼저 두 단어가 단순하게 결합되어 구절을 이루는 '일반구절'이 있고, 두 단어가 결합하여 특별하게 긴밀한 구성 관계를 가지는 '연어'가 있으며, 긴밀한 구성 관계 속에서 새로운 의미를 만들어내는 '관용구절'이 있다. 연어와 관용구절 사이에 '상용구절'이라는 유형도 있다.

예

일반구절: 기차를 타다, 밥을 먹다, 옷을 입다, 학교에 가다
연어: 기대를 걸다, 기지개를 켜다, 떼를 쓰다, 머리를 감다, 코를 풀다
관용구절: 눈을 감다, 미역국을 먹다, 바가지를 긁다, 시치미를 떼다
상용구절: 손이 크다, 속이 없다, 더위를 먹다, 마음을 놓다

일반구절은 단어들의 의미가 단순 결합되고 단어와 단어의 결합관계가 느슨하게 열려 있어서 다른 단어들과의 결합이 자유롭다. 예를 들어 '기차를 타다'의 경우, '기차' 대신 '버스, 자전거, 택시, 비행기'가 자유롭게 결합될 수 있고, '밥을 먹다'도 '밥' 대신 '떡, 빵, 죽'이 자유롭게 결합되며, 반대로 '먹다' 대신 '만들다, 버리다, 사다, 주다, 하다' 등이 자유롭게 결합된다. 그러나 연어나 관용구절은 일반구절과 달리 단어가 서로 결합하여 특별하게 긴밀한 구성 관계를 가지는 경우이다. 그래서 다른 단어들과 결합하면 의미가 어색하거나 본래 의미가 사라지게 되어 구성 단어의 결합이 제한되는 특징을 가진다.

문금현(1999b:42)에서 제시한 기준에 의하여 연어를 일반구절과 관용구절의 중간자로 간주한다. 관용구절(慣用句節)은 A와 B, 두 구성 요소가 결합하여 A+B=C가 되어 C라는 관용의미를 갖는다. 즉 두 구성 요소가 의미의 전이를 겪어 제3의 의미를 갖게 되는 것이다. 이에 비해 연어(連語)는 A+B=AB의 의미를 가진다. 즉 표면상의 축자의미가 그대로 쓰인다. 일반

구절도 마찬가지로 A+B=AB의 의미 구조를 가진다. 그런데 연어는 특정 어휘 A가 다른 어휘 B를 요구한다거나 특정 어휘 B가 다른 어휘 A를 요구함으로써 제한적인 공기관계를 갖는 반면 일반구절은 자유로운 대치를 보인다는 점이 다르다. 즉 연어는 공기관계의 결속력이 강하여 두 구성 요소 사이가 더 밀착되어 있다.

이들 구절의 차이점을 다음 표로 정리할 수 있다. 연어의 개념과 기준은 음영 부분이다. 이처럼 연어의 개념과 판단 기준을 분명하게 정하는 이유는 이에 따라서 연어 목록의 범위가 결정되고 목록 선정에 영향을 미치기 때문이다.

	관용구절	상용구절	연어	일반구절
의미 구조	A+B=C(제3의미) 미역국을+먹다 =시험에 떨어지다	Aa+B=AaB=A'B A+Bb=ABb=AB' 손이+크다=씀씀이가 크다 마음을+놓다=마음을 편안하게 하다	A+B=AB 머리를+감다=머리를 감다	A+B=AB 밥을+먹다=밥을 먹다
의미의 투명성 (유추 가능성)	불투명	반투명	투명	투명
비유성 여부	有	有無	無	無
분석 가능성	불가능	가능	가능	가능
구성요소의 대치	제약	반제약	반제약	자유 대치
통사적 제약 (대치/생략/도치/첨가 등)	强 •불가능한 경우 -그림의 떡/*인절미 -바가지/*세숫대야를 긁다 •가능한 경우 -바가지를(박박) 긁다 -내 코가 석자(다섯자)다 -불 난 데에 부채질하냐/선풍기 돌리냐	弱 •어색하지만 가능함 -손이 크다/손이 (엄청) 크다 -마음을 놓다/마음을 (턱) 놓고 있다	無 •늘 가능함 머리를(날마다)감다/머리를(깨끗하게)감다/머리를(미장원에 가서)감다	無 •늘 가능함 밥을(많이) 먹다/밥을 (안)먹다/밥을(깨작거리면서) 먹다

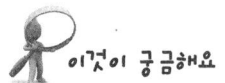

의미의 결합관계의 예에서 '마음에 들다' 같은 경우는 연어라고 봐도 되는 건가요? 하지만 '들다'라는 동사는 '눈에 들다'와 같이 다른 표현과도 쓰일 수 있는데, 그렇다면 이때는 연어와 관용구절의 중간자적 존재가 되는 것인가요? 그리고 '눈에 들다'가 관용구절이라고 나와 있는데, 왜 상용구절이 될 수 없는지 궁금합니다. '손이 크다, 마음을 놓다'와 같은 맥락이라면 '눈에 들다' 또한 상용구절이 될 수도 있지 않을까 하는 혼동이 옵니다. 관용구절과 상용구절을 구분하는 명확한 정의를 완벽하게 이해하지 못했는데 혹시 관용구절과 상용구절을 구분할 수 있는 명확한 기준이나 차이가 있나요?

먼저 관용구절과 상용구절을 구분하는 기준을 보면, 전자는 두 구성 요소의 의미가 관용의미에 드러나지 않지만 후자는 두 구성 요소 중 하나는 의미가 드러나는 점이 다릅니다. 그래서 관용구절 '마음에 들다'나 '눈에 들다'는 [마음에 들어오다]나 [눈에 들어오다]가 직접적인 의미인데 이것이 관용의미 [만족스럽다, 좋다]와 전혀 다른 의미를 가집니다. 물론 완전 불투명한 유형은 아니니까 왜 이런 관용의미가 생겼는지 알 것은 같지만요. 그런데 '마음을 놓다'는 [마음을+편안하게 하다]가 되어 앞 구성 요소 '마음을'은 본래 의미가 그대로 드러나기 때문에 상용구절로 보는 것입니다.

상용구절이 왜 관용구절과 연어의 중간 형태라는 것인지 이해가 가지 않습니다. 또한 상용구절이라고 제시된 사례(손[씀씀이, scale]이 크다.)를 봐도 왜 그 단어가 상용구절인 것인지도 판단이 어려운 것 같습니다.

연어는 두 구성 요소의 의미가 변하지 않은 채 결속력을 가지고 결합되었고, 관용구절은 두 구성 요소의 의미가 둘 다 변하면서 결속력을 가지고 결합된 구성입니다. 상용구절은 그 중간에 있는 것들입니다. 두 구성 요소 중 하나만 다의화를 겪으면서 의미가 달라지는 것입니다. '손이 크다'의 의미는 [씀씀이가 크다]입니다. '손'의 의미만 [씀씀이]로 변하고 '크다'는 그대로 원래 의미대로 쓰였기 때문에 '손이 크다'라는 구절은 반(半)만 의미가 달라졌기에 상용구절이라는 것입니다.

9.3.2 연어

1) 개념과 기준

'연어(連語, collocation)'는 앞에 제시한 예에서 알 수 있듯이 두 단어의 결속력이 강하게 밀착되어 있다. 예를 들어 한국인들은 '머리를 감다'라고 표현하지 '머리를 빨다, 머리를 씻다'라고 하지 않는다. 또한 '기지개를 켜다, 떼를 쓰다, 코를 풀다'라고 하지 '켜다, 쓰다, 풀다' 대신 '하다' 등 다른 동사를 사용하지 않는다. 기대를 가진다는 표현을 할 때도 늘 '기대를 걸다'라고 상투적으로 표현해 왔다. '걸다' 대신 가장 일반적인 동사 '하다'를 사용하여 '기대를 하다'라고 사용할 수도 있지만 '기대를 걸다'를 더 많이 사용해 왔다. '도망을 치다'도 '치다' 대신 '가다'를 사용할 수도 있지만 결합 가능한 대체 동사가 제한적이어서 결합이 자유로운 일반구절과는 양상이 다르다. 다만 결합구성 단어들의 합으로 구절의미가 생긴다는 점은 같다.8) 그리하여 연어의 개념과 기준은 다음과 같이 정리할 수 있다.

> 연어는 둘 이상의 단어가 축자(逐字)의미를 유지하면서 긴밀한 결합관계를 형성하는 어군으로 출현 빈도가 높고 심리적인 현저성(顯著性)이 높다.

---

8) 그런데 이들의 구분이 항상 명쾌한 것은 아니다. 경계선상에 중간자적인 존재가 있기 때문이다. 예를 들어 '차를 타다'는 일반구절로 본다. '차를 타다'의 경우는 '지하철/버스/자가용/자전거'를 + '타다' 구성으로 '(교통수단)을 + 타다'로 파악된다. 그런데 '스키/스노보드/썰매'를 + '타다'는 연어로 본다. 같은 서술어 '타다'와 결합하는 이들 연어를 일반구절과 확연하게 구별할 수 있는지 고민이 되는 부분이다.

2) 유형 분류

연어는 의미적인 결합에 의해서 공기관계가 형성된 것과 문법적인 결합에 의해서 공기관계가 형성된 것이 있다. 전자를 어휘적 연어, 후자를 문형적 연어라 한다.9)

(1) 어휘적 연어

어휘적 연어는 명사, 동사, 형용사, 부사와 같은 내용어(lexical meaning)들끼리 긴밀한 공기관계(共起關係)를 형성하는 구성을 말한다. 그리고 연어 구성을 이루는 중심 단위가 어휘소 2개로 구성되어 있으면서 해당 단위들의 통사적 관계를 표시해 주는 조사나 어미의 문법소가 포함된 경우를 말한다(임근석 2002:2).

어휘적 연어의 유형을 세분할 경우 구성 요소의 주도성 여부에 의해서 방향성의 개념으로 구분하기도 하나, 의미 역할을 명확하게 포착하기가 어려워 객관적인 기준으로 삼을 수 없으므로 통사적인 기준에 의해 삼분하기로 한다.

> **예**
> - 주술관계 연어: 구역질이 나다, 군침이 돌다, 나이가 들다, 눈이 부시다, 똥이 마렵다, 배가 고프다
> - 목술관계 연어: 김을 매다, 멱을 감다, 몸부림을 치다, 물구나무를 서다, 방귀를 뀌다, 손뼉을 치다
> - 수식관계 연어:

---

9) 국어학계에서는 '문법적 연어'를 쓰고 있는데 '문형적 연어'라는 용어가 더 적합하다고 생각한다. '문법'을 '문법 요소를 갖추고 있으면서 문법적 범주를 형성하는 것'으로 개념 정의한다면, '문형'은 '관습적으로 굳어져서 쓰이는 형태'로 보아서 '문형적 연어'를 사용하고자 한다.

[체언+조사+체언]: 간발의 차, 우연의 일치, 최후의 보루, 한 치의 오차
[부사+용언]: 깜빡 잊다, 깜짝 놀라다, 누누이 강조하다
[부사어+용언]: 감기에 걸리다, 충격에서 벗어나다, 타성에 젖다
[용언+어미+체언]: 감칠 맛, 단적인 예, 막다른 골목, 왕성한 식욕

(2) 문형적 연어

어휘적 연어의 어절 결합이 어휘적인 이유에 의한 것이라면, 문형적 연어의 어절 결합은 통사적인 요인에 인한 것이다. 문형적 연어는 구성의 중심 단위가 어휘소뿐만 아니라 문법소도 포함되며 어휘소가 꼭 두 개일 필요는 없다. 다음과 같은 예들이 여기에 해당된다.

> **예**
> 결코 ~ㄹ 수 없다, 단지 ~ㄹ 뿐이다, 만약에 ~다면, ~는 바람에, 반드시 ~어야 한다, 비록 ~일지라도, 설마 ~ㄹ까, 아무리 ~어도, ~에도 불구하고, 왜냐하면 ~하기 때문이다, 차마 ~ㄹ 수 없다, 하마터면 ~ㄹ 뻔하다 등

9.3.3 관용구절

1) 개념 정의

'관용구절(慣用句節, idiomatic phrase)'은 습관적으로 굳어져 우리에게 익숙한 표현들을 말한다. 제한적인 결합구성이라는 점은 연어와 같지만 일반구절이나 연어가 구성 단어들의 결합으로 구절의미가 생기는 것과 달리 관용구절은 결합구성 단어들의 합이 아닌 제3의 의미가 생긴다는 점이 가장 큰 차이점이다.

관용구절이 두 구성 단어가 합쳐져서 다른 의미를 생성하는 것과 달리 결합구성 단어 중 한쪽만 의미가 달라지는 경우를 상용구절(常用句節)이라 한다. 밑줄 친 단어의 의미만 달라진 것이다.

예 손이 크다, 속이 없다, 더위를 먹다, 마음을 놓다, 마음을 잡다

'손이 크다'는 [씀씀이가 크다]는 의미이다. 구성 단어 중 '손'은 [hand]의 의미에서 [scale]의 의미로 달라졌지만 '크다'는 의미가 그대로 유지된다. '속이 없다'도 [철이 없다]는 의미인데 구성 단어 중 '속'은 [내면, inside]의 의미에서 [분별력, discretion]의 의미로 달라졌지만 '없다'는 의미가 그대로 유지된다. 이런 점에서 상용구절은 관용구절과 다르다.

2) 자격 조건

관용표현이 되기 위해서는 언어 내적인 조건과 외적인 조건을 모두 갖추어야 한다.10)

(1) 언어 내적인 조건

언어 내적(內的)인 조건으로는 구성 요소의 합이 아닌 제3의 의미를 가져야 하고, 글자 그대로의 의미를 가진 대응 쌍이 있어야 하며, 수사법상 비유(比喩)표현이되 죽은 은유(隱喩)표현으로 유연성이 없어야 한다. 그리고 구성 단어의 합이 아닌 제3의 의미를 가지므로 의미가 비합성적(非合成的)이고, 같은 표현이 두 의미를 가지게 되므로 중의적(重義的)이며, 글자 그대로의 의미가 아니기에 의미가 불투명(不透明)해야 한다.

'눈을 감다'의 예를 들면, '눈을'과 '감다'가 합쳐진 의미가 아닌 [죽다]의 관용의미가 생겼으므로 의미가 비합성적이라 하겠다. 그리고 같은 표현

---

10) 넓은 의미의 관용표현으로 속담, 격언, 고사성어, 금기담 등이 있고, 좁은 의미의 관용표현으로는 순수 관용표현이 있는데 여기에서는 순수 관용표현을 대상으로 한다.

'눈을 감다'가 [신체의 눈을 감다]와 [죽다]의 두 의미를 가지기에 중의적(重義的)이라 하겠다. 또한 글자 그대로의 의미가 아니므로 불투명(不透明)한 의미를 가진다는 것이다.

(2) 언어 외적인 조건

언어 외적(外的)인 조건으로는 넓은 지역에서 사용되어야 하는 광역성(廣域性)을 갖추어야 하고, 많은 사람들에게 사용되어야 하는 대중성(大衆性)을 가져야 하며, 일정 기간 동안 지속적으로 사용되어야 하는 지속성(持續性)을 만족시켜야 한다.

3) 유형 분류

(1) 언어 형식 단위에 따른 유형

관용표현을 언어 형식 단위에 따라서 다음과 같이 나눌 수 있는데 여기에서는 구절 단위를 위주로 다룬다.

- 관용어: 놀부심보, 들은풍월, 억지춘향
- 관용구: -체언형 관용구: 그림의 떡, 누워서 떡 먹기, 우물 안 개구리, 콩가루 집안, 하늘의 별 따기
  - 용언형 관용구: 국수를 먹다, 등을 돌리다, 뒤통수를 치다, 손을 떼다, 불난 데 부채질하다
  - 부사형 관용구: 강 건너 불 보듯, 눈 깜빡할 사이에, 쏜 살 같이
- 관용절
  - 서술형 관용절: 발등에 불이 떨어지다, 작은 고추가 맵다
  - 부사형 관용절: 검은 머리가 파뿌리가 되도록, 귀에 못이 박히게
  - 관형형 관용절: 머리에 피도 안 마른, 엎드리면 코 닿을 데
- 관용문: 빈대도 낯짝이 있다, 코빼기를 볼 수가 없다, 내 코가 석자다

(2) 의미의 투명성에 따른 유형

관용구절을 의미의 투명성(透明性) 정도에 따라서 나눌 수 있다.

- 불투명한 유형: 산통을 깨다, 시치미를 떼다
- 반불투명한 유형: 개밥에 도토리, 수박 겉핥기, 우물 안 개구리
- 반투명한 유형: 무릎을 꿇다, 불난 데 부채질하기, 시집을 가다, 이미 엎질러진 물

불투명한 유형은 의미가 생성되는 과정을 유추하기가 가장 어려운 것들이다. 역사적인 배경을 가진 사건이나 이야기 속에서 나온 예들이 있는데 이에 대한 설명을 듣지 않고서는 뜻을 이해하기가 힘들다.

예를 들어 '산통을 깨다'의 경우 [일이 처음부터 잘못 되다]라는 의미를 갖고 있다. 여기서 '산통(算筒)'은 옛날에 맹인이 점을 칠 때 산가지를 넣는 통을 말힌다. 산가지를 산통에 넣이시 흔들다가 산가지를 뽑아서 짐을 지는데 산통이 깨져 버리면 그날 점을 칠 수가 없게 되므로 일을 시작하지도 못하게 되었다는 뜻이다. 이러한 옛날이야기를 모르면 이 관용구절의 의미를 이해하기는 힘들기 때문에 불투명한 유형으로 분류하였다. '시치미를 떼다'의 경우도 배경 이야기를 모르면 관용구의 의미 [자기가 하고도 하지 아니한 체하거나 알고 있으면서도 모르는 체하다]를 이해하기 힘들다. '시치미'는 매의 주인을 밝히기 위하여 주소를 적어 매의 꽁지 속에다 매어 둔 네모꼴의 뿔을 말한다. 남의 매를 훔쳐서 시치미를 뗀 후에 자기 매인 것처럼 하는 행위에서 나온 말이다.

반면에 반투명한 유형은 관용의미를 유추하기가 비교적 쉽다고 할 수 있다. '무릎을 꿇다'는 [항복하다]의 의미를 갖고 있다. 누구나 무릎을 꿇고 비는 행동을 보면 잘못을 시인하고 항복하는 것을 떠올릴 수 있기 때문에 관용의미를 이해하기가 그리 어렵지 않다. '이미 엎질러진 물'도 물을 엎지

르면 주워 담기가 어렵다는 것을 알기 때문에 [상황을 되돌리기가 어렵다]는 관용의미가 쉽게 떠오른다.

반불투명한 유형은 불투명한 유형과 반투명한 유형 사이에 있는 중간 단계라고 할 수 있다. '수박 겉핥기'가 수박 겉을 아무리 핥아 봐야 안에 있는 것을 먹을 수 없는 상황을 말하고, '우물 안 개구리'가 우물 안에 있는 개구리의 답답하고 세상을 모르는 상황을 말해주고 있기에 의미의 유추가 쉽지는 않지만 크게 어려운 것도 아니다.

그런데 이러한 투명성의 정도를 누가 판단하느냐에 따라서 유형을 분류하는 데에 약간의 차이가 있을 수 있다. 외국인의 경우라면 '산통, 시치미' 뿐만 아니라 '우물'도 고어(古語) 수준으로 모르는 단어이기 때문에 '우물 안 개구리'도 불투명 유형에 속할 수 있을 것이다.

(3) 의미의 내용에 따른 유형

관용구절을 의미의 내용에 따라서도 나눌 수 있다.

- 감정 및 심리 표현: 눈에 들다, 사족을 못 쓰다, 열 받다, 애가 타다
- 행위 표현: 고춧가루를 뿌리다, 입이 무겁다, 한 우물을 파다
- 상황 표현: 빼도 박도 못하다, 음지가 양지되다, 홈런을 치다
- 일이나 존재 표현: 꿩 대신 닭, 황금 알을 낳는 거위

관용구절의 의미 내용상의 특징은 감정 및 심리 표현에 대한 관용구절이 많고 사용빈도도 높아서 자주 쓰인다는 것이다. 특히 부정적인 감정표현의 사용빈도가 가장 높게 나타난다.

(4) 문체에 따른 유형

관용구절이 전반적으로 구어적인 특징을 띠고 있지만 사용되는 상황에

의해 구어적인 관용구절과 문어적인 관용구절로 나눌 수 있다. 구어적 관용구절은 감정표현을 한 것이 많고, 문어적 관용구절은 어떤 현상을 대표하는 것이 많아서 신문기사의 소제목으로 자주 나오기도 한다.

- 구어적 관용구절: 속을 썩이다, 속이 타다, 속이 터지다, 열 받다
- 문어적 관용구절: 검은 돈 세탁, 뜨거운 감자, 빨간불이 켜지다, 코끼리 비스킷, 판도라의 상자, 황금알을 낳는 거위

4) 통사적 제약

흔히 관용구절은 통사적 제약이 심하다고 한다. 그런데 통사적 제약이 관용구절의 유형에 따라서 다른 양상을 보인다. 대치와 삽입 현상을 예로 들어 그 제약의 정도성을 비교해 보기로 하겠다.

(1) 대치 현상

관용구절은 구성 단어의 대체 결합 가능성이 매우 제한적이다. 예를 들어 '시치미를 떼다'에서 구성 단어인 '떼다' 대신 유의어 '뜯다'를 사용하더라도 의미가 전혀 달라지면서 관용의미가 사라진다. '우물 안 개구리'의 경우도 이 형식 그대로 사용이 굳어져서 '안'과 의미가 거의 같은 유의어 '속'을 대신 사용하여 '*우물 속 개구리'라고 하면 관용의미가 없어진다. '그림의 떡'도 '떡' 대신 떡의 일종인 '인절미'를 대치하여 '*그림의 인절미'라고 하면 가지고 있던 관용의미를 잃게 된다. '간에 기별도 안 가다, 귀에 못이 박이게' 등의 관용절도 마찬가지이다. 그런데 다음 예들은 통사적 제약을 심하게 받지 않아서 다른 단어를 대치해서 사용하는 화용적 양상을 찾아볼 수 있다.

> **예**
> 내 코가 석 자다. → 내 코가 <u>다섯</u> 자다
> 불 난 데 부채질하다 → 불 난 데 <u>선풍기</u> 돌리다

(2) 삽입 현상

삽입 현상도 마찬가지다. '그림의 떡'에서 두 단어 사이에 '찰'을 넣어서 '*그림의 찰떡'이라고 하면 관용의미가 사라지게 된다. 그런데 다음 예들은 통사적 제약을 받지 않고 자연스럽게 쓰인다.

> **예**
> 바가지를 긁다 → 바가지를 <u>또/날마다/박박</u> 긁다
> 애가 타다 → 애가 <u>너무/조금</u> 탔어.
> 열을 받다 → 열을 <u>많이</u> 받았겠구나. 열을 <u>너무</u> 받아서 머리가 아파.

대치나 삽입의 경우 대체로 체언형 관용구절은 제약이 가장 심한 편이고, 용언형 관용구절은 상대적으로 제약이 덜한 편이라고 할 수 있다. 체언형과 용언형의 유형에 따라서 제약 정도에 차이가 있음을 알 수 있다.

9장 주요 참고문헌

한국어 의미론에 대한 주요 참고문헌은 임지룡(1992)이다. 단어의미론은 조항범 역(1999), 문금현(2011a, 2012)을, 상하관계는 문금현(2010a, 2011b)을, 유의관계는 문금현(1989, 2004a)을, 대립관계는 심재기(1975), 문금현(2010b)을, 다의어는 문금현(2005a,b)을, 동음이의어는 양태식(1984), 문금현(2006, 2008c)을, 구절의미론은 문금현(1997, 1999b, 2000, 2002a, 2005c), 김진해(2000), 임근석(2002)을 참고하였다.

10장 한국어 화용론

: 한국어 화용표현의 특징은 무엇인가?

10.1. 화용론의 기본적 논의

발화의미론(發話意味論)은 발화(發話)의 의미를 연구하는 것으로 화용론(話用論, pragmatics)이라고도 한다. '발화(utterance)'는 '문장'이 추상적인 차원의 문장인 것과 달리 구체적이고 현실적인 언어 상황에서 사용되는 문장이며 화맥(話脈, context)이 존재한다.

화맥은 발화가 이루어지는 구체적인 맥락을 말하며, 화자와 청자, 장면, 발화의 흐름을 말한다. 화자와 청자 사이를 알 수 있는 화맥으로는 나이, 지위, 성별, 친밀도를 들 수 있고, 장면은 공적인 장면과 사적인 장면으로 나눌 수 있으며, 발화의 연속적인 흐름 속에서 발화의 의미가 구체적으로 밝혀진다고 할 수 있다.

10.1.1 화용론의 용어와 정의

'화용론(pragmatics)'이란 용어는 모리스(Morris, 1938)에서 처음 사용되었다. 기호학의 관점에서 보면, 통사론은 기호들 사이의 형식적인 관계를 연구하는 것이고, 의미론은 기호와 지시 대상과의 관계를 연구하는 것이며, 화용론은 기호와 해석자의 관계를 연구하는 것이다. 모리스는 기호들이 기능할 때 나타나는 모든 심리학, 생물학, 사회학적인 현상들을 다루어 심리언어학, 사회언어학까지 포함한다고 화용론을 넓은 의미에서 정의하였다.

화용론은 의사소통 과정의 언어 사용에 대한 기능적인 관점에서의 연구로 화자 의미, 맥락적 의미, 함축적 의미, 사회적 의미를 연구하는 것이다. 언어 기호의 의의는 화맥에 의존하지 않는 문장의미와 화맥에 의존하는 발화의미로 구별되는데, 화용론에서는 발화의미에 관심을 갖고, 특히 화자와 청자의 상황 맥락을 다룬다. 언어에는 여러 기능이 있으나, 본질적인 주요 기능은 의사소통이다. 언어가 의사소통에서 어떻게 사용되느냐에 관하여 연구하는 것이 바로 화용론이다.

10.1.2 화용론의 연구 영역

의미론에서는 언어 표현이 가지고 있는 맥락 독립적인(context-independent) 의미를 탐구해 왔다. 하나의 언어 표현이 다양한 맥락에서 쓰이더라도 그런 세세한 차이를 버리고 모든 쓰임에 공통된 의미만을 탐구한 것이다. 언어 표현이 기본적이고 핵심적인 의미를 갖는 것이 사실이고 사전에서 단어의 의미를 정의할 수 있는 것도 그런 맥락과 관련 없이 독립적인 의미를 가지고 있기 때문이다.

그러나 같은 표현이 맥락에 따라 매우 다양한 기능을 한다. 이러한 특징들에 대해서 의미론 안에다 화용론을 포함시켜 논하기도 하고, 화용론 안에다 의미론을 포함시켜 논하기도 한다. 이처럼 화용론과 의미론을 상호보완적인 분야로 보기도 하고 각각 독립적인 분야로 간주하기도 한다. 화용론은 사전 속의 기본 의미만으로 만족하지 않고 실제의 현장에서 살아 숨 쉬는 언어를 연구 대상으로 삼아 발화의미를 규명하고자 하는 것이다.

담화(discourse)를 연구하는 접근 방법에는 화용론, 화행론, 대화분석, 상호작용 사회언어학, 의사소통 민족지학 등이 있는데 화용론은 언어 기호와 언어 사용자 사이의 관계를 연구하는 학문이다. 이는 담화 연구의 대표적인 접근 방법인 그라이스(Grice)의 협력의 원리에 의해서 설명할 수 있다. 의사소통을 위해 화자와 청자가 발화에서 제공되는 정보를 인접한 사회적 맥락을 포함하는 세상에 대한 배경 지식과 함께 어떻게 구성하고 사용하는가를 알려준다.

화행론은 의미와 행위가 어떻게 언어와 관련되는가를 연구하는 담화 연구 방법이고, 대화분석은 대화의 광범위한 자료에서 되풀이되는 패턴과 분포 그리고 구조의 형식을 탐색하는 분야이다. 어떤 상황에서 어떤 패턴의 대화가 일정하게 사용되는지를 연구하는 대화분석은 고정적인 화용표현 연구 및 이를 활용한 한국어교육에 많은 도움을 준다. 문화와 사회와 언어의 연관성에 대한 연구로 상호작용 사회언어학이 있으며, 가장 포괄적인 접근 방법으로는 문화 구성원들이 어떻게 경험으로부터 의미를 찾는지와 그러한 해석을 통해서 어떻게 의사소통하는지 알 수 있는 의사소통의 민족지학이 있다. 의사소통의 패턴을 분석하고, 개별 언어와 언어 공동체에서 작용하는 다양성을 가정하고 추구한다. 개인이 말하고 행하는 것은 문화적 지식이라는 틀 내에서만 의미를 갖는다고 보는 것이다.

10.1.3 화용론의 역사

1920, 30년대에 꽃을 피운 미국의 구조주의 언어학에서 사피어(Sapir, 1921)와 블룸필드(Bloomfield, 1933)는 언어학을 음성학, 음소론, 형태음소론으로 하위분류하고, 의미론은 물론이고 통사론도 추상적인 것으로 여겨 배제하였다. 1950년대 후반 촘스키(Chomsky, 1957)가 통사론에 대한 중요성은 부각시켰으나 의미론은 언어의 사용과 기능에 관한 이론으로 여겨 배제했다. 그러다가 촘스키(1965)는 중의성 문장과 유의성 문장에 대한 새로운 해석을 수용하여 통사적 구조에 의미부를 포함시켜 새로운 문법 모형을 제시하게 되었는데 이것이 표준이론이다. 그리고 의미에 대한 문제점을 다시 수정한 것이 확대표준이론과 수정확대표준이론이다.

1970년 이후 많은 언어학자들은 변형생성문법보다 더 포괄적인 문법 모형이 있음을 깨닫게 되었다. 사회언어학에서는 촘스키의 추상적인 개념을 반대했으며, 텍스트언어학과 담화분석은 언어학을 문장 문법에 국한시키지 않고 언어 연구에 있어서 사회적 영역이 필수적이라고 주장했다. 그래서 의사소통에 있어서 중요한 의미는 추상적인 개념 속에 있는 의미가 아니라, 사용에서 나오는 의미라는 점에 주목하였다. 이것이 발전하여 화용론이라는 이론이 등장하게 되었다.

앞으로 언어학의 미래가 화용론의 미래에 의존하고 있다고 해도 과언이 아닐 정도로 화용론의 전망은 매우 밝다. 화용론의 미래는 두 측면에서 고려되어야 하는데 하나는 화용론을 지탱하는 토대가 어디에서 오는가 하는 것이고, 다른 하나는 무엇을 위해서 어떠한 방향으로 화용론이 발전되어야 하는가이다. 화용론에 대한 연구가 인간 자체에 대한 이해와 인간이 처한 발화 상황에 대한 해석을 밑바탕에 두고 이루어진다면 인간 언어의 완전한 이해와 해석을 통해서 완벽한 의사소통의 꿈을 이룰 수 있을 것이다.

10.2. 화용론의 주요 연구 주제

의미론만으로는 충분히 해결되지 않고 화용론적 접근을 해야만 규명될 수 있는 언어 현상들을 제시하면서 화용론이 어떤 학문인지 알아보도록 하겠다. 이는 화용론의 대표적인 연구 주제이기도 하다.

10.2.1 직시표현

한국어의 직시표현(直視表現, deictic expression)은 지시사(指示詞, demonstrative) '이, 그, 저'에 의해서 대표적으로 만들어진다. 화자로부터 가까운 거리는 '이', 청자로부터 가까운 거리는 '그', 둘 다 멀리 떨어진 거리는 '저'로 표현한다. 이러한 지표적 표현(指標的 表現, indexical expression)은 크게 사물이나 사람을 직시하는 표현, 공간을 직시하는 표현, 시간을 직시하는 표현으로 나눌 수 있다.

맥락 속의 사물이나 사람을 직접 가리키는 것을 인칭 직시라고 한다. 사물 지시 대명사는 '이것', '그것', '저것'이 대표적이고 인칭대명사에는 '나', '너', '그', '그녀'가 있다. 이런 지표적 표현은 화자가 누구인가, 그리고 청자가 누구인가에 따라 지시대상이 달라지므로 화용론적인 해석이 필요한 것이다.

> **예**
> 이것, 그것, 저것, 이 사람(분), 그 사람(분), 저 사람(분)
> 나(우리), 저(저희), 너(너희), 당신, 그, 그녀

'나는 한국의 대통령이다.'의 문장을 보면, 의미론적으로는 '이 문장의 화자가 한국이라는 나라의 대통령이라는 직위에 있다'는 명제만 진술하고

있을 뿐이고, 이 진술이 참인지 거짓인지조차도 말해 줄 수 없다. 이 진술이 참인지 거짓인지 말할 수 있으려면 이 문장의 화자가 누구인지 우선 알아야 할 텐데, 의미론은 맥락-독립적인 의미만 탐구하므로 이 문장의 화자가 누구인지 하는 것은 의미론의 소관에서 벗어난다. '나'라는 화자가 누구인지 화맥에 의한 화용론적인 접근이 있어야만 이 문장이 참인지 거짓인지를 알 수 있게 되는 것이다.

이처럼 언어가 사용되는 구체적인 맥락을 살펴보지 않고서는 그 지시 대상을 확정할 수 없는 표현을 지표적 표현이라고 하고, 지표적 표현의 체계를 직시 체계(直視 體系) 또는 화시 체계(話示 體系, deictic system)라고 한다.

화시 체계의 특징은 하나의 화시의 중심(deictic center)이 있어서 이 중심에 입각해서 여러 표현의 지시가 결정된다는 점이다. 대개의 경우는 화자가 화시의 중심이 된다. 인칭 대명사의 경우 화자를 1인칭, 청자를 2인칭, 그 외의 인물을 3인칭이라 한다. 이때 청자는 2차적 화시의 중심이라 할 수 있다. 화자만큼은 아니지만 그다음으로 화시 체계에서 중요한 역할을 하기 때문이다.

공간 직시표현은 화자가 자신에게 가까운 곳에서부터 먼 곳에 떨어져 있는 것을 가리키는 표현으로 '여기', '거기', '저기' 같은 장소 직시표현이 대표적이다. '이곳, 그곳, 저곳'도 있으며, 방향을 나타내는 '이리, 그리, 저리'도 있다.

> **예** 저기 있는 저 가방이 현우 것이야.

이 예문에서는 '저기', '저'가 직시표현이다. 구체적인 담화 상황에서 화자가 어느 쪽을 보고 어떤 가방을 가리키면서 이 말을 했는지 알기 전에는 이 문장의 진위(眞僞), 즉 참과 거짓을 알 수가 없다.

시간 직시표현은 발화가 이루어진 시간을 중심으로 나눌 수 있다. '이때'는 발화 시점 또는 바로 전을 가리키고, '그때'는 발화 이전이나 이후를 가리킨다. '저 때'도 발화 이전을 가리킨다. '지금', '어제', '오늘', '내일', '내년' 같은 시간 부사에 의한 직시표현도 있고, 나아가 시제를 나타내는 문법형태소 '-었-, -는-, -겠-'도 시간을 나타내는 직시표현에 포함된다고 할 수 있으나, 발화 전체에 대한 해석은 발화가 일어난 시간에 따라서 달라진다는 것이다.

예 걱정하지 마. 내년 이때쯤이면 문제가 다 해결되어 있을 거야.

그 밖에 학자에 따라서 사회적 화시(social deixis) 체계를 설정하기도 한다. 이것은 화자를 화시의 중심으로 해서 화자와 청자 사이의 사회적 관계, 화자와 제3자 사이의 사회적 관계를 언어로 나타내 주는 것이다. 이는 한국어의 높임법이 대표적인 현상이라 할 수 있다.

화자와 청자 사이의 사회적 관계가 문장의 종결어미에서 상대높임법이라는 문법 범주로 표현된다. 또한 화자와 문장의 주어가 가리키는 사람 사이의 관계는 선어말어미 '-시-'로 나타낸다. 그리고 화자가 높이고자 하는 대상, 즉 존대 의향을 가지고 있는 대상과 관련하여 높임어휘가 발달되어 있다. '말/말씀', '밥/진지', '병/병환', '아프다/편찮다', '있다/계시다', '자다/주무시다', '먹다/잡수시다' 등이 그런 예이다. 직시표현의 범주가 넓어진 것이다. 이러한 문법, 어휘적 요소를 통해서 발화시 화, 청자의 사회적 관계를 나타내 준다고 볼 수 있으므로 넓은 의미의 화용론적 해석이 가능한 것이다.

직시표현과 지표적 표현의 관계에 대한 질문인데요. '직시표현=지표적 표현'이라고 이해해도 되나요? 강의안에서는 '사물이나 사람 직시표현'의 제목이 있고, 인칭대명사의 부분에서만 지표적 표현에 대한 설명이 있었는데 '공간 직시', '시간 직시'에서도 언어가 사용되는 구체적인 맥락을 살펴야 진위를 확인할 수 있기 때문에 이 경우에도 지표적 표현이라고 할 수 있는지 궁금했습니다.

네 맞습니다. '직시표현=지표적 표현'이라고 이해하면 됩니다. 좀 더 자세히 설명하자면, 지표적 표현은 방향이나 목적, 기준 따위를 나타내는 표현인데요. 이러한 표현을 지시사 '이, 그 , 저'에 의해서 가장 대표적으로 하고 있지만 그 밖에 위에 설명한 예들에 의해서 광범위하게 이루어지고 있는 것입니다.

10.2.2 전제표현

예 너 이제 담배 끊었니?

의미론과 화용론이 함께 관련된 주제로 함축과 전제(前提, presupposition)를 들 수 있다. 전제는 어떤 문장이 제대로 된 의미로 사용되기 위해서 반드시 그에 앞서서 성립되어야 하는 명제를 말한다.

위 문장이 제대로 된 질문이 되기 위해서는 청자가 이전에 담배를 피웠다는 사실이 전제되어야 한다. 그렇지 않다면 이 문장은 적절한 질문이 될 수 없다. 그래서 과거에 담배를 피운 적이 없는 사람은 이 질문에 '예'나 '아니요.'로는 대답할 수가 없는 것이다. '예'라고 대답하면 과거에는 흡연했지만 지금은 끊었다는 뜻이 되고, '아니요.'라고 대답했다가는 과거에도 흡연했고 지금도 흡연하고 있다는 뜻으로 이해되기 때문이다. 피운 적이 없다면 '아니요. 저는 담배를 피운 적이 없는데요.'라고 대답해야 한다.

그런데 전제는 발화 참여자와 발화 상황에 따라서 전제의 의미와 성격이 달라지는 유동적 또는 화용적 전제가 있고, 늘 고정적으로 일정하게 전제를 수반하는 고정적 전제가 있다. 고정적 전제는 다시 어휘적, 형태적, 통사적, 의미적 전제로 나눌 수 있다. 이것들은 문장 내에서 전제를 생성하게 되는데 전제 생성 요소를 제외한 나머지 문장의미를 전제하게 된다(문금현 2004b:229-241).

> **예**
> • 어휘적 전제
>   -수사: 나는 사과 하나를 먹었다.(나는 사과를 먹었다)
>   -관형사: 헌 책을 샀다.(책을 샀다)
>   -접두파생동사: 새도전하나(도전했던 적이 있나)
>   -부사: 날씨가 매우 덥다.(날씨가 덥다)
> • 형태적 전제
>   -관형격조사: 철수의 책(철수가 책을 가지고 있다)
>   -주격조사: 영희가 간다.(누군가가 간다)
>   -종속접속어미: 내가 그녀를 사랑하니까 헤어지는 거야.(내가 그녀를 사랑한다)
> • 통사적 전제
>   -양화사 구문: 모든 생물은 죽는다.(생물이 존재한다/죽는다)
>   -분열문: 부러진 것은 책상 다리야.(무엇인가가 부러졌다)
>   -설명의문문: 이번에는 누가 오니?(누군가가 온다)
> • 의미적 전제
>   -씩씩한 군인 / ?씩씩한 소녀
>   -예쁜 여자 / ?예쁜 남자

의미적 전제의 경우는 통사적으로는 문제가 없더라도 우리에게 이미 형성되어 있는 의미적 전제 때문에 뒤 예들이 부자연스럽게 느껴진다는 것이다.

10.2.3 함축표현

> **예**
> A: 오늘 저녁에 나랑 같이 영화 보러 갈래?
> B: 나 내일 시험이 있어.

위 발화를 보면, 의미론에서는 B의 대답이 A의 질문에 대한 적절한 답이 될 수 있음을 제대로 설명해 줄 수가 없다. B의 대답을 글자 그대로 해석해서는 이 발화의 내용을 이해할 수가 없으므로 B의 말이 함축(imply)하는 바를 살펴보아야 한다. 내일 시험이 있다면 오늘 저녁에는 시험 준비를 해야 하고 따라서 오늘 저녁에 영화 보러 갈 시간이 없다는 함축을 갖는다. 결국 B는 영화 보러 가자는 제안을 매우 완곡하게 거절하고 있는 것이다.

이러한 함축표현(含蓄表現, implication)이 갖는 함축의미는 해당 언어 표현의 맥락-독립적인 의미만 보아서는 얻을 수 없다. 해당 맥락, 세계에 대한 지식 등이 어우러져야 그런 함축을 알아낼 수가 있다. 화자와 청자 사이에 오고 가는 대화는 글자 그대로의 의미뿐만 아니라 그 이상의 것들을 담고 있는 것이다. 우리가 글을 읽을 때 행간(行間)을 읽어야 한다고 말하는 것도 이런 함축을 밝혀내야 한다는 말로 이해할 수 있다. 제대로 된 한국어 화자가 되려면 한국어의 음운, 문법, 어휘, 의미를 아는 것만으로는 부족하다. 위와 같은 발화를 제대로 이해하기 위해서는 언외(言外)의 함축의미를 알아내는 화용론적 능력이 필요하다. 그래서 언어 능력(linguistic competence)이라는 개념 외에 의사소통 능력(communicative competence)이라는 개념을 설정하게 된 것이다.

이러한 함축적인 의미를 이해하기 위해서는 대화의 격률에 대한 이해가 필요하다. 대화의 격률(格率, maxims)은 그라이스의 협력의 원리로 설명할 수 있다. 대화를 효율적으로 하기 위해서 서로 협력한다는 것으로 네 가지 격률을 들었다.

첫째, 질(quality)의 격률이 있다. 이는 대화참여자가 진실된 정보를 말하려고 한다는 것이다. 둘째, 양(quantity)의 격률이 있다. 이는 대화참여자가 대화에 필요한 적절한 양만큼의 정보를 제공하고자 한다는 것이다. 셋째, 관련성(relevance)의 격률이 있다. 이는 대화 내용이 해당 주제와 관련되도록 한다는 것이다. 넷째, 방식(manner)의 격률이 있다. 이는 대화의 형식과 내용을 분명하게 하고 순서를 지킨다는 것이다. 그런데 만약에 이러한 격률을 의도적으로 깨트리려고 했다면 그것은 다른 의도가 있기 때문이라고 볼 수 있으며, 그 결과 함축의미가 발생하는 것이다.

다음은 각각의 격률을 위반한 예들이다.

예
- 질의 격률: A: 너 어제 결혼식장에서 니가 맘에 든다고 했던 그 신랑 친구 봤어?
  B: 아니 안 찾아봤는데(찾았으면서).
- 양의 격률: A: 상헌이가 세 군데 중 어디로 갔는지 넌 알아?
  B: 글쎄, 어딘가 갔겠지.
- 관련성의 격률: A: 어제 내가 소개해 준 사람 맘에 들었어?
  B: 밥이나 먹으러 가자.
- 방식의 격률: A: 시험 잘 봤니? 이번 학기에 장학금 받을 수 있겠어?
  B: 장학금은 아무나 받나.

질의 격률을 위반한 경우를 보면, 실제로는 신부 친구를 찾았으면서 이를 부정함으로써 관심이 없는 것처럼 암시를 하고 있다. 양의 격률을 위반한 경우는 상헌이가 어디에 갔는지 알고 있지만 충분한 양을 제공하지 않음으로써 말하기 곤란한 상황임을 암시하고 있다. 관련성의 격률을 위반한 경우는 어제 소개받은 사람이 맘에 들지 않았다는 암시로 질문과 아무 관련 없는 밥 먹으러 가자고 대답하고 있다. 방식의 격률을 위반한 경우는 이번 학기에 장학금 받을 수 있는지를 묻는 질문에 대한 답변으로 장학금은 아무나 받느냐는 불분명한 대답을 함으로써 받을 수 없음을 함축하고 있는 것이다. 위의 예들은 이렇게 격률을 위반함으로써 함축의미가 발생되었다.

10.2.4 간접표현

　예 민영아, 창문 좀 열어 줄 수 있겠니?

　위 간접표현(間接表現, indirect expression) 문장에 대해서 통사의미론에서 할 수 있는 이야기는, 이 문장이 청자인 민영이가 어떤 능력을 지녔는지를 묻는 질문이라는 것뿐이다. 그러나 이 문장이 실제로 사용되는 양상은 이 진술만으로는 완전히 규명되지 않는다. 실제로는 청자의 능력을 묻는 것이 아니라 어떤 행동을 수행해 줄 것을 요구하는 기능으로 쓰였기 때문이다.
　왜 의문문이 질문이 아니고 요청의 기능을 수행하는 데에 쓰이는 것일까? 이에 답하기 위해서는 의미론의 좁은 관점에서 벗어나 화용론의 폭넓은 관점에서 접근할 필요가 있다. 청자인 민영이에게 창문을 열어 달라는 부탁을 공손하게 하기 위해서 명령문 대신에 의문문을 사용한 것이다.
　화용론 학자 중에서도 특히 화행 이론(speech act theory)에 대해 연구하는 학자들이 이런 문제들을 주로 탐구해 왔다. 화행 이론의 기본 입장은,

우리가 언어 표현을 사용하여 말을 하는 것도 일종의 행위라는 것이다. 화자가 어떤 경우에는 명령문을 사용하여 단도직입적으로 어떤 행위를 수행해 줄 것을 요청할 수도 있지만, 어떤 경우에는 완곡하게 청자가 해당 행위를 수행할 능력이 있는지 물을 수도 있다. 그런 질문을 하는 궁극적인 목적은 그 행위를 해 줄 것을 요청하는 것이지만 일단은 그것을 위한 예비적 조건이 성립되는지 묻는 것이다.

그리하여 위 문장은 요청을 하기 위한 예비 조건이 성립되는지를 완곡하게 질문한 것이라 할 수 있다. 실생활에서는 요청표현이나 거절표현을 간접적으로 하는 경우가 많은데 이는 간접 요청표현이나 간접 거절표현이 직접 요청표현이나 직접 거절표현보다 더 공손한 표현이 되기 때문이다. 이는 상대방에게 부담을 줄여주기 위한 부드러운 의사소통의 방법이라고 할 수 있다.

10.2.5 발화행위

발화행위(發話行爲, utterance act)는 직접 발화행위와 간접 발화행위로 나눌 수 있다.

> **예**
> - 직접 발화행위: 다음에는 너 대신에 내가 꼭 해줄 것을 약속할게.
> - 간접 발화행위: 자, 이제 그만 학생들 모두 교실로 들어갑니다.

위의 예문처럼 직접 발화행위는 발화가 화자가 전달하는 의미와 직접 연결되는 반면 간접 발화행위는 발화가 전달하고자 하는 의미를 암시적으로 전달한다.

10.2.6 의례적인 인사표현

> **예**
> A: 승후야, 오랜만이다. 그동안 잘 지냈니?
> B: 지수야, 그래 참 오랜만이다.

위 발화를 보면 A의 질문에 대해 B가 제대로 답을 하지 않고 있는데도 불구하고, 대화가 진행되는 데에는 아무 문제가 없다. 보통의 경우 한 사람의 질문에 대해 다른 한 사람이 제대로 대답을 안 했다면 이것은 정상적인 대화의 진행이 아니다. 그런데 위의 대화에 문제가 없는 것은 A가 질문을 하면서도 그에 대한 정확한 답을 원한 것이 아니라 오랜만에 만난 친구와 주고받는 의례적인 인사를 했다는 데에 있다. 이런 질문이 이러한 기능을 하고 있다는 것을 그 사회의 구성원인 A와 B가 잘 알고 있기 때문에 이 질문에 정확한 답을 할 필요가 없는 것이다.

이런 현상을 보면 대화가 진행될 때 아무런 규칙 없이 말이 오고가는 것이 아니라 일정한 규칙에 따라서 대화가 진행됨을 알 수 있다. 특히 그 사회에서 관례적으로 형성된 의례적인 인사표현의 경우는 더욱 그렇다고 할 수 있다. 그렇다면 대화를 지배하는 규칙을 찾아내는 것도 언어학의 매우 중요한 과제로 대두된다. 이 과제는 화용론의 몫이며, 이러한 것에 대한 연구를 대화 분석(conversation analysis) 또는 담화 분석(discourse analysis)이라고 한다.

이상과 같은 주제들이 화용론에서 다루는 주요 현상들이다. 이러한 화용론적 주제에 대한 국외에서의 연구는 우리보다 앞서 활발하게 이루어졌다. 국내에서의 연구는 주로 영어를 대상으로 한 연구를 번역하여 소개하는 수준이었기에 한국어에 적용한 연구의 필요성이 제기되었다. 한국어를 대상으로 한 화용론 연구는 2000년대에 들어서면서 구체화되었으므로 그리 오래되지는 않았고, 이성범 외(2002)처럼 외국어 전공자들의 연구가 더 많았다고 할 수 있다. 이후 국어교육 전공자들에 의해서 화용론 이론에 한국어를 적용해 본 연구가 나왔고(김길영 외 2003), 점차 한국어를 대상으로 한 구체적인 화용표현 연구들이 이루어졌다. 그리고 현재는 국어학적인 연구뿐만 아니라 새터민이나 외국인을 위한 화용교육으로 접목이 되어 실용성을 더해 가고 있다.11)

10.3. 한국어의 화용론적 특징

한국어에 나타난 특징적인 화용론적 현상에 대해서는 한국어의 인사표현과 유형별 고정 화용표현 그리고 한국어의 가상 특징적인 공손표현을 중심으로 살펴보겠다. 인사표현은 어느 나라나 마찬가지로 그 나라의 말을 대표하기 때문에 화용론적 특징이 가장 잘 드러나 있고, 한국어의 화용표현 중에서도 특정 상황에서 고정적으로 쓰임이 굳어진 표현들에는 한국의 역사나 문화, 그리고 민족성이 반영되어 있으며, 공손표현은 한국어만의 가장 특징적인 화용표현이다.

---

11) 한국어 전제의 유형 연구(문금현 2004)를 시작으로 한국어 인사표현(문금현 2008)과 빈말 인사표현(문금현 2009a), 한국어 고정적인 화용표현(문금현 2009b)과 한국어 공손성 표현(문금현 2017) 연구로 이어졌다. 외국인을 위한 한국어 화용교육 연구는 문금현(2005)을 시작으로 외국인을 위한 한국어 화용교육의 필요성이 제기되었으며, 새터민을 위한 화용교육(문금현 2007)도 있다.

10.3.1 한국어의 인사표현

한국인들이 자주 사용하는 고정 인사표현을 먼저 상황별, 내용별로 나누고, 상황별은 다시 일상적인 상황과 특정한 상황으로 나누며, 일상적인 상황은 시간대별, 만났을 때와 헤어질 때, 특정한 상황은 송년 및 신년 축하, 생일 축하, 집들이 초대, 문상 및 병문안, 건배, 상점에서 나올 때로 나누어 제시한다. 내용별로는 안부 묻기, 식사 여부, 근황, 날씨, 외모 언급, 빈말 인사로 나눈다. 그리고 영어, 중국어, 일본어 인사표현과 비교해 보면서 한국어 인사표현의 특징을 살펴보기로 한다.

1) 상황별 인사표현
(1) 일상적인 상황

한국인들이 일상생활에서 가장 일반적으로 많이 쓰는 인사표현은 '안녕하세요?/안녕?'이다. 이것을 제외하고 시간대별로 살펴보면, 아침에 일어나서는 '(밤새) 안녕히 주무셨어요?/잘 잤니?'가 있고, 집을 나설 때에는 '다녀오겠습니다.'가 있으며, 집에서 배웅할 때에는 '안녕히 다녀오세요./운전 조심하세요./잘 갔다 와.' 등이 있다. 점심 때의 인사로는 '점심 드셨어요?'를 사용하고, 저녁때의 인사로는 '저녁 드셨어요?'를 사용하며, 집에 돌아와서는 '다녀왔습니다.'를 사용하고, 잠자리에 들 때는 '안녕히 주무세요./잘 자.'를 주로 사용한다.

처음 만난 경우에는 일반적으로 '안녕하세요?'라고 하고 '처음 뵙겠습니다.'를 덧붙이는 경우도 있고, 오랜만에 만난 경우에는 '오랜만이에요. 그동안 잘 지냈어요?'를 쓴다. 우연히 만난 경우는 길거리에서는 '어디 가세요?'라고 하고, 어떤 장소에서는 '여긴 어쩐 일이세요?'를 사용하며, 반가움의 표시로 '아니 이게 누구야?'라는 표현을 쓰기도 한다.

헤어질 때의 인사표현으로는 다음에 만날 것을 기약하는 인사로 '나중에 (다음에) 뵙겠습니다./나중에 전화할게./나중에 밥 한번 먹자.'가 많이 쓰이고, 평안을 기원하는 '몸조심 하세요.'라든가 상대방의 가족까지 챙기면서 '○○에게 안부 좀 전해주세요.'를 쓰기도 하며, 가는 길의 안전을 걱정하는 '살펴 가세요./조심해서 가세요./잘 가.'가 있다. 근래에는 '운전 조심하세요.'도 많이 사용하고, 만남을 정리하는 표현을 사용하여 '오늘 만나서 반가웠어요./오늘 즐거웠습니다.'라고 하거나 먼저 자리를 뜨는 경우에는 '먼저 갈게요.'라고 한다. 직장에서 함께 일하고 나서 헤어지는 경우에는 '수고하셨습니다./내일 뵙겠습니다.'를 사용하고, 먼저 퇴근할 경우에는 '먼저 들어가겠습니다./먼저 가보겠습니다.'라고 한다.

(2) 특정한 상황

인사표현을 사용하는 특정한 상황으로는 먼저 특별한 날에 하는 인사표현을 들 수 있다. 한국인들은 신년(新年) 인사로는 '새해 복 많이 받으세요.'를 가장 많이 사용하고, 생일 축하 인사로는 '생일 축하합니다.'를 가장 많이 사용한다. 문상(問喪)할 때의 인사표현은 특히 국한되어 있는데, '뭐라고 위로의 말씀을 드려야 할지..'라면서 말끝을 흐리거나 아무 말도 하지 않는 경우도 많다. 병문안을 갔을 때는 병세나 병의 종류, 환자와의 관계에 따라서 다양한 인사표현을 쓸 수 있는데 '빨리 회복하시기(나으시기) 바랍니다.'가 가장 일반적으로 쓰인다. 또한 건배를 할 때에는 '○○을 위하여'라든가 '건배'를 외치고, 요즘에는 매우 다양하게 응용한 건배사를 상황에 맞게 만들어서 사용한다.

2) 내용별 인사표현

인사표현을 내용별로 나누어 보면, 상대방의 안부(安否)를 묻는 가장 일반적인 인사로는 '그동안 잘 지냈어요?'가 있고, 상대방 가족의 안부를 묻는 인사로는 '다들 잘 계시죠(무고하시죠)?'가 있다. 식사 여부를 묻는 인사표현은 '진지 잡수셨어요?/식사는 하셨어요?/아침(점심) 드셨어요?'라고 하거나 안 먹었으면 같이 먹자든가 다음에 밥 한번 같이 먹자는 식으로 친밀감을 표현하는 경우가 많다.

상대방의 근황을 묻는 인사표현으로 '요즘 사업은 잘 되세요?'라고 묻거나 학생에게는 '요즘 공부는 잘 되니?' 등의 인사를 한다. 날씨에 대한 언급으로는 '오늘 날씨가 참 좋네요.' 등이 있는데 그 날의 날씨에 따라서 '오늘 날씨 춥죠(덥죠)?/비(눈)가 많이 오네요./바람이 많이 부네요./오늘 미세먼지(황사)가 심하네요.' 등을 쓴다.

어느 정도 친한 상대방에게는 외모에 대한 언급을 하는 경우가 많은데, 주로 '얼굴이 좋아 보이네요./얼굴이 예뻐졌네요./날씬해진 거 같아요./살이 빠진 것 같아요.'라는 표현으로 상대방에 대한 관심을 표현하기도 한다.

3) 빈말 인사표현

빈말 인사표현은 특징적인 한국어의 인사표현이라고 할 수 있다. 한국인들은 만났을 때 일반적으로는 '안녕(하세요)?'이라고 인사하지만 일상적으로 날마다 만나는 사이에서는 '식사는 하셨어요?/밥(은) 먹었니?'라고 상대방에게 식사 여부를 묻는 경우가 많다. 안 먹었으면 같이 먹자거나 정말로 식사 여부가 궁금해서 물을 수도 있겠으나 보통은 형식적인 인사치레인 경우가 많다. 상대방에 대한 안부나 관심의 표현으로 하는 빈말 인사표현인 것이다.

한국인들은 헤어질 때 일반적으로는 '안녕히 가세요.'라고 인사하지만 나중을 기약하는 내용을 담아서 '나중에(다음에) 뵙겠습니다./나중에 전화할게./다음에 연락드릴게요./나중에 밥 한번 먹자./나중에 술 한 잔 하자.' 등을 많이 사용한다. 반드시 나중에 연락을 한다거나 밥을 먹자는 약속의 의미보다는 그냥 친밀감을 표현하기 위해서 사용하는 것으로 실행에 대한 의무감을 갖지 않으면서 상대방에게 마음을 표현하는 빈말 인사표현이라고 할 수 있다.

한국인들은 집에 손님이 오면 일반적으로 '어서 오세요.'라고 반긴 다음에 어려운 사이에서는 '바쁘신데 와주셔서 감사합니다.'라고 덧붙이기도 하고, 집이 누추하지 않아도 '이렇게 누추한 곳까지 와주셔서 감사합니다.'라고 겸손하게 빈말 인사표현을 했는데, 요즘에는 주거 환경이 거의 비슷해서인지 잘 사용하지 않는다. 그리고 초대받은 손님이 사온 선물을 받으면서 "그냥 오시지 무거운데 뭘 이런 걸 사 오셨어요?"라고 빈말 인사표현을 하면서 고마움을 표현한다. 요즘에는 '고마워요. 내가 갖고 싶었던 건데.'라고 솔직하게 말하는 경향도 생겼다. 또한 음식을 맛있게 만들어 놓고도 '음식이 입에 맞을지 모르겠네요.'라든가 많은 음식을 차려 놓고도 '차린 건 없지만 많이 드세요.'라고 겸손한 인사말을 한다. 이러한 인사표현도 그냥 인사치레로 하는 빈말인 경우가 많다. 요즘에는 '내가 만들었는데 먹어봐.'라고 하기도 하고 배달 음식을 시켜먹기도 해서 이러한 인사말의 사용이 없어지고 있는 추세이다.

한국인들은 가게에서 나올 때 물건을 구매한 경우에는 '안녕히 계세요'라든가 '많이 파세요.'라고 인사한다. 그런데 구경만 하고 나올 때는 '구경 잘 했어요./잘 봤습니다.'라고 말하기도 하지만 미안한 마음에 대한 표시로 '한 바퀴 돌아보고 올게요.'라든가 '나중에 또 올게요.'라고 말하는 경우가 많다. 이것 역시 약속 이행의 의무감을 갖지 않고 말하는 빈말 인사표현이라고 할 수 있다.

이러한 빈말 인사표현에는 한국의 문화적 배경이 깃들어 있다.

첫째, 음식에 대한 관점을 엿볼 수 있다. 한국어의 인사표현에는 식사했는지를 묻는 것이 많은데 이는 실제로 식사를 했는지의 여부에 관심이 있는 것이 아니고 상대에 대한 관심을 이렇게 표현하는 면이 많다. 한국 민족은 밥이나 음식을 중요시하는 문화를 갖고 있어서 상대에 대한 관심과 염려, 애정 등을 밥을 먹었느냐고 물음으로써 표시한다. 이는 역사적으로 전쟁이나 농촌에서의 보릿고개를 겪으면서 식량 사정이 어려웠던 때에 식사가 중요한 관심사였음을 보여주는데 이제 식량으로 어려운 시대는 아니지만 아직도 이러한 인사표현을 선호하고 있는 것이다.

둘째, 정(情)에 대한 관점을 알 수 있다. 한국인들이 헤어질 때 다음을 기약하는 인사표현을 덧붙이는 것은 정에 이끌려 딱 끊고 헤어지지 못하는 민족성의 일면을 보여준다.

셋째, 체면(體面)에 대한 관점을 읽을 수 있다. 한국어의 인사표현에 의례적인 인사치레가 많은 것은 우리 민족이 체면을 중시하기 때문이다. 상점에서 나오면서 빈 인사말을 하는 것은 그 당시 상황에서 자신의 체면을 의식한 것일 수도 있고, 상대방에게 그렇게 해야만 미안한 마음이 덜하게 되고 마음이 편해지기 때문일 수도 있다. 결국 자신의 체면과 상대방의 체면을 동시에 의식한 인사표현으로 해석할 수 있다. 이러한 인사표현을 통해서 체면을 중시하는 한국인의 가치관을 엿볼 수 있다. 헤어질 때 다음을 기약하는 빈말 인사표현도 음식을 통해서 관계를 돈독히 하고자 하는 마음과 정을 표현하면서 동시에 체면도 의식한 대표적인 빈말 인사표현이라고 할 수 있다.

마지막으로 한국어의 인사표현에 빈말 인사표현이 많은 또 하나의 원인으로 우리 민족이 겸손(謙遜)을 중시한다는 점을 들 수 있다. '차린 건 없지만 많이 드세요.'나 '맛은 없지만 많이 드세요.'는 겸손을 최고의 미덕이라고 여겼기에 나온 표현들이다. 그런데 이러한 특징들도 시대에 따른 변화가 나타나 예전의 경향이 점차 약화되고 있으며 세대차를 보이기도 한다.

4) 다른 나라 인사표현과의 비교

나라를 불문하고 인사표현의 내용으로 가장 선호하는 것은 상대방의 근황(近況)과 건강을 묻는 것이다. 한국어 인사표현의 특징을 영어, 중국어, 일본어의 인사표현과 비교해 보면 특히 영어 인사표현과 많은 차이가 있다.

첫째, 한국어에는 영어처럼 시간대별로 따로 인사가 있지 않은 반면에 한국인들이 자주 사용하는 식사 여부를 묻는 인사표현을 다른 나라에서는 잘 사용하지 않는다. 둘째, 집을 나설 때 자주 사용하는 '다녀오겠습니다.'를 영어권에서는 잘 쓰지 않는다. 셋째, 한국인들이 만났을 때 쓰는 '수고하십니다.'라든가 '잘 부탁드립니다.'라는 인사가 영어에는 없다. 넷째, 한국인들이 일을 마친 후에 쓰는 '수고하셨습니다.'라는 표현도 영어에서는 오직 일과 관련된 아랫사람에게만 사용한다. 다섯째, 한국인들은 음식을 먹기 전후에 '잘 먹겠습니다, 잘 먹었습니다.'와 같은 인사표현을 하는데 이것 역시 영어에는 없다. 여섯째, 한국어의 인사표현은 상대방에 대한 개인적인 질문을 많이 하는데 다른 나라는 그렇지 않다. 한국 사회에서는 몇 년도에 대학을 입학했느냐고 물어보는 "몇 학번이에요?"라든가 무슨 일을 하고 있는지, 어느 회사에 다니는지 직업을 묻는다거나 어디에서 살고 있는지 사는 동네를 물어보는 일은 흔하다. 일곱째, 한국어의 인사표현에는 날씨 관련 인사말이 흔치 않은 반면에 영어의 경우는 날씨에 관한 인사표현이 많다.

이처럼 한국어 인사표현은 영어 인사표현과는 차이가 많은데, 중국어 인사표현과 일본어 인사표현은 영어 인사표현보다는 비슷한 점이 많으며, 일본어 인사표현과 비슷한 점이 더 많다. 특히 빈말 인사표현의 경우 한국인이나 일본인은 많이 사용하는 편인데 중국인은 한국인이나 일본인만큼 많이 사용하지 않는다.

> 선생님, 제가 편의점에서 알바를 하고 있는데요. 퇴근할 때, 사장님이 어떤 때는 "고생했어."라고 하시고 어떤 때는 "수고했어."라고 하셨어요. '고생하다'와 '수고하다' 두 단어는 어떤 차이가 있나요?
>
> 같은 마음 다른 표현입니다. 유의관계에 있는 의미가 비슷한 유의어 쌍으로 보면 됩니다. '수고하다'는 현재 사전에는 [受苦]로 나오고 있는데 예전에는 [手苦]의 의미로 손이 고생한다는 뜻이 있어서 노동을 하는 일꾼인 아랫사람에게만 쓰던 인사말이었다고 합니다. 그런데 요즘은 윗사람, 아랫사람 구분하지 않고 두루 쓰는 경향이 있습니다.

10.3.2 한국어의 고정 화용표현

한국어 화용표현의 대표적인 유형으로 인사표현 이외에 요청표현, 거절표현, 사과표현, 감사표현, 칭찬표현 등을 들 수 있다. 먼저 성별, 세대별 차이를 떠나서 전체적으로 가장 선호하고 많이 사용하는 화용표현의 목록을 유형별로 제시해 보면 다음과 같다.

화용표현 의 유형	대표적인 예	
요청표현	부탁 좀 드리려고요./부탁이 있는데요(있어요).	
거절표현	미안하지만, 제가 지금 바빠서 못 가겠어요./ 죄송합니다만, 제가 급한 약속이 있어서요.	
사과표현	미안합니다./죄송합니다./잘못했습니다.	⇒ 괜찮아요.
감사표현	감사합니다.	⇒ 아유, 아니에요.
칭찬표현	오호(와아/야아) ~ 완전 멋있는데!	⇒ 감사합니다.

각 유형별 화용표현의 특징에 대해서 살펴보기로 하겠다.

1) 요청표현의 특징

한국인들의 요청표현은 상대방에게 무엇을 요구하더라도 공손하고 조심스럽게 표현하는 것이 특징적이다. 직접적으로 당당하게 요청하기보다는 조심스럽게 간접적으로 표현하며, 울타리어(hedge)를 먼저 사용한 다음에 요청을 함으로써 공손성을 부여한다. 그렇지만 가족이나 가까운 사이인 경우에는 오히려 당당하게 '~ 해주세요.' 식의 직접적인 표현을 사용하거나 '~ 해.'라는 명령표현을 사용하고 아주 가까운 사이의 동년배에게는 '해 줄 거야 말 거야.'라는 식의 표현도 한다. 너무 예의를 차리거나 지나치게 공손하게 표현하면 거리감이 있는 먼 사이임을 드러낸다고 생각할 수도 있다.

요청표현은 상대방과의 친밀도(親密度), 나이, 지위, 관계 등을 잘 반영해 주는 표현이라고 할 수 있다. 변화를 선호하는 10대와 20대들은 기성세대들보다 전형적인 표현의 틀에서 벗어나고자 하는 경향이 있고, 가까운 사이일수록 요청이 직접적이다. 자기보다 나이가 많거나 지위가 높은 경우는 관계가 어렵기 때문에 좀 더 공손한 의문형을 쓰지만 나이가 같거나 적은 경우 그리고 지위가 낮은 경우는 편한 사이이기 때문에 직접적인 명령형이나 서술형을 사용한다.

요청표현은 공손성의 정도에 따라서 5단계로 나눌 수 있다.

    1단계('좀'의 사용): 그렇게 좀 해 주세요.
    2단계(의문문 사용): 그렇게 좀 해 줄래요?
    3단계(높임의 '-시-' 사용): 그렇게 좀 해 주실래요?
    4단계(사과표현 울타리어 사용): <u>죄송하지만</u>, 그렇게 좀 해 주실 수 있으세요?
    5단계(격식체(格式體) 사과표현 울타리어의 사용 및 극존대 공손법어미의 사용): <u>죄송합니다만</u>, 그렇게 좀 해 주실 수 있<u>으신지요</u>?

1단계에서 5단계로 가면서 공손성이 강해지는데 한국인이 가장 많이 사용하는 요청표현은 5단계 극존대 공손표현보다는 부담감 없이 공손한 4단계이다.

2) 거절표현의 특징

한국인의 거절표현은 대체로 거절하는 이유를 먼저 설명하거나 미안하다는 표현을 먼저 한 다음에 거절표현을 사용하는 경우가 많다. 단호하게 직접적으로 거절하는 경우는 그다지 많지 않다. 이는 우리 민족이 예전부터 서로 돕고 살아야 한다는 상부상조(相扶相助) 정신에 익숙해 있고, 정이 많은 민족성 때문에 대체로 직접적인 거절표현보다도 간접적이고 우회적인 표현을 더 선호하는 것이다. 또한 체면을 중시하기 때문에 아는 사이에서는 직접적으로 거절하는 것을 어려워한다. 그리하여 딱 잘라서 거절하지 못하고 핑계를 대거나 회피하고, 망설이거나 나중을 기약하는 형식으로 거절표현을 하게 된다. 거절의 이유도 자신에게 있는 것이 아니라 상황에 있다고 설명함으로써 상대에게 자신의 이미지를 실추시키지 않으려는 의도가 엿보인다.

거절표현은 공손성의 정도에 따라서 4단계로 나눌 수 있다.

> 1단계(거절 이유 설명): 바빠서(선약(先約)이 있어서) 같이 못 가요.
> 2단계(후일 약속): 다음에는 꼭 같이 가줄게요.
> 3단계(사과표현 울타리어 사용): 죄송하지만(미안하지만), 같이 못 가요.
> 4단계(격식체 사과표현 울타리어의 사용 및 이유 설명, 극존대 공손법어미의 사용): 미안합니다만, 선약이 있어서 같이 못 가게 되어 죄송합니다.

1단계에서 4단계로 가면서 공손성이 강해지는데 한국인이 가장 많이 사용하는 거절표현은 4단계 극존대 공손표현보다는 부담감 없이 공손한 3단계로 나타났다.

근래에는 대체로 솔직하게 자신의 거절 의사를 표현하는 것을 선호하는 경향이 있다. 상황이나 상대, 친밀함의 정도에 따라서 다르지만 솔직형이 많아지는 추세이다. 청자가 가족이나 친밀한 사이인 경우에 가장 직접적으로 거절하는 경향이 많고, 아예 모르는 사람인 경우에도 직접적으로 거절한다. 가족 이외의 친근한 관계나 이성 관계에서는 직접 거절표현을 덜 사용한다. 지속 가능한 관계에서는 상대를 배려하는 핑계 대기나 우회적인 거절표현을 사용함으로써 관계 유지에 신경을 쓰지만 일회적인 관계에서는 직접 거절표현을 사용한다.

거절을 표현하는 방법도 요청표현과 마찬가지로 상대방과의 친밀도, 나이, 지위, 관계에 따라서 달라진다. 먼저 나이나 지위에 따라서 상위자(上位者)에게는 공손법 어미에 신경을 써서 좀 더 공손하게 거절하는 것 외에도 예의를 갖춘 거절표현을 사용하는 것으로 나타났다. 거절하기 전에 앞에 붙이는 울타리어의 사용에 차이를 보여 윗사람에게는 '죄송하지만'을 쓰고, 같은 나이나 아랫사람에게는 '미안하지만'을 주로 쓴다. 다음으로 친소(親疏) 관계에 따라서 소원한 사이에 '죄송해요'나 '미안'을 앞뒤에 더 많이 사용하였으며, 거절표현 없이 그냥 미안하다거나 죄송하다는 말로 거절을 대신하는 경우도 많다. 10대들은 상하 관계를 떠나서 '안 할래요/못해'라고 직접적으로 거절하는 경우가 다른 세대에 비해서 더 많이 나타나 세대 차이를 보인다. 자신의 의사를 분명하게 밝히는 10대들은 거절할 때에도 거침없이 본인의 의사를 밝힌다. 세대를 불문하고 자기보다 나이가 많거나 지위가 높은 상대에게는 관계가 어렵기 때문에 공손한 거절표현을 사용하지만, 나이가 같거나 어린 경우, 지위가 낮은 경우는 편한 사이이기 때문에 좀 더 직접적인 거절표현을 사용한다.

3) 사과표현의 특징

사과표현의 사용 양상은 대체로 잘못에 대한 책임을 인정하고 용서를 구하는 경우가 많다. 예전에는 미안한 마음을 적극적으로 표현하지 못하는 경향이 있었으나 근래에는 적극적으로 표현함으로써 능동적인 의사소통의 양상을 보인다. 사과표현도 상대방과의 친밀도, 나이, 지위, 관계에 따라서 사용 양상이 달라지는데 친한 사이에서는 오히려 '미안하다'는 사과표현을 하지 않는 경향도 있다. 상위자에게는 '잘못했습니다.'나 '죄송해요.'를 쓰고, 같은 나이나 아랫사람에게는 '미안해./미안'을 주로 쓰며, 친소 관계에 따라서 소원한 사이에 '죄송해요'나 '미안'을 앞뒤에 더 여러 번 사용한다. 사과표현은 표현 내용이 단순하고, 세대 차이를 크게 드러내지 않는다. 사과표현에 대한 응답도 마찬가지로 표현 내용이 대부분 '괜찮아(요)/천만에요/됐어(어요).'로 단순하다. 모두 사과를 수용하는 반응이 지배적이다.

이러한 사과표현은 요청표현이나 거절표현의 울타리어(hedge)로 사용되며 가장 공손성을 잘 유발하는 생성기제 역할을 한다.

4) 감사표현의 특징

감사표현도 예전에는 마음으로만 고마워하고 표현을 적극적으로 하지 못하는 경향이 있었으나 근래에는 적극적으로 표현하는 능동적인 태도를 보인다. 아랫사람이 윗사람에게 감사표현을 할 때에는 '고맙습니다/감사합니다.'의 표현을 주로 쓰고, 윗사람이 아랫사람에게 할 때에는 '수고했다/애썼다/고마워'를 주로 사용하는 것으로 나타났다. '땡큐/쌩유'는 동등하거나 하위자에게 사용하는 감사표현으로 새롭게 자리 잡은 것으로 보인다. 감사에 대한 응답으로는 '아유, 아니야(에요/아닙니다)./별말씀을 다 하세요.'가 가장 많이 사용된다. 감사표현이 '감사합니다/고맙습니다'에 국한된 것에 비해서 이에 대한 응답은 세대별로 다양한데 대부분 겸손한 반응들이다. 감사표현은 화용표현 중에서 가장 단순하고 세대 차이를 크게 드러내지 않는다. 이는 가장 단순하지만 화자의 의사를 충분하게 전달하기 때문이다.

5) 칭찬표현의 특징

한국어의 칭찬표현은 청자를 위한 칭찬임에도 불구하고 화자 중심의 주관적인 의견이나 평가의 기능을 갖는 경우가 많다. 따라서 이것은 화자가 청자에 대해 친근감과 호의를 나타내는 구체적인 관심 표명의 수단으로서의 언어 행동이라 할 수 있다(송영미 2002: 6-9). 그런데 칭찬표현은 원래 윗사람에게는 하지 않는 것이 예의이며, 칭찬을 하더라도 칭찬 내용에 제한을 받는다. 그러나 동등한 관계나 아랫사람에게는 칭찬의 내용을 비교적 자유롭게 선택한다. 칭찬표현은 화용표현 중에서 가장 다양한 내용을 표현하고 세대 차이도 수반한다. 칭찬의 내용으로는 주로 청자의 능력이나 성격, 생활 태도가 많다. 내용은 다양하지만 문장의 유형은 전반적으로 감탄문 형식을 가장 선호하는 것으로 나타났다. 젊은 세대들은 유행어인 '이욜, 열~ 간지, 올~, 짱이야~, 대박인데~' 등으로 표현하기도 한다.

칭찬표현에 대한 응답은 칭찬을 수용하면서 감사를 표현하는 경우와 칭찬 내용을 부정하는 표현을 하는 경우로 나뉘는데 감사하기가 가장 많다. 이는 자신에 대한 칭찬을 수용하고 긍정하는 태도를 보인 것으로 해석할 수 있다. 영어권 화자들이 칭찬을 수용하는 태도가 훨씬 자연스러운 반면 한국인들은 회피하거나 부정하는 경우가 많고 아무 말을 하지 않는 무응답으로 대응을 보이기도 한다. 한국인들은 칭찬에 대해서 부정을 하거나 소극적인 대응을 보이는 것이 겸손한 태도라고 여겼기에 겸손이 미덕이었던 예전의 한국 사회에서는 당연한 태도였다. 특히 윗사람에게 칭찬을 들었을 경우에 긍정하지 않는 태도를 보였으나 근래에는 상대방의 칭찬을 긍정적으로 받아들여 감사의 말씀으로 대응하는 것이 자연스러워졌다. 이는 현대에 오면서 나타난 변화로 서양 언어 예절의 영향을 받은 것으로 풀이된다.

앞에서 살펴보았듯이 한국어의 고정적인 화용표현들이 상황이나 장면, 내용에 따라서 다양한 양상을 보이고, 직접적인 표현보다는 간접적인 표현들이 많은데 친할수록 직접 표현형을 많이 사용하고 친하지 않으면 간접 표현형을 더 많이 사용하는 것으로 나타났다. 한국어의 고정 화용표현의 특징으로는 관계 유지를 위한 표현이 많다는 것을 꼽을 수 있다.

10.3.3 한국어의 공손 화용표현

한국어의 화용표현에 지속적으로 유지되고 있는 개념으로 공손성(恭遜性, politeness)을 주목할 수 있다. 문법 층위에서는 문법 요소에 의해서 높임법을 표현하고, 어휘 층위에서는 어휘 요소에 의해서 높임을 표현하는데 높임의 범위보다 더 폭넓게 친밀함, 친절함, 겸손함을 포괄하는 개념으로 '공손(恭遜, politeness)'을 사용하고자 한다. 이러한 공손성이 한국어의 화용적 특징 중에서 가장 대표적인 특징이라고 하겠다.

이러한 공손성을 표현하는 방법이 음운, 문법, 어휘, 화용의 언어 층위별로 어떻게 나타나는지 그 특징을 살펴보기로 하자.

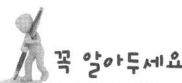

공손성이란?

한국어의 화용표현에 지속적으로 유지되고 있는 개념으로 공손성(恭遜性)을 주목할 수 있다. '높임'의 개념으로 보면, 문법 층위에서는 문법 요소에 의해서 높임법을 표현하고, 어휘 층위에서는 어휘 요소에 의해서 높임을 표현하는데 높임보다 더 넓은 친밀, 친절, 겸손을 포괄할 '공손'의 개념으로 보면 화용적 기제에 의해서 공손성이 표현되는 경우를 들 수 있다. 이러한 공손성이 한국어의 화용적 특징 중에서 대표적인 특징이라고 할 수 있다.

구체적인 화용적인 공손성 표현으로는 요청 및 거절의 간접표현, 울타리어의 사용, 의사타진 표현, 부정의문문을 들 수 있다. 요청표현과 거절표현은 내용 자체가 공손성을 이미 상실했다고 볼 수 있지만, 요청 내용과 거절 내용을 얼마나 공손하게 전달하느냐에 따른 공손성의 강도를 파악할 수 있다.

1) 절대적 공손성과 상대적 공손성

화용적으로 생성되는 공손성을 이해하기 위해서 먼저 절대적 공손성과 상대적 공손성의 개념을 알아야 한다. 절대적 공손성은 자기 본연의 층위에서 드러나는 공손성을 말하고, 상대적 공손성은 자기 층위가 아닌 다른 층위에서 공손성을 발휘하는 것을 말한다. 절대적으로 공손성을 표현하는 경우는 일반적으로 어휘적 요소와 문법적 요소들이 높은 공손성의 강도를 보이면서 습관적으로 자주 사용되고 있다. 그런데 공손성이 실제로 실현되는 것을 보면 화용적 요소들의 영향력이 훨씬 더 크다고 할 수 있다.

예를 들어 문법적 요소인 종결어미 '해요체'와 '합니다체'를 비교해 보면 '해요체'보다 '합니다체'가 공손법 등급이 높기 때문에 공손성도 가장 높다고 인식하고 있다. 그러나 실제 발화시에 공손성을 유발하는 것을 보면 반드시 공손법 등급과 비례하여 공손성을 드러내는 것은 아니다. '선생님, 식사하러 가시지요.'와 '선생님 식사하러 가십시다.'를 비교해 보았을 때, '해요체'를 사용한 전자가 '합니다체'를 사용한 후자보다 더 공손함을 알 수 있다. 여기에서 공손성을 생성하는 중요한 기제가 문법적인 요소보다는 화용적인 요소이며, 화용적인 요소의 역할이 더 중요하게 작용하고 있음을 알 수 있다. 문법적으로 가장 높은 등급의 공손법 어미가 사용되더라도 화용적으로 친근감이나 부드러운 태도를 보여주지 않으면 언중들이 공손성을 강하게 느끼지 않으며 잘 사용하지도 않는다.

상대방을 배려하는 마음은 화용적 생성 기제를 통해서 잘 드러나는데 화용적인 요소 중에서 '미안합니다만, 죄송합니다만'와 같은 사과표현의 울타리어 사용에서 가장 잘 드러난다. 그리고 격식이 주는 부담감보다 비격식이 주는 친밀감이 화용적 요소로 더 작용한다.

상대적 공손성은 자기 본연의 층위에서 공손성을 드러내는 것이 아니고 다른 층위에서 사용되었을 때 상대적으로 공손성을 가지게 되는 것들을 말한다. 음운, 어휘적 요소가 음운적 또는 어휘적으로 사용되는 것이 아니라 화용적으로 작용하는 경우를 말한다.

예를 들어 '이것 좀 들어주세요.'라고 문장 끝을 짧게 말하는 경우와 '이것 좀 들어주세요~~'라고 문장 끝을 길게 끌면서 애교를 부려서 말하는 경우를 비교해 보면 알 수 있다. 후자의 경우에는 음운론적으로 장음(長音)이 사용되는데 이 장음이 음장(音長)의 역할을 한다기보다는 친근감을 조성하여 넓은 의미의 공손성을 부여해 주는 역할을 했다고 볼 수 있다. 이는 음운적 요소가 화용적으로 작용하였기에 상대적 공손성이라 한다.

2) 공손성의 강도

음운, 문법, 어휘, 화용의 언어 층위별로 표현되는 공손성의 유형을 분류하고 하위 유형별 특징을 살펴보도록 하겠다.

첫째, 음운 층위의 공손성은 운소(韻素) 중 억양보다 음장에 의해 표현되었을 때 공손성을 더 강하게 인식하는 것으로 파악된다. 둘째, 문법 층위에서의 공손성은 여격조사 '께'와 주격조사 '께서', 선어말어미 '-시-'와 '해요체' 종결어미에 의해서 표현되었을 때 공손성을 강하게 인식하고 사용빈도도 높다. 셋째, 어휘 층위에서는 높임어휘 동사류와 명사류에 대한 공손성을 가장 높은 것으로 인식하고, 사용빈도도 가장 높다. 넷째, 화용 층위에서는 간접표현의 공손성이 높고, 요청표현과 거절표현은 사과하는 말을 울타리어로 사용했을 때 가장 공손하다.

공손성의 강도가 높고 사용빈도도 높은 우선순위는 다음과 같다.

1위 - 높임어휘 동사류: 돌아가시다, 여쭈다, 잡수시다, 편찮으시다 등
2위 - 겸양 또는 높임어휘 명사류: 말씀, 병환, 생신, 연세 등
3위 - 여격조사 '께'(에게)

3) 화용 층위의 공손성

화용 층위에서 나타나는 공손성을 보면 다음과 같다.

(1) 간접표현의 공손성

화용 층위에서는 간접표현(間接表現)이 공손성을 가장 잘 드러내는데 특

히 요청표현과 거절표현을 간접적으로 함으로써 공손성이 생성되는 경우가 가장 대표적이다. 공손의 정도가 '명령문<청유문<의문문<서술문'의 순으로 커지는데 이는 간접성과 비례하고 요청의 발화 수반력이 명령문이 아닌 다른 문장 유형으로 간접적으로 표현될 때 상대를 더 존대하는 표현이 된다(예: 빨리 나가!<빨리 나가자!<빨리 나가줄래?<빨리 나가 주면 좋겠다). 화행상 화자의 청자에 대한 요구 정도와 반비례한다(정희원 1991: 153-156).

(2) 울타리어의 공손성

다음으로 화용 층위에서 공손성을 드러내는 것으로 울타리어(hedge)를 들 수 있다. 사과표현 '실례합니다만, 미안합니다만, 죄송합니다만'을 발화의 맨 앞에 울타리어로 사용하는 것이 가장 강도 높은 공손성으로 인식되며 사용빈도도 높다. 모호한 의미를 가지고 있는 '글쎄요'는 발화의 맨 앞에 사용하여 강하게 단정 짓는 태도를 부드럽게 바꾸어 주면서 공손성을 드러내기는 하는데 공손성을 강하게 인식하지는 않는다. 부탁이나 동의를 구할 때 말을 부드럽게 하기 위하여 사용하는 '좀, 저기요, 있잖아요.'는 공손성이 그다지 강하지도 않고 사용빈도도 높지 않다.

(3) 의사타진 표현의 공손성

자신의 의사를 전달할 때에 '이것 좀 먹을게요.'라고 통보하는 식으로 표현하지 않고 상대방의 의사를 정중하게 물어보는 식으로 '먹어도 괜찮아요?, 먹어도 될까요?'라고 말했을 때 공손성의 강도를 매우 강하게 인식하고, 사용빈도도 높다.

(4) 겸손표현의 공손성

겸손표현으로 알고 있는 양보표현 '덕분이에요, 제가 오히려 더 고맙죠, 아니에요, 제가 할 일을 한 것뿐이에요.' 등도 공손성의 강도가 높고, 사용빈도도 높다. 그러나 겸손한 빈말 인사표현은 공손하다고 인식은 하지만 사용빈도가 높지는 않다.

(5) 부정의문문의 공손성

긍정의문문과 부정의문문의 공손성을 비교해 보면 거의 동등하게 나타났다. 부정의문문(예: 같이 가시지 않을래요?/같이 가시면 안 될까요?)이 긍정의문문(예: 같이 가실래요?)보다 더 부드러운 어감을 가진다고 인식하는 경우는 부정적인 상황을 미리 예견하고 있음을 청자에게 드러내어 청자의 부담을 줄여 줌으로써 더 공손한 발화가 가능해진 것으로 해석했기 때문이다(예: 네가 내 대신 가주면 안 될까?/나는 안 되겠지?).

유형별 화용적 공손성의 강도를 분포도로 그려보면 다음과 같다.

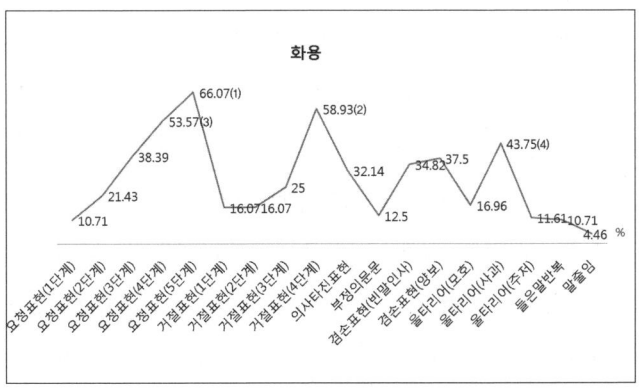

(1)요청표현 5단계 > (2)거절표현 4단계 > (3)요청표현 4단계 > (4)사과표현의 울타리어

모든 공손성 유형을 통틀어서 문법적 생성 기제로는 여격조사 '께'와 주격조사 '께서', 높임의 선어말어미 '-시-', 종결어미 '해요체'와 '합니다체'를 사용하고, 어휘적인 생성 기제로는 높임의 일반호칭어 '어르신', 겸양어 '저'와 높임어휘를 사용하며, 화용적 생성 기제로는 사과의 울타리어 '죄송하지만'과 간접의문문 'V+주실 수 있으세요?'를 사용하여 다음과 같은 가장 공손한 표현을 만들 수 있다.

"어르신, 저의 할아버지께서 어르신께 이것을 갖다 드리고 어르신을 모시고 오라고 하셨는데요. 죄송하지만, 지금 저랑 같이 가 주실 수 있으세요?"

4) 비화용 층위에서 생성된 화용적 공손성

비화용층위의 공손성이란 화용층위가 아닌 음운, 문법, 어휘 층위에서 화용적으로 공손성이 발휘되는 것을 말한다.

(1) 음운 층위의 화용적 공손성

음운 층위에서 생성된 화용적 공손성으로는 음장과 억양을 들 수 있다. 음장에 의해서 생성된 화용적 공손성은 발음을 길게 해서 음운적으로 장음을 표시하는 것이 아니라 화용적으로 친밀감을 표시함으로써 공손성이 생성되는 것을 말한다. 짧게 발음했을 때와 비교하면 상대적으로 공손성이 드러난다. 또한 억양(intonation)이나 톤(tone)이 뉘앙스와 연결되어 공손성이 생성되는 경우도 있다(같이 가주세요~~, 아잉~, 그랬구나앙~).[12] 음운 요소가 본래의 음장이나 억양을 표시하는 음운적 기능을 발휘하지 않고

---

[12] 이런 표현들은 애교나 부드러운 분위기를 만들어 친근함을 줌으로써 넓은 의미의 공손성에 넣을 수 있다.

친밀감을 표시함으로써 화용적 공손성을 생성했다는 화용론적인 해석을 한 것이다.

(2) 문법 층위의 화용적 공손성

문법 층위에서 생성된 화용적 공손성으로는 먼저 청유형 공손법 종결어미를 들 수 있다. 청유문 '합니다체'의 '가십시다.'와 '해요체'의 '가시지요.'를 비교해 보면 극존대의 '합니다체'에 해당하는 '가십시다.'가 아래 단계의 '해요체'에 해당하는 '가시지요.'보다 오히려 덜 공손하게 느껴진다. 공손법 등급이 높다고 해서 반드시 더 공손한 표현이 되는 것이 아님을 알 수 있다. 연결어미에 의해서 나타나는 화용적 공손성으로는 이유를 설명하는 연결어미 '-니까, -어서'를 대신하여 구어에서 자주 사용되는 '-더니, -길래, -느라고'와 같은 비격식 표현이 단순하게 이유의 의미를 제시하지 않고 청자 배려의 담화 맥락과 연계되는 경우를 들 수 있다. 또한 구 단위 연결표현들로 '-기 때문에, -덕분에'를 대신하여 사용되는 '-는 바람에, -는 통에' 등은 어휘 의미와 연계되어 해당 의미를 드러내므로 화자의 선택이 의미 전달의 의도와 연계되어 있다(강현화 2017). 이들 문법 요소들이 청자에 대한 배려를 표현함으로써 화용적 공손성을 생성했다는 화용론적인 해석을 한 것이다.

(3) 어휘 층위의 화용적 공손성

어휘 층위에서 생성된 화용적 공손성의 예로는 친족호칭어를 친척이 아닌 사람에게 호칭어로 쓰는 경우를 들 수 있다. 가사도우미를 '이모님'으로 호칭함으로써 주종관계가 아닌 위화감 없는 친밀한 관계를 나타내어 공손성이 생성된다. 또 직위호칭어를 일반호칭어로 사용하는 경우가 있다. 나이든 남자 어른을 '사장님'이나 '선생님'으로 호칭하여 상대방의 체면을 살려 주거나 존중을 표현함으로써 공손성이 생성된다. 요즘 '선생님'이라는 호칭은 남녀불문하고 30대 정도만 되어도 사용하는 것을 보면 이런 현상이 확대되고 있음을 알 수 있다. 이들 어휘 요소들이 청자에 대한 친밀감과 존중을 표현함으로써 화용적 공손성을 생성했다는 화용론적인 해석을 한 것이다.

공손표현이 생성되는 가장 큰 원인은 상대방에 대한 배려라고 할 수 있다. 상대방을 높이고 친밀감이나 친근함을 표현하며, 상대방의 체면을 살려 주면서 부담을 주지 않기 위한 배려의 마음에서 표현을 공손하게 하는 것이다. 이러한 마음은 화용적 생성 기제를 통해서 가장 잘 드러낼 수 있으며, 한국어 화용표현의 가장 기본적이고 특징적인 현상으로 이해할 수 있다.

> 10장 주요 참고문헌
>
> 한국어 화용론에 대한 주요 참고문헌은 김태자(1989), 임지룡(1992), 오주영(1998), 이성범 외(2002), 문금현(2002b, 2004b), 김길영 외(2003), 장경희(2004) 등이다. 그 밖에 한국어 인사표현은 문금현(2008a,b, 2009a)을, 고정 화용표현은 문금현(2009b)을, 공손 화용표현은 전혜영(2004), 김명운(2009), 문금현(2017a,b, 2018a,b)을 참고하였다.

11장 한국어 방언론

: 한국어의 방언에는 어떤 특징이 있는가?

11.1. 한국어의 지역방언

한국어를 사용 지역에 따라서 표준어와 방언으로 나눌 수 있다. 여기서 방언은 지역방언을 말한다.

11.1.1 지역방언의 개념

지역방언(地域方言, regional dialect)은 지역적 기반에 의해 분화, 발전된 방언으로 각 지역에 따라서 언어 차이를 보이는 것을 말한다. 언어는 한 언어 공동체 내의 모든 구성원들이 언어 기호와 그 의미의 대응에 관해 일치된 약속을 가지고 있다는 의미에서 기호와 그 의미에 관한 약속의 체계라 할 수 있다. 그런데 이 언어적 약속이라는 것이 사회를 이루어 서로 접촉하고 상호작용을 빈번히 하는 사람들끼리만 할 수 있고, 다른 사회에서는 또 자기들끼리 언어적 약속을 해서 의사소통을 하는 것이다. 이 두 사회가 서로 접촉이 없었거나 매우 드물면 언어적 약속을 공유할 기회도 필요도 없었던 것이다.

그런데 사회의 크기가 커짐에 따라 문제가 발생한다. 중국처럼 국토가 넓은 나라는 멀리 떨어져 있는 지역의 주민들이 서로 상대방의 말을 알아듣지 못하는 경우가 생겨 하나의 언어가 두 개의 방언(dialect)으로 분화되는 반면에 유럽처럼 국경이 인접해 있는 나라들의 경우는 국경지대에서는 양국 지역 주민들 사이에 의사소통이 가능하다. 같은 국가 안에서 멀리 떨어져 있는 지역의 방언 차이가 가깝게 붙어 있는 다른 나라의 말의 차이보다 더 크다는 것이다. 말하자면 지역방언은 같은 나라 안에서 지리적인 이유로 접촉이 어려워지면서 언어적 이질화가 생긴 것으로 이해할 수 있다.

11.1.2 방언 연구의 필요성과 방법

예전의 모습을 그대로 유지하고 있는 보수적인 방언을 살펴보면 그 언어가 이전 시기에 지니고 있던 속성에 대한 많은 암시를 얻을 수 있다. 그리하여 현재 언어의 방언의 모습은 그 언어가 시간적으로 겪어온 변화 양상을 다른 공간에 투영하고 있다고 말한다. 예를 들어 현재 제주도 방언에만 유일하게 남아 있는 '아래아(ㅇ)'의 존재를 통해서 중세국어에 있었던 'ㅇ[ʌ]'를 확인해 볼 수 있고, 경상도 방언에만 남아 있는 고저음의 차이에 따른 단어 의미의 변별을 통해서 중세국어에 존재했던 성조를 확인해 볼 수 있는 것이다.

이제 방언 연구에서 가장 중요한 제보자와 조사 방법에 대해서 알아보기로 하겠다.

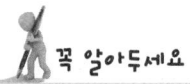 꼭 알아두세요

제보자란?

제보자(提報者, informant)는 방언조사에서 정보를 제공해 주는 사람으로 방언조사에서 가장 중요한 역할을 한다고 할 수 있다. 지역방언의 제보자인 경우는 그 지역방언을 정확하게 구사하는 사람이어야 한다. 그러므로 좋은 제보자를 구하는 것이 지역방언 연구의 핵심이 된다.

1) 제보자(提報者)

지역방언에 대한 연구는 좋은 제보자를 구하는 것에 달려 있다고 해도 과언이 아니다. 제보자의 선정 기준은 다음과 같다. 먼저 그 지역 토박이여야 한다. 제보자도 그 지역에서 태어나서 자라야 하지만 제보자의 어머니도 마찬가지로 토박이여야 한다. 그리고 이지 생활이나 공직생활을 하지 않아야 하고, 제보자의 나이는 노년층이어야 한다. 신체 조건은 시력과 청력이 좋아야 하고 치아는 빠지지 않아야 하며, 말을 더듬거나 기침이 심한 병이 있어도 곤란하다. 성별은 공직생활 등의 바깥 활동을 안 했다는 점에서 여성을 선호하기는 하나 여성의 경우 표준어를 사용하려는 경향을 드러낸다는 점이 약점으로 작용한다. 직업은 농업이고 서민층이어야 한다. 교육 정도는 학교 교육을 받지 않은 무학자(無學者)이되 지적(知的)이고 말이 많으며 사교적이면 더욱 좋다. 대체로 한 지점에 한 명의 제보자를 쓰는 경우가 많고 두세 명을 써서 상호보완하는 경우도 있다. 제보자와 조사자의 관계는 조사자가 제보자에게 배운다는 분위기를 조성하여 사제지간(師弟之間)의 관계를 유지하는 것이 중요하다.

2) 조사 방법

조사 방법은 현지에 직접 가서 조사하는 방법과 우편으로 조사하는 방법이 있는데 직접 조사 방법은 다음과 같다.

먼저 방언조사를 하는 조사 대상은 질문지로 구성된다. 조사 대상 자료를 잘 구축해서 조사를 해야 하는데 조사 항목 내용과 조사 항목 수를 먼저 결정해야 한다. 조사할 언어 현상으로는 크게 음운현상, 문법현상, 어휘현상을 들 수 있다. 지금까지 어휘현상에 대한 조사에 집중되었던 것은 어휘가 지역방언의 차이를 가장 쉽게 잘 드러내 주고 있기 때문이다.

질문 방식은 직접 질문하는 방식과 간접 질문하는 방식이 있다. 직접 질문 방식은 표준어 단어를 주고 방언형을 물어보는 방식이고, 간접 질문 방식은 표준어형 제시 없이 해당 방언형을 이끌어내는 방식이다. 그림이나 사진을 보여주면서 물어보기도 하고, 특징을 말이나 몸짓 등으로 설명함으로써 물어보기도 하며, 문장의 빈칸을 채워 넣는 방식으로도 한다.

방언조사를 하는 지점의 수는 그 지역들 사이의 방언 차이를 잘 보여줄 만큼이라고 할 수 있다. 그러므로 선행 연구 자료나 예비조사를 통해서 선지식(先知識)을 알고 있어야 동일 방언권의 범위를 알아서 조사 지점을 선정할 수 있다. 지금까지 지역방언 조사는 대략적으로 군(郡) 단위로 선정한 경우가 많았다. 지역방언 조사 지점의 특징은 방언권 사이에 지리적으로 가깝더라도 산이나 바다가 가로막혀 있어서 접촉이 드물게 되면 이질성이 강해지고, 또 역사적으로나 사회 환경적으로 차이가 있으면 조사 지점을 달리해야 한다. 이런 경우에 언어 차이를 수반하게 되기 때문이다.

11.1.3 남한 지역방언의 특징

한국의 남한 지역방언은 대체로 경상도 방언, 전라도 방언, 충청도 방언,

강원도 방언, 제주도 방언으로 나눈다. 북한의 지역방언까지 합치면 여기에 함경도 방언과 평안도 방언을 더할 수 있다.

서울 경기 지역에 해당하는 표준어와 다른 각 지역 남한 방언의 특징을 간단하게 소개하면 다음과 같다(이상규 2003:319-417).

1) 경상도 방언

경상도 방언은 경상남도와 경상북도에서 사용되고 있는 방언으로 동남방언(東南方言)이라고도 한다.

경상도 방언의 가장 특징적인 것은 음운적 특징으로서 중세국어에 있다가 사라진 성조(聲調)를 음장 대신 아직도 가지고 있다는 것이다. 높낮이에 의해서 단어의 의미가 달라져 '배'를 높게 발음하면 먹는 '배(梨, pear)'를 의미하고 낮게 발음하면 사람의 '배(腹, stomach)'나 타는 '배(船, ship)'를 의미하게 된다. 표준어에서는 이러한 구별이 없다. 둘째, 단모음 '외, 위'가 없으며, '애'와 '에'도 구분되지 않는다. 특히 '으'와 '어'가 구분되지 않는다. '으'를 '어'로 발음하여 '음식'을 [엄식]으로 발음한다. 셋째 'ㅆ'을 된소리로 발음하지 못해서 'ㅅ'으로 발음한다. 예를 들어 '쌀'을 [살]로 발음한다. 넷째, 중세국어 유성마찰음 'ㅸ, ㅿ'이 'ㅂ, ㅅ'으로 남아 있어서 ㅂ, ㅅ불규칙 현상이 규칙으로 실현되어 '덥다'의 활용형을 '더워, 더워서, 더우니'로 발음하지 않고 '더버, 더버서, 더브니'로 발음한다.

다음으로 문법적인 특징을 들 수 있다. 중세국어에서 의문문을 만들 때 판정의문문(예, 아니오의 답변을 요구하는 의문문) 어미와 설명의문문(누가, 언제, 어디서, 무엇을, 어떻게, 왜의 의문사에 대한 설명을 요구하는 의문문) 어미를 구별하여 쓰다가 현대국어에서는 구분하지 않는다. 그런데 경상도 방언에서는 현재도 판정의문문 어미로는 '-나/가'를 사용하고, 설명의문문 어미로는 '-노/고'를 구별하여 각각 사용한다. '뭐라고 하니?'의 경우는 '-고 하-'를 '-카-'로 합하여 [머라카노]로 발음한다.

> **예**
> 판정의문문: 니 지금 가나?
> 설명의문문: 니 지금 어디 가노?

어휘적인 특징으로는 '할아버지' 대신 '할배'를 사용하고, '암, 물론' 대신 '하모'를 사용하며, '놀랐다' 대신 '시껍했다'를 사용하는 것을 예로 들 수 있다.

 2) 전라도 방언

 전라도 방언은 전라남도와 전라북도에서 사용되는 방언으로 서남방언(西南方言)이라고도 한다.

 먼저 음운적 특징으로는 단어의 첫 음 평음이 경음으로 발음되는 어두경음화 현상이 많아서 '두부'를 [뚜부], '가지'를 [까지]로 발음한다. ㅣ모음역행동화가 심하여 '고기'를 [괴기], '다리미'를 [대리미], '잡히다'를 [잽히다]로 발음한다. 또한 구개음화 중에서 ㄱ구개음화와 ㅎ구개음화가 활발하여 '참기름'을 [참지름], '길'을 [질], '학교'를 [학조]라고 발음하고, '형'을 [성]이라고 한다.

 그리고 중세국어에서 'ㅿ'이나 'ㅸ'이었다가 사라진 자리에 'ㅅ'이나 'ㅂ'으로 잔영이 나타나 '여우'를 '여시'라고 하고, '새우'를 '새비'라고 한다. 또한 중세국어 'ㆍ'였던 것이 'ㅗ'로 변하여 표준어에서는 'ᄑᆞ리'가 '파리'로 되었는데 전라도 방언에서는 '포리'라 하고, 'ᄆᆞᄆᆞᆯ'을 '나물'이 아닌 '노물'이라 한다.

 문법적 특징으로는 종결어미 중에서 '-했는데'를 '-했는디'나 '-했당께'로 사용하거나 '-했어요.' 대신 '-했어라우'를 많이 사용하는 것을 들 수 있다.

 어휘적 특징으로는 지시대명사로 '거시기'를 많이 쓰고, '김치' 대신 '지'를 사용하여 '배추김치'를 '배추지', '파김치'를 '파지', '부추김치'를 '솔지'라고 한다. '조금' 대신 '쬐깨', '매우' 대신 '겁나게, 허벌나게'를 사용하고, '겨우' 대신 '포도시', '때문에' 대신 '땜시' 등을 사용한다.

3) 충청도 방언

충청도 방언은 충청남도와 충청북도에서 사용되는 방언이다.

충청도 방언의 가장 특징적인 것은 문법적인 특징으로 다음과 같은 종결어미의 사용을 들 수 있다. 첫째, 종결어미 중에서 '-어요.' 대신 '-어유, -시유, -여'를 많이 사용하면서 말끝을 느리게 늘여서 말한다는 것이다. '그랬어요.'를 '그랬어유.'로 '알았어요.'를 '알았구만유.'로 사용한다. 둘째, 종결어미 '-해'체가 'ㅐ'나 'ㅔ'로 끝나면 'ㅑ'로 바뀐다. '피곤해?'를 '피곤햐?'로 하고, '쟤가 뭐래?'를 '쟈가 뭐랴?'로 하며, '왜 그래?'를 '와 그랴?'라고 한다. 셋째, '야'로 끝나는 말은 '여'로 바뀐다. '아니야.'는 '아녀.'로, '뭐야?'는 '뭐여?'로 사용한다. 또한 종결어미의 억양에 따른 의미 변화가 다른 지역에 비해 강하게 나타난다. '기여'란 단어는 억양의 차이로 그 의미가 달라진다. '기여(↗)?'라고 끝을 올리면 [정말이야?]라는 뜻으로 되물을 때 사용하고, '기여(↘).'라고 끝을 내리면 [그래, 맞는 말이야.]라는 긍정적인 답변이 되는 특징을 가진다.

4) 강원도 방언

강원도 방언의 특징은 어두의 경음화, 구개음화, ㅣ역행동화 등이 강하게 나타난다는 것이다.

어두의 경음화 현상은 국어에서 활발하게 확대되고 있는 음운현상 중의 하나인데, 강원도 방언에서도 강하게 나타난다. '개구리 → 깨구리, 가위 → 까새, 삶다 → 쌂다, 시래기 → 씨래기, 지린내 → 찌린내'를 들 수 있다. '갓난아기 → 깐난애기, 벗기다 → 뻿기다'처럼 경음화와 ㅣ모음 역행동화가 동시에 일어나기도 한다.

ㄱ, ㅎ구개음화 현상도 강원도 방언에서 활발하게 나타나고 있다. '효자

→ 소자, 혀 → 세'를 들 수 있다.

ㅣ모음 역행동화 현상 역시 강원도 방언에서 매우 활발하다. '두루마기 → 두루매기, 잠방이 → 잠뱅이, 다리다 → 대리다, 누더기 → 누데기, 꾸러미 → 꾸레미, 지렁이 → 지렝이, 먹이다 → 멕이다'를 들 수 있다. 지역에 따라서 명사와 주격조사 '이' 및 지정사 '이다' 사이에서도 ㅣ역행동화 현상이 나타나는데 특히 삼척 지역에서 활발한 편이다. '신랑이 → 신랭이, 할멈이 → 할멤이, 언덕이야 → 언덱이야'를 들 수 있다(이익섭 1981).

5) 제주도 방언

제주도 방언은 방언 중에서 가장 이질적이라 하겠다. 가장 큰 특징은 음운론적인 특징으로 중세국어에 있었던 'ㆍ' 모음이 여전히 그대로 사용되고 있다는 것이다. '둘리(橋), 솔(膚), ᄒᆞ다(爲)'에서 'ㆍ'가 '[a]'가 아닌 [a]와 [o]의 중간음이라고 하는 '[ʌ]'로 발음된다.

문법적인 특징으로는 공손법 어미로 아주 높임의 '-궤/-게, -꽈/-꽝/-과/-광, -읍서'가 사용된다.

어휘적 특징으로는 '호미'를 'ᄀᆞ겡이, 흘갱이'라고 하고, '나무'를 '낭'이라고 한다. 또한 몽골어에서 말과 관련된 어휘가 차용되어 '가라몰(黑馬), '적다몰'(赤馬), '고라몰'(회색말), '월라몰'(斑點馬) 등이 사용되고 있다.

이렇게 지역적 기반에 의해서 나누어지는 지역방언 외에도 같은 지역이더라도 다른 사회적 기준에 의해서 언어가 분화되는 양상을 보이는데 이를 사회방언이라 한다. 종전의 방언학은 지역방언을 주로 연구해 왔는데 최근에는 사회방언에 대한 관심이 높아지고 있다. 사회방언에 대한 연구, 더 넓게 말해서 언어와 사회의 관계, 사회적 변수가 언어에 미치는 영향 등을 연구하는 분야를 사회언어학(socio-linguistics)이라고 한다.

11.2. 한국어의 사회방언

언어 공동체 내에서 사회 계층이나 성별, 세대의 차이에 따라서 언어의 차이를 보이는 것을 사회방언(社會方言, social dialect)이라고 한다. 사회방언에 대한 연구는 성별언어의 차이, 세대별 언어의 차이, 계층별 언어의 차이에 대한 연구로 나누어 볼 수 있다. 먼저 사회방언의 연구가 사회언어학으로 성립되는 과정을 살펴보기로 하겠다.

11.2.1 사회언어학의 성립과 영역

사회방언을 연구 대상으로 하는 사회방언학, 일명 사회언어학은 라보프(Lavob, 1966)에 의한 뉴욕 백화점에서의 연구에서 시작되었다. 라보프는 사회 계층에 따른 영어 사용의 차이를 조사하였는데, 백화점에 근무하는 점원의 말이 고객의 말투를 반영하리라는 가정하에서 시작되었다. 맨하탄에 있는 상류, 중류, 하류에 해당하는 세 백화점을 선정하고, 예비조사에서 각 백화점 점원의 말을 분석한 결과 모음 뒤의 [r]이 실현되는 데에 있어서 변수가 있음을 발견하였다. "Excuse me, where are the women's shoes?" → "fourth floor"의 질문과 대답에서 모음 뒤 r이 두 번 출현하는데 r 발음에 차이를 보인다는 것이다. 6시간 30분 만에 264명을 조사했는데, 상류백화점 점원은 38%, 중류백화점 점원은 49%, 하류백화점 점원은 83%가 r 발음을 하지 않은 것으로 나타났다. 모음 사용에 있어서도 차이를 보여 하류층일수록 폐쇄모음의 사용 빈도가 높게 나타났다. 제보자의 이름을 모르는 익명(匿名) 조사법이라는 효율적인 조사법이 개발되었으며, 몇 %가 그렇게 사용하는지를 파악하는 계량분석의 방법에 의한 조사였다. 라보프(1966)는 사회 계층의 분류 기준을 '학력/직업/수입' 등에 의해 10단계를 설정한 후 4단계로 묶었다.

영국의 트러질(Trudgill, 1974)은 '학력/직업/수입/거주지/주택 양식/부친 직업 등'에 의해 5등급을 설정하였으며, 영국은 사회 계층에 따라서 구사하는 어휘에 차이를 보인다고 했다(상류층-비상류층 예: lounge-sitting room, toilet-lavatory, bag-handbag, sofa-settee, relation-relatives). 사회방언에 대한 조사는 기존의 지역방언 조사와는 전혀 다른 계량분석(計量分析)의 방법임을 알 수 있다.

한국어도 성별에 따라서 언어의 차이가 있고, 세대에 따라서 언어의 차이가 있으며, 현재 계급의 구분은 없지만 넓은 의미의 계층의 차이에 의한 언어의 차이도 있다. 그동안 한국어 사회방언에 대한 연구 주제를 살펴보면 사회 계층의 차이에 의한 연구로 궁중에서 사용되는 궁중어(宮中語)에 대한 연구가 있었고, 양반촌(兩班村)과 평민촌(平民村)으로 구분되어 있는 안동(安東) 지역의 양반어(兩班語)와 상민어(常民語)의 비교 연구가 있었으며, 반농반어(半農半漁) 지역에서의 농민과 어민의 언어 차이에 대한 연구도 있었다.

한국 사회에 있었던 남녀 차별이나 남존여비 의식이 언어에도 반영되어 있기에 여성언어에 나타난 특징에 대한 연구가 특히 많고, 경어법이 발달하였기에 경어법과 관련된 사회언어학적 연구도 많았으며, 최근에는 세대 차이를 보이는 언어에 대한 연구도 있다. 남북한 언어의 차이도 한국 사회가 가지고 있는 빼놓을 수 없는 사회언어학적 현상이다. 한국어 사회방언의 특징들에 대해서 알아보기로 하자.

11.2.2 성별 언어의 차이

남성과 여성의 언어 차이는 크게 두 가지로 나눌 수 있다. 하나는 표현 대상이 남자냐 여자냐의 차이로 나눈 것이고, 다른 하나는 말하는 사람, 즉 화자(話者)가 남자냐 여자냐의 차이로 나눈 것이다. 한국어에서는 남자보다는 여자를 대상으로 한 언어의 특징이 더 두드러지게 나타나므로 여성어를 예로 들어보겠다. 먼저 성별대상어와 성별발화어로 나눌 수 있다.

성별대상어는 다시 절대남성어, 상대남성어, 통성어, 상대여성어, 절대여성어로 나눌 수 있다. 여성 대상어는 여성을 대상으로 한 단어를 말한다. 예를 들어 여성 대상어 중 절대여성어는 절대적으로 여성에게만 사용하는 것이고, 상대여성어는 상대적으로 여성적인 언어를 말한다. 절대여성어의 예로 '누나'를 들 수 있다. 화자가 남자이면 자기보다 나이가 많은 여자 형제에게 누구나 '누나'라고 부른다. 그리고 '누나'는 여자에게만 쓸 수 있는 단어이다. '언니'는 화자가 여자이면 자기보다 나이가 많은 여자형제에게 '언니'라고 부를 수 있다. 혈연에 의한 관계가 아니더라도 학교나 사회에서 만난 자기보다 나이가 많은 여자 선배에게 다 사용할 수 있다.[13] 그런데 상대여성어는 '단아하다, 고상하다'처럼 여성적이기는 하지만 남자에게 사용하는 것이 불가능한 것은 아닌 단어를 말한다. 반대로 '늠름하다, 건장하다'가 남성적이기는 하지만 여자에게 사용하는 것이 불가능한 것은 아닌 것과 마찬가지이다. 상대적인 여성어라는 뜻이다.

다음으로 성별발화어는 여성 발화어와 남성 발화어로 나눌 수 있다. 여성 발화어는 화자가 여자인 경우를 말한다. 발화시 여성 화자의 특징을

---

13) 화자가 남자인 경우도 요즘은 '언니'라고 호칭한다. 다만 여자형제가 아닌 가게나 식당의 종업원을 부르는 호칭에 해당하여 다른 차원의 현상이므로 여기에서는 논하지 않기로 한다.

보면 남자들에 비해서 상대적으로 표준어와 공손한 표현을 선호하는 경향이 있다. 피동형, 감탄사, 부가의문문, 의문문 억양을 많이 사용하고 불필요한 반복이 많으며 형용사의 사용이 다양하다. 맞장구치기에도 적극적이다. 반면에 남성 발화어는 화자가 남자인 경우를 말하는데 남자들은 능동문을 많이 쓰고, 농담, 욕설, 속어와 은어, 과장표현의 사용이 많다고 한다.

예전에는 한국어에 여성 대상어와 남성 대상어의 차이가 많이 나서 여성을 비하하는 여성어가 많았는데 점차적으로 대상어보다는 발화어에서 차이를 더 많이 보이게 되었다. 현재는 남녀 성 차이를 보이는 단어가 생성되더라도 이를 없애려는 노력이 엿보이거나 동등하게 대응어가 만들어지는 추세이다.

11.2.3 세대별 언어의 차이

연령차(age difference)는 동시대(同時代)에 살고 있는 여러 세대가 언어의 차이를 보이는 세대 차이(generation difference)를 말한다. 예를 들어 기성세대는 '무릎이, 밭을'이라는 어형을 [무르피, 바틀]로 발음하는데 동시대를 살고 있는 신세대들은 [무르비, 바슬]로 달리 발음하는 것과 같은 차이이다. 자연스러운 발음 변화의 결과로 생긴 언어 차이를 말한다. 또한 청소년층(adolescent)은 일시적으로 유행하는 말들을 많이 만들어 쓴다(예: 열폭, 깜놀, 헐 등). 이는 진부함을 털고 신선한 느낌을 주는 새로운 말을 찾거나 자기 또래끼리의 결속력이나 유대감을 강화하기 위한 경우가 많다.

요즘은 의사소통이 SNS(Social Network Service)에서 많이 이루어지고 있어서 이를 사용하는 세대와 사용하지 않은 세대 사이에서 언어 차이가 심하게 나타난다. 특히 문자언어의 사용이 확대되면서 쓰기에 간편한 준말이나 약어의 사용이 많아졌는데 이러한 어휘에 대해서 노년층들은 잘 모르기 때문에 언어소통에 문제가 생길 수 있다.

> **예**
> 금사빠(금세 사랑에 빠지는 사람), 볼매(볼수록 매력), 엄친아(엄마 친구 아들), 열공(열심히 공부하자), 완소(완전 소중한), 지못미(지켜주지 못해 미안해), 출첵(출석 체크), 훈남(정이 가는 훈훈한 남자) 등

그런데 이는 나이의 차이가 아니고 소통 수단의 차이이기도 하다. 나이가 많아도 SNS를 활발하게 사용하면 이러한 유행어로 소통이 잘 이루어지고 나이가 적어도 SNS를 사용하지 않으면 소통이 이루어지지 않을 수 있기 때문이다. 다만 나이가 적으면 SNS를 사용할 확률이 높고, 나이가 많으면 SNS를 사용할 확률이 낮기 때문에 세대 차이를 수반한 언어 차이가 나타나는 것이다.

세대 차이를 보여주는 다른 유형이 있다. 한 인간이 연령에 따라서 언어의 차이를 보이는 것이다. 연령 단계(age-grading)는 유아층, 청소년층, 중년층, 노년층으로 나눌 수 있고, 세대별로는 10대 이전, 10대, 20대, 3,40대, 5,60대, 70대 이상으로 나눌 수 있다. 연령 단계별로 자기 나이에 맞는 언어 형태를 선택해서 쓰면서 언어 차이를 보인다는 것이다. 예를 들어 한 인간이 어렸을 때는 '엄마, 밥 줘.'라는 식의 문장을 자연스럽게 사용하지만 청소년 시기에는 '엄마, 밥 주세요.'로 쓰다가 중년이나 노년층이 되면 '엄마'보다는 '어머니'로 호칭이 바뀌고 어렸을 때 자연스럽게 사용하던 문장 사용이 어색해짐을 느낀다. 반대로 중장년층이 주로 사용하는 '자네, 나 좀 보게.'와 같은 문장을 10대나 20대가 사용한다면 매우 어색하게 느껴질 것이다.

11.2.4 계층별 언어의 차이

한국사회의 계층에 대한 분류는 다양하게 연구되었다. 한국사회가 옛날에는 양반과 평민, 상민으로 계층이 나뉘었기에 양반어에 대한 연구가 있었으나, 현재는 계급사회가 아니어서 사회 계층을 어떻게 나눌 것인가에 대한 의견이 분분하다.

사회계층을 '재산, 학력, 직업, 수입, 가문, 인격'으로 나누기도 하고(김영모 1982), '학력, 직업, 재산'을 기준으로 7단계(상류/상중류/중중류/하중류/상하류/중하류/하하류)로 나누기도 한다(이주행 1999). 대체적으로 학력, 직업, 재산을 계층을 나누는 기준으로 보았을 때, 계층이 높을수록 '이'모음 역행동화 현상이 덜 나타나고(예: '(기가, 목이) 맥히다'보다는 '막히다'를 사용), 표준어 구사를 더 많이 하며, 정확하고 긴 문장을 사용한다고 한다.

11.2.5 남북한 언어의 차이

한국 사회만이 가지고 있는 특별한 상황으로 인하여 남북한의 언어가 많은 차이를 가지고 있는데 이는 지역방언이면서 동시에 사회방언의 하나로 특징지을 수 있다. 남한과 북한이 6.25 전쟁 이후 분단되고 분단의 시간이 길어지면서 점차 이질적이 되어 남북 두 사회의 언어는 남한어와 북한어로 나누어지게 되었다. 그동안 남북한 언어의 차이에 대한 연구가 많았는데 이는 일종의 사회언어학적 연구이다. 남북한 언어가 발음, 조어법, 어휘, 언어규범, 화법 등의 차이를 보이는데 특히 억양 및 발음, 한자어와 외래어의 수용 등에서 이질적인 모습을 드러낸다. 남북한 언어의 주요 차이점은 다음과 같다.

1) 발음의 차이

남북한 발음법 중 차이가 많은 것으로는 두음법칙과 구개음화를 들 수 있다. 먼저 두음법칙을 비교해 보면 남한에서는 어두에 오는 'ㄹ'과 'ㄴ'을 제 음가대로 발음하지 않는 두음법칙이 있다. 어두의 'ㄹ'은 단모음 앞에서는 [ㄴ]으로 발음하고(예: 래일[내일]), 이중모음 앞에서는 [ㅇ]으로 발음한다(예: 룡[용]). 어두의 'ㄴ'은 단모음, 이중모음 상관없이 모음 앞에서 [ㅇ]으로 발음한다(예: 닉명[익명], 녀자[여자], 년말[연말] 등). 그런데 북한에서는 어두에서 'ㄹ'과 'ㄴ'을 제 음가 그대로 [ㄹ], [ㄴ]으로 발음한다(예: 로인[로인], 로동당[로동당], 녀자[녀자] 등)

다음으로 구개음화를 비교해 보면 남한에서는 '이' 모음이나 반모음 'j' 앞에 'ㄷ, ㅌ'이 오면 'ㅈ, ㅊ'으로 바꾸어 발음하고(예: 굳이[구지], 같이[가치]), 북한에서는 구개음화가 일어나지 않고 제 음가 그대로 연음된다(예: 굳이[구디], 같이[가티]).

2) 어휘의 차이

남북한 어휘가 달라진 이유는 첫째, 서로 다른 지역과 계층을 중심으로 표준이 되는 말을 정했기 때문이다. 남한어는 서울말을 중심으로 하고, 북한어는 평양말을 중심으로 한다. 둘째, 남한어에는 한자어와 외래어로 된 신어들이 날로 늘어나고 있는 반면에 북한에서는 한자어와 외래어를 쓰지 않기 위해서 말다듬기를 하였기 때문이다. 특히 이념과 체제의 차이로 인해 생긴 다듬은말은 이질화가 심하다. 북한의 문화어를 살펴보면 사회주의적 이념이나 북한 특유의 제도와 풍물을 가리키는 것이 많아 남한어와 차이를 보인다(정희원 2000:139). 남한어와 북한어의 이질성을 자세히 살펴보기로 하겠다(문금현 2004c, d).

(1) 어휘 의미의 차이

고유어의 경우 첫째, 북한어는 남한어보다 세부적인 의미를 가진 다른 단어를 하나 더 가지고 있는 경우가 많다. 같은 단어를 사용하더라도 미세한 의미 차이를 수반한다(+뒤는 북한어에만 있는 단어이고 ( )은 세부 의미 특징임).

예
- 어감 차이: 번정다리+삐정다리, 질버덕거리다+질바닥거리다(작은 느낌)
- 강조 표현: 벌렁코+발딱코(코끝이 위로 더 잦혀짐을 강조), 속임수+오그랑수
- 홀대 표현: 눈인사·묵례(默禮)+벙어리인사(놀림조), 혀바닥+혀가락(홀대)
- 좁은 의미: 고슬고슬+코슬코슬(풀기가 더 적음), 떼쟁이+질떼군(짓궂게 떼를 쓰는 사람), 부엌데기+부엌어멈(나이가 지긋함), 잰걸음+쪼각걸음(보폭이 더 넓음)

둘째, 반대로 더 포괄적인 의미를 가진 단어들도 있다.

예
경작(耕作)·경작지(耕作地)+부침(경작하는 일과 땅을 함께 의미)·부침땅, 미워하다(행동의 직접성)+미우다(행동의 직·간접성), 흐물하다+훔훔하다(남한어의 '연하다'와 '흐물하다'를 합친 뜻)

셋째, 기본의미는 같으나 비유의미에서 차이를 보이는 것들이 있다. 남한어의 비유의미는 일상적인 데에 비해서 북한어의 비유의미는 정치·사회적인 데에서 기인한 점이 다르다.

예
남한어: 큰물[넓고 큰 곳], 쌀벌레[일하지 않고 먹고 노는 사람]

북한어: 이슬길[새로운 것을 위해 남보다 먼저 걷는 길], 초행길[처음으
　　　　로 걷게 되는 투쟁 노정]

(2) 남한에만 있는 어휘

　남한어에는 한자어가 차지하는 비중이 크고 한자어와 외래어로 된 전문용어와 신어가 많은 반면 북한어에는 외래어와 한자어를 배제하므로 남한에만 있는 어휘는 한자어와 외래어가 대부분이다. 급변하는 남한 사회의 제도나 문물에 의해서 새로 생긴 한자어 일상어나(예1) 한자어로 된 법률용어와 외래어로 된 운동용어의 이질화가 가장 심하다(예2). 또한 비속적인 의미가 덧붙여져 다의화를 겪은 단어(예3)나 비속적 관용구절(예4)도 남한 어휘의 이질성을 드러내 준다. 새터민들도 한자어와 외래어가 생소하고 이해하기가 힘들다고 한다.

예1
기성세대(旣成世代), 단합대회(團合大會), 문제아(問題兒), 사생활(私生活), 성수기(盛需期), 신상명세(身上明細), 자판기(自販機), 전업주부(專業主婦)

예2
- 법률용어: 승소(勝訴), 영장(令狀), 용의자(容疑者), 친권(親權), 탄핵(彈劾)
- 경제용어: 원리금(元利金), 유찰(流札), 인건비(人件費)
- 운동용어: 벙커, 셔틀콕, 에어로빅, 월드컵, 캐디, 타이스코어

예3 까다, 뒤집어지다, 열라, 졸라, 쫄다

예4 방방뜨다, 배째다, 병찌다, 뻥까다, 열받다, 짱이다

(3) 북한에만 있는 어휘

　북한에서 생겨난 한자어 신어들은 과학 기술의 발전이나 사회적 진보에 의한 것이 대부분이다(예1). 특히 말다듬기에 의해서 만들어진 것 중에서 북한의 이념이 반영된 정치·경제·군사 용어와(예2)(조선어어휘편람

2002:32) 당 차원에서 만들어진 북한어 은어를(예3) 남한 주민들이 가장 생소하게 생각했다(조오현 외 2002:177).

예1 가두녀성, 가정혁명화, 닭공장, 동요분자, 밥공장, 평양속도
예2 수령복, 옹위정신, 육탄정신, 인민행렬차, 자폭정신, 태양절
예3
- 당간부와 특권층에 관한 은어: 재앙당, 콩사탕
- 북한당국의 정책과 주민통제에 관한 은어: 다마네기정책, 독거미
- 김일성, 김정일 부자와 관련된 은어: 김피네동무, 올챙이

3) 화법의 차이

남한의 화법도 북한의 화술도 규범적인 성격을 가지고 있지는 않다. 북한의 경우는 실용주의 언어학을 중시하고 김일성의 화술을 가장 이상적인 언어로 보고 모범으로 삼고 있다. 북한에서의 화술은 주체사상을 전달하거나 정치 선전을 하는 중요한 수단 중의 하나이다. 이 점이 남한의 화법과의 큰 차이점이다. 선동 연설, 웅변의 입말 화술의 특징은 다음과 같다(조오현 외 2002: 223-233).

예
- 짧고 쉬운 말로 선동 연설, 웅변의 표현 수법을 사용한다.
- 설득력과 호소성 높은 표현 수법으로 되풀이수법, 반문, 질문의 수법을 사용한다.
- 발음과 말소리에 힘이 있고 분명하며 전투적이다.
- 선동 연설에서는 강조하는 부분에 힘을 주면서 높인다.
- 선동 화술의 말 속도는 1분간 평균 240-250자를 말하는 정도로 끌고 나간다.

> ## 11장 주요 참고문헌
>
> 한국어 지역방언론에 대한 주요 참고문헌은 이익섭(1986, 2000), 이상규(2003) 등이고, 사회방언론은 이익섭(1994, 2001, 초판 1986), 민현식(1997), 이주행(1999)을, 남북한 언어의 차이는 고영근(1989), 조오현 외(2002), 문금현(2004c,d, 2007)을 참고하였다.

12장 한국어학 보고서 작성법

앞에서 한국어학에 대한 지식을 배우고, 한국어학을 연구한 논문들을 접해 보았다. 이제 국어학의 주제를 하나 선정하여 직접 소논문 형식의 보고서를 써보는 연습을 해보도록 하자. 보고서 작성법의 주요 내용을 보고서가 갖추어야 할 형식적인 요건과 내용적인 요건, 기타 요건으로 나누어서 설명한다.14)

12.1. 보고서의 형식적인 요건

보고서가 갖추어야 할 형식적인 요건은 다음과 같다.

12.1.1 표지 작성법

먼저 표지에 들어가야 하는 정보로는 제목과 함께 학과목명, 담당교수,

---

14) 보고서의 예시들은 실제 '국어학의 이해' 수업을 수강했던 학생의 보고서 내용을 기본적인 바탕으로 수정, 보완하여 재구성한 것이다.

제출일, 제출자의 소속 학과, 학번, 이름이 제시되어야 한다. 표지의 왼쪽 상단에는 학과목명, 담당교수, 제출일에 대한 정보가 제시되어야 한다. 글자 크기는 9포인트 정도가 무난하다. 표지 가운데에는 논문 제목이 제시되어야 하는데 보고서 내용을 잘 드러내 줄 수 있는 주제여야 한다. 글자 크기는 15~20 포인트 정도가 좋다. 오른쪽 하단에는 제출자에 대한 정보로서 소속 학과, 학번, 이름이 제시되어야 한다. 글자 크기는 11포인트 정도이다.

예 보고서 표지 예시

```
과목명: 국어학의 이해
담당교수: 문금현
제출일: 2020. 05. 21



          신조어 형성에 나타나는 약어의 양상 연구
          -SNS 상에 나타난 최근 5년 동안의 신조어를 중심으로-




                                    학과: 한국어문학부
                                    학번: 1900000
                                    이름: ○○○
```

12.1.2 제목 작성법

제목은 논문의 내용을 정확하게 반영해 주어야 한다. 체언형 구절로 표현하도록 하고, 너무 길어지면 하이픈을 넣고 부제를 달아주는 것이 좋다. 간혹 학과목명을 제목으로 하는 경우가 있는데 '국어학의 이해'라든가 '국어 음운론 연구', '국어의미론 연구'와 같은 것은 너무 광범위해서 소논문 제목으로는 맞지 않는다. 일반적으로 '-에 대한 연구, -에 대한 고찰, -에 대한 분석' 등으로 많이 한다. 실제 학생들의 보고서 주제를 예로 들면 다음과 같다.

> **예** 보고서 제목 예시
> - 외래어 오표기의 문제점 및 개선 방안 -식품명을 중심으로
> - 높임법의 오용 현상에 대한 연구
> - 온라인 PC게임에서 사용하는 은어에 대한 연구 리그오브레전드, 배틀그라운드를 중심으로-
> - 외래어 사용의 문제점과 외래어 순화의 한계
> - 신조어 변화 양상과 이유 분석 -한글 파괴형 신조어를 중심으로-
> - 코로나19 시대에 따른 나라별 신조어의 양상 비교 연구 -독일, 일본, 한국을 중심으로-
> - 다의어와 동음이의어의 구분 -'아가씨' 단어의 의미를 중심으로-
> - 인터넷 상의 한국어 공손 화용표현 연구 -공손 어법과 쿠션어의 비교: 디지털 대화를 중심으로-
> - 담화표지 '뭐'의 의미와 기능 분석
> - 이모티콘 사용의 화용론적 연구 -20대 모바일 커뮤니케이션을 중심으로
> - 사회적 인식에 따른 여성어 변화 -드라마, 예능을 중심으로-
> - 한국어 속에 자리잡은 번역투

12.1.3 목차 작성법

　목차는 논문의 전체 구성 체계를 보여주면서 개요 역할을 하기 때문에 논문의 얼굴이라 할 수 있을 정도로 중요하다. 목차 구성은 최소한 3개 이상의 장으로 이루어져야 한다. 일반적으로 본문은 1장 서론(또는 머리말, 들어가는 말), 2장 본론, 3장 결론(또는 마무리, 나오는 말)으로 나눈다. 그리고 마지막에 참고문헌과 부록이 나온다.

　본문의 각 장을 다시 세부적으로 나누게 되는데 1장 서론은 그대로 하나의 장으로 두기도 하고, 하위에 절을 두어 1.1 연구 목적과 방법, 1.2 선행연구로 나누기도 한다. 2장 본론은 대체로 2.1, 2.2, 2.3 등으로 나누어서 논의를 편다. 다시 절의 하위를 2.1.1, 2.1.2, 2.1.3 등으로 세분하기도 한다. 내용에 어울리는 소제목을 달아주면서 하위를 나눈다.

　2장 본론의 내용을 보면, 2.1은 개념 정의 등 기본적인 논의에 대한 것이 나오는 경우가 많고, 2.2와 2.3은 본격적인 내용을 다룬다. 3장에는 결론이 나온다. 3장 결론은 대체로 나누지 않는다. 아래 A 유형의 구성 체계가 이에 해당한다. 가장 단순한 구성이라 하겠다.

예 A 유형

목차

1. 서론 ·· 1
      1.1. 연구 목적과 방법
      1.2. 선행 연구
2. 본론 ·· 4
      2.1. 소제목
          2.1.1 소제목
          2.1.2 소제목
          2.1.3 소제목
      2.2. 소제목
          2.2.1 소제목
          2.2.2 소제목
          2.2.3 소제목
      2.3. 소제목 ··· 18
3. 결론 ·· 20
참고문헌
<부록>

그런데 2장 제목을 본론으로 하지 않고 내용에 따라서 제목을 직접 붙이는 경우는 2장이 기본적인 논의가 되고, 3장, 4장은 본격적인 내용의 제목을 바로 붙이게 된다. 마지막 장이 결론이다. 아래 B 유형의 구성 체계가 이에 해당한다. A유형을 재구성하여 B유형으로 만들었다고 볼 수 있는데 요즘은 A유형보다 B유형을 더 선호한다.

예 B 유형

목차

1. 서론 ·· 1
2. 소제목(A유형의 2.1의 소제목을 2장으로 그대로 제시)
    2.1. 소제목(2.1.1의 소제목을 2.1로 그대로 제시) ············ 4
    2.2. 소제목(2.1.2의 소제목을 2.2로 그대로 제시)
    2.3. 소제목(2.1.3의 소제목을 2.3으로 그대로 제시)
3. 소제목(A유형의 2.2의 소제목을 3장으로 그대로 제시) ············ 10
    3.1. 소제목(2.2.1의 소제목을 3.1로 그대로 제시)
    3.2. 소제목(2.2.2의 소제목을 3.2로 그대로 제시)
    3.3. 소제목(2.2.3의 소제목을 3.3으로 그대로 제시)
4. 소제목(A유형의 2.3의 소제목을 4장으로 그대로 제시) ············ 18
5. 결론 ·· 20
참고문헌
<부록>

A유형이든 B유형이든 내용에 맞추어서 소절로 세분을 잘 해야 체계적인 논문 구성이 된다. 다만, 하위 항목이 하나만 있는 경우는 하위 항을 만들지 않는다. 하위 절을 만들어 소제목을 붙이는 경우에는 하위 절들끼리 내용이 동등해야 한다는 점에 유의해야 한다.

  이렇게 숫자를 사용하여 만든 목차 형식을 수목차(數目次)라고 한다. 국어학계에서 가장 많이 사용하고 있는 목차 유형이다. 목차에는 본문의 페이지를 그대로 표시해 준다. 참고문헌이나 부록에는 페이지를 표시하지 않는다.

예 보고서 목차 예시

목차

1. 서론 ··· p.1
2. 기본적인 논의
    2.1. 용어 정리 ··· p.2
        2.1.1 신조어의 개념 정의
        2.1.2 약어의 개념과 범주
    2.2. 약어 신조어의 유형 ·· p.6
        2.2.1 형식 단위별 분류
        2.2.2 내용별 분류
3. 신조어 형성에 나타나는 약어의 유형별 특징
    3.1. 단어 약어화의 특징 ··· p.10
    3.2. 구절 약어화의 특징 ··· p.12
    3.3. 문장 약어화의 특징 ··· p.15
    3.4. 신조어 약어의 유형별 양상 비교 ································· p.16
4. 신조어 형성 과정에서 약어가 사용되는 이유 ··················· p.18
5. 결론 ·· p.20
참고문헌
<부록>

12.2. 보고서의 내용적인 요건

보고서가 갖추어야 할 내용적인 요건은 본문 내용이 갖추어야 할 것으로 서론, 본론, 결론의 내용을 말한다.

12.2.1 서론 작성법

본문이 시작되면 내용적으로 가장 먼저 서론이 나오는데 서론에는 왜 이 연구를 하게 되었는지를 밝히면서 연구의 필요성을 제시해야 한다. 연구 대상과 범위가 어디까지인지, 그리고 연구방법론도 밝힌다. 또한 연구의 결과가 어디에 어떻게 효율적으로 쓰이는지 연구의 의의를 피력한다. 마지막 문단에는 논문의 서술 순서대로 장별로 어떤 내용을 다룬다고 간단하게 정리해 준다.

예 보고서 서론 예시

Ⅰ. 서론

사람들 간의 대화에서 신조어를 찾아보기 매우 쉬운 시대가 되었다. 시대의 변화에 따라 새로운 신조어들이 탄생하고 있기 때문인데, 특히 SNS나 인터넷 커뮤니티 사이트 등 온라인상에서 발생된 신조어들의 경우, 생성 속도가 매우 빠르고 광범위하게 전파되는 양상을 보이고 있다. 젊은 언중들 사이에서는 신조어를 사용하는 것이 유행처럼 번져가고 있고, 필자는 실제로도 그 사용 횟수가 상당한 편임을 인지했다. 나아가 실제로 사용하는 신조어들 중 대다수가 줄여진 형태로 만들어졌다는 것에 주목했다.(중략)

이처럼 의사소통의 경제성 때문에 줄이는 과정을 거쳐 형성된 신조어는 결국 줄이기 이전의 말을 재료로 하여 생성된다고 볼 수 있다. 이 재료들이 형태 축소를 통해 신조어가 되는 유형은 다양한데, 이주영·김정남(2014:48)은 기존 단어의 일부 음운 혹은 음절이 탈락하여 준말이 새롭게 등장하여 신어로 인식되거나, 기존 단어의 음절이 떨어져 남아있는 단어 형성소들이 서로 결합하여 신어를 이루게 되거나, 혹은 둘 이상의 단어가 모여 구 형식으로 사용되던 말이 각 어절의 첫 글자들이 대표음절로 남아 서로 결합돼 새로운 단어를 형성하는 방식 등이 있고, 최근에는 명사구나 더 확대된 형태에서도 널리 나타난다고 하였다. 특히 '갑분싸'나 '말잇못' 같은 사용 빈도가 높고 생성 시기도 비교적 최근인 신조어에서 형태 축소의 여러 방식 중 각 어절의 대표 음절을 따서 만들어진 약어 형태가 대부분을 차지한다는 것을 발견하였다.

따라서 본고에서는 신조어 형성 과정에서 약어가 생성되는 것에 주목하여 SNS 상에 나타난 최근 5년 동안의 예들을 대상으로 분석하고자 한다. 먼저 2장에서는 기본적인 논의를 하고, 3장에서는 신조어 형성에 나타나는 약어의 유형별 특징을 형식 단위와 내용별로 나누어 유형별 양상을 비교해 본다. 4장에서는 신조어 형성 과정에서 약어가 사용되는 이유를 밝히고자 한다. 이러한 연구의 결과는 최근 현대사회에서 일어나는 언어 현상을 가장 특징적으로 잘 보여줄 것으로 생각한다.

12.2.2 본론 작성법

1) 기본적인 논의

본론에서는 본격적인 논의가 시작되는데 처음에 논의할 주제에서 언급될 것에 대한 기본적인 논의가 필요하다. 개념 정의나 이론 같은 것이 있으면 처음에 소개하고 시작하도록 한다. 기본적인 논의 사항으로는 용어에 대한 정의, 개념, 유형 분류 등이 해당된다. 기본적인 논의는 간단하게 하도록 하고 분량을 너무 많이 할애할 필요는 없다.

> **예** 보고서 기본적인 논의 예시

---

2. 기본적인 논의
2.1. 용어 정리
2.1.1 신조어의 개념 정의(생략)
2.1.2 약어의 개념과 범주

    약어에 대한 개념을 정리해 보도록 하겠다. <표준국어대사전>은 약어를 '사이'가 '새'로 된 것 따위의 단어의 일부분이 줄어든 것을 말하거나, 두 단어 이상으로 이루어진 표현을 원어로 하여 각 단어에서 주로 한 음절씩 뽑아 만든 어휘라고 칭한다. 약어에 관한 정의는 형태론적 삭감을 인정하느냐의 여부로 나뉜다. 이에 관해 수많은 학자들이 형태론적 삭감에 대해 논의해 왔지만 실제로 음운론적 삭감으로만 약어를 설명하기에는 어려운 현상들이 꽤 있고, 본고에서 살펴보기로 한 부분도 그러한 예에 속한다.
    따라서 본고는 이지양(2003:293)에서 약어를 "단어 또는 통합관계를 이루는 구에서 음운론적·형태론적 삭감이 일어난 결과 음절수가 줄어 형성된 단어"라고 정의한 것과 같이 형태론적 삭감을 인정하는 입장을 취한다.
    약어의 성립 조건은 임욱정(2016:51-53)을 따른다. 첫째, 음절수에서 차이를 보이되 원어는 최소한 2음절 이상의 언어 단위를 만족시켜야 하고, 둘째, 약어가 원어에 형태적으로 완전히 포함되어야 한다. 셋째, 원어로부터 줄어든 약어가 되고 나서 그 둘이 지니고 있는 의미가 동일하여 서로 교체될 수 있어야 하고, 넷째, 원어로부터 약어가 된 결과 단어나 단어 성격을 띤 언어 단위여야 하며, 다섯째, 약어가 이루어진 구성 성분의 순서가 원어와 일치해야 한다.
    준말과 약어가 완전히 일치하지는 않지만, 준말에서도 비슷한 정의를 찾아볼 수 있다. 도원영, 김의수, 김숙정(2007:291)은 두 어휘의 동의관계에 있고, 음절수에서 차이를 보이며, 한 어휘가 다른 어휘에 형태적으로 완전히 포함되어야 한다고 주장한다.
    이를 통해 약어의 성립 조건을 종합해보면 다음과 같다. 첫째, 약어는 원어보다 음절 수가 적다는 차이를 보여야 한다. 둘째, 약어와 원어는 의미상의 변화가 생겨서는 안 된다. 셋째, 약어는 원어의 문법 성질을 그대로 따라야 한다.

2) 선행 연구

논문 작성에 있어서 자기 논문과 같은 주제로 이루어진 선행 연구들을 찾아보고 정리하는 과정은 가장 기본적으로 이루어져야 할 작업이다. 선행 연구를 살펴봄으로써 이 주제로 지금까지 연구된 바를 파악하면서 본인 논문의 중점적인 부분을 결정할 수 있게 된다. 선행 연구에서 미진한 부분이 있으면 이에 대한 문제점을 찾아서 언급해 주고, 이에 대한 해결을 어떤 식으로 하겠다는 내용을 제시한다.

선행 연구를 서술하는 방식은 간행 순서대로 하거나 세부 주제별, 문제점 해결 방안별 등으로 접근할 수 있다. 간행 순으로만 나열하는 서술 방식은 연구 성과에 대한 파악이 어려울 수 있으므로 세부 주제별로 정리해 가면서 간행 순으로 언급하되 사안에 따라서는 간행 순서를 바꾸더라도 문제 해결 상황별로 서술하는 것이 효율적이다.

3) 자료 조사

이제 본격적인 논의가 시작된다. 연구 대상으로 삼은 자료에 대한 조사가 이루어지는데 이에 대한 조사 과정을 상세하게 소개해 주어야 한다. 그리고 자료 조사 결과를 잘 정리해서 제시해 주어야 한다.

예시 한두 개로 일반화를 해서 결론을 내리는 경우가 있는데 표본조사가 될 정도의 양으로 대상을 삼아야 한다. 자료 조사 대상의 범위를 넓게 하면 유형별 특징을 통계적으로 설명할 수 있고 비교 설명도 가능해져서 더 좋다. 소량으로는 문제 제기 형식의 논문밖에 쓸 수가 없다.

기존의 조사와 다른 유형의 자료를 대상으로 하여 선행 연구와 비교해 보는 방법도 좋다. 예를 들어 문어 자료를 대상으로 한 연구가 있었다면 구어 자료를 대상으로 해볼 수 있고, 공시적 자료를 대상으로 한 연구가 있으면 통시적 자료를 대상으로 시도해 보는 것이다.

자료 출처의 차이에 따른 비교도 다양하게 접근할 수 있다. 인터넷 사이트의 자료를 대상으로 한 연구와 최근 유튜브에 나오는 자료를 대상으로 차이를 비교할 수도 있고, 방송 매체와 인쇄 매체에 나타난 차이를 비교할 수도 있으며, 방송 매체 내에서 프로그램의 성격에 따라서 TV 드라마나 토크쇼에 나타난 현상의 차이를 비교할 수도 있다. 아무튼 자료 조사를 직접 해 보는 것이 많은 도움이 될 것이다.

예 보고서 자료조사 결과 예시

2.2. 약어 신조어의 유형
2.2.1 형식 단위별 분류

본고에서는 최근 5년 동안 SNS 상에 나타난 신조어 중에서 약어를 대상으로 자료를 수집하였다. 먼저 약어의 형성 과정에 나타나는 유형을 형식 단위별로 나누어 보면 다음과 같다.

1) 단어의 약어화
 단어가 결합되어 약어 단어가 된 유형들은 다음과 같다. 복합어들이 약어가 되는 유형으로 새 단어의 결합까지 여기에 포함시켰다.
 예) 미드←미국 드라마, 열폭←열등감 폭발, 취존← 취향 존중, 경단녀←경력 단절 여성, 엄친딸←엄마 친구 딸 등

2) 구절의 약어화
 구절이 결합되어 약어 단어가 된 유형들은 다음과 같다.
 예) 심쿵←심장이 쿵쿵거리다, 심멎←심장이 멎음, 말잇못← 말을 잇지 못하다, 낄끼빠빠←낄 때 끼고 빠질 때 빠져라, 졌잘싸←졌지만 잘 싸웠다, 금사빠←금방 사랑에 빠지다, 빼박←빼도 박도 못하다, 혼밥←혼자 밥 먹다, 안물안궁←안 물어봤고 안 궁금하다, 할많하않←할 말은 많지만 하지는 않겠다 등

3) 문장의 약어화
 문장이 결합되어 약어 단어가 된 유형들은 다음과 같다.
 예) 갑분싸←갑자기 분위기가 싸해지다, 내로남불←내가 하면 로맨스, 남이 하면 불륜

 형식 단위별 약어의 특징을 보면 구절이 결합되어 약어 단어가 된 유형들이 차지하는 비중이 가장 크게 나타났다.

2.2.2 내용별 분류
 약어의 의미 내용을 존재표현, 상황표현, 감정표현으로 유형을 나누었다.
 1) 존재 표현: 예) 미드, 취존, 경단녀, 엄친딸
 2) 상황 표현: 예) 갑분싸, 카공, 낄끼빠빠, 졌잘싸, 빼박, 별다줄, 혼밥
 3) 감정 표현: 예) 금사빠, 말잇못, 심쿵, 심멎, 안물안궁, 열폭, 할많하않

설문조사를 했을 경우에는 제보자, 설문지, 조사 방법을 밝혀야 하고, 설문조사 결과를 성별, 세대별 등의 기준으로 비교 분석해 본다. 성별, 세대별 비교를 할 수 있도록 설문 대상자를 잘 선정해야 한다.

4) 자료 조사 결과 분석

자료 조사 결과에 대한 자기 분석과 해석이 필요하며, 해석 과정에서 논문의 창의성이 드러나게 되는데 이때 왜 이러한 언어 현상이 나타났는지에 대한 자신의 생각을 피력하는 것이 중요하다. 간혹 자료 조사 결과를 현상만 그대로 제시하고 만 경우가 있다. 자료를 분석하고 분석 결과가 나타난 이유에 대한 필자 자신의 생각을 써 주어야 창의적인 연구가 된다. 대상 자료 조사 결과를 바탕으로 분석을 해 보았더니 어떤 특징들이 나타났는데 그중 몇 %는 이러한 특징이 나타났고, 몇 %는 저러한 특징이 나타났다고 통계 처리를 통한 해석을 해 준다. 표로 정리해서 제시해 주면 분석 결과를 한눈에 이해하기가 쉽다. 그리고 마지막에 이러한 결과가 나오게 된 것은 무슨 이유 때문일 것이라고 의견 제시를 하는 것이다.

> **예** 보고서 자료조사 결과 분석 예시
>
> 4. 신조어 형성 과정에서 약어가 사용되는 이유
>
> 　신조어 형성 과정에서 약어가 사용되는 이유를 세 가지로 분석해 볼 수 있다. 첫째, 약어를 사용하면 시간과 노력 등을 줄일 수 있다는 경제성을 추구했기 때문이다.(중략) 예를 들면 '농협'이나 '갑근세'같은 대표적인 약어의 원어 역시 농업협동조합'이나 '갑종근로소득세'처럼 말이 길고 어려워 뜻이 정확히 전달되기 어려울 수 있다. 그러나 약어를 사용한다면 오히려 의사소통에서 경제성을 갖추기가 더욱 쉬워진다. 이 원리가 신조어에서도 나타난다. 신조어 '버카충'의 경우 "나 버스 카드 충전해야 해"는 언어의 경제성에서 차이를 보인다.(중략)
> 　둘째, 약어를 만드는 것이 비교적 쉽기 때문이다. 대표 음절을 뽑아 결합하여 만들어진 약어의 경우 둘 이상의 단어나 구 같은 어떤 말에서나 접목이 가능하다. 예를 들면 '오늘 즐거웠어요. 내일 봐요'를 '오즐냅봐'로 줄여 말한다.1) 비교적 적은 노력의 요구, 단순한 형태 축소 과정, 대부분의 말에 접목이 가능하여 신조어를 무수히 만들 수 있다는 특징 때문에 신조어

> 형성에 있어 언중들에게 약어가 주로 채택된다고 볼 수 있다.
> 셋째, 은비성(이선영 2016:282) 및 소속감을 추구할 수 있기 때문이다. 신조어 약어는 원어를 쉽게 유추하기 어려워 그 뜻을 아는 사람들만 사용할 수 있게 된다. 예를 들어 '개이득'은 처음 보는 사람도 뜻을 충분히 이해할 수 있지만, '낄끼빠빠'같은 경우는 누군가 알려주기 전까지 쉽게 원어를 유추하기 어렵기 때문에 은비성과 소속감을 추구하고자 약어 신조어가 생성될 수 있다.
>
> ──────────
> 주1) '오즐낼봐'은 실제 사용 신조어가 아닌 필자가 설정한 말이다.

5) 서술 방식

논문의 서술 방식은 장과 절이 시작되고 끝날 때마다 자기 목소리로 서술하는 것이 필요하다. 그리고 처음부터 끝까지 풀어서 서술식으로만 쓰게 되면 강조하고자 하는 내용을 부각시키기 어려우므로 중요한 핵심 내용은 서술하는 중간 중간에 표로 정리하여 보여주면 논문 구성이 체계적이라는 인상을 줄 수 있다. 본론의 마지막 절은 본론의 중요 핵심 내용을 요약해 주면 좋다.

12.2.3 결론 작성법

결론은 전체를 간단하게 요약해서 정리해 주면 된다. 그리고 이 연구 결과가 어떤 면에서 의의가 있고, 어떻게 활용될 수 있으며, 학계에 공헌한 바가 무엇인지를 피력하기도 한다. 미진한 점이 있으면 밝히면서 남은 문제에 대한 후속 연구를 기약하기도 한다.

예 보고서 결론 예시

> **5. 결론**
>
> 　이상으로 신조어에서의 약어의 성립 조건을 통해 약어가 가지는 특성을 알아보았다. 약어의 성립 조건은 원어보다 음절의 수가 적다는 차이를 보여야 하며, 의미나 문법적인 변화가 생겨서는 안 된다.
> 　다음으로 신조어에서 약어가 대다수인 양상을 보이는 것은 첫째 언어의 경제성 추구, 둘째 생성의 용이성, 셋째 은비성과 소속감 형성의 이유 때문이다.
> 　한 시대의 문화를 머금은 신조어들은 계속해서 생겨나고 있으나 이들은 오랜 시간 사용되어 정착되기보다는 짧고 강렬하게 풍미한 후 역사 속으로 사라진다. 혹자는 무분별한 신조어의 탄생이 곧 우리말의 파괴를 초래할까 우려를 표하지만 필자는 오히려 신조어들의 활발한 활동이 우리말의 발전을 꾀할 또 다른 방식이 될 수 있다고 생각한다. 언어는 그 시대의 갈등이나 문화, 풍속 등을 표방하고 있기 때문이다. 이를 가장 완벽하게 내포하고 있는 것은 그 시대를 살아가는 사람들이 만들어 낸 신조어일 것이다. 우리의 모습이 곧 언어이기에 폭풍처럼 휩쓸고 곧 사라져버릴 이 신조어들을 면밀히 살피고 관심을 기울일 필요가 있다.
> 　이러한 연구의 결과는 최근 현대사회에서 일어나는 언어 현상을 가장 특징적으로 잘 보여주고 있다. 본고 역시 이러한 목적 하에 작성되었기에 앞으로 탄생할 신조어의 분류와 연구에 있어서도 작은 도움이 되길 바란다.

12.3. 기타 요건

12.3.1 주석 다는 법

　본문을 서술할 때에 다른 사람의 선행 연구 결과에서 가져온 내용, 즉 인용한 것은 반드시 출처를 밝혀 주석을 달아주어야 한다. '서지 정보를 제시해 주는 주석'과 '설명을 해주는 주석'이 있는데 전자는 참조주, 후자는 설명주라고 한다.

1) 참조주

참조주(參照註)는 인용처의 서지 사항을 제시하는 주석이다. 주석을 본문 안에다 다는 방법이 있고, 본문 밖에다 다는 방법이 있다. 본문 안에 다는 주석을 내각주(內脚註)라고 하고, 본문 아래 밖에다 다는 주석을 외각주(外脚註)라고 한다.

> **예** 참조주 내각주 예시
>
> 이익섭(2001:127)에서는 '늙은 사람'의 '늙은'의 품사가 형용사가 아니라 엄연한 동사라고 했다. '젊는다, 젊지 말자, 젊는'은 성립되지 않지만 '늙다'는 동사로서 활용을 하고 있다. '늙다'는 엄연히 동사인 것이다.

내각주 다는 방식은 앞에 인용처를 먼저 제시하고 나서 인용 내용을 뒤에 제시하는 방법이 있고, 반대로 앞에 인용 내용을 다 제시하고 뒤에다 출처를 제시하는 두 방법이 있다. 그리고 이 인용처에 대한 전체적인 서지 정보는 참고문헌에 한 번만 제시해 주면 된다.

> **예** 내각주 참고문헌
> 이익섭(2001), 국어학개설, 학연사.

외각주 다는 방식은 본문에 주석 번호만 달고 본문 아래에다 따로 주석 번호만 빼서 서지사항을 제시한다. 역시 주석에 나오는 인용처는 반드시 참고문헌에 있어야 한다.

예 참조주 외각주 예시

> 그러나 '젊는다, 젊지 말자, 젊는'은 성립되지 않지만 '늙다'는 다음 예문에서 보듯 동사로서 활용을 하고 있다. '늙다'는 엄연히 동사인 것이다.[3]
>
> (13) a. 생각보다 빨리 늙는구나.
>   b. 우리는 늙지 맙시다.
>   c. 공부하는 즐거움에 늙는 줄도 모른다.
>
> ―――――――――
> 주3) 이익섭, 국어학개설, 학연사, 2001, pp.127-128.

예 외각주 참고문헌
이익섭, 국어학개설, 학연사, 2001.

  인용 페이지 표시는 한 페이지에서 인용했으면 p.127(또는 127쪽)로 쓰고, 복수 페이지를 인용했으면 pp.127-128(또는 127-128쪽)로 쓴다.
  참조주를 달 때 내각주로 하든 외각주로 하든 상관없지만 일관성 있게 하나만을 선택하여야 한다. 한 논문에 두 방법이 혼용되어서는 안 된다. 그리고 내각주든 외각주든 인용한 논문이나 책은 반드시 맨 뒤 참고문헌에 나와야 한다. 그런데 본문에 '심재기(1989)'으로 나왔으면 참고문헌에도 똑같은 순서로 나와야 한다.

    심재기(1989),「한자어 수용에 관한 통시적 연구」,『국어학』18, 국어학회.

  주3)처럼 간행 연도가 맨 뒤에 나와 있는 방식으로 본문에 썼으면, 참고문헌에도 다음과 같이 똑같은 순서로 해 주어야 한다.

    심재기,「한자어 수용에 관한 통시적 연구」,『국어학』18, 국어학회, 1989.

2) 설명주

설명주(說明註)는 본문에 서술하다가 부연 설명이 필요한 경우에 다는 주석을 말한다. 설명주는 본문 아래 밖에다 단다.

예 설명주 예시

> 다음으로는 색채어 관련 관용표현을 말뭉치에서 검색하여 색채별로 출현 빈도를 조사하였다.[4] 62개의 색채어 관련 관용표현이 말뭉치 내에서는 몇 번 출현했으며, 출현 빈도가 높은 관용표현은 어떤 것인지 알 수 있다.
>
> ─────────
> 주4) 말뭉치는 문화체육관광부/국립국어원에서 나온 21세기 세종계획(2011.12 수정판)의 원시말뭉치 63,632,472 어절 중에서 현대국어 37,748,430 어절을 대상으로 하였는데, 그중에서 문어말뭉치는 36,942,784 어절이고, 구어말뭉치는 805,646 어절이다.

일반적으로 참조주인 경우는 내각주로 달고, 설명주인 경우는 외각주로 단다. 참조주에서 제시한 인용처의 서지 사항 전체를 반복해서 제시할 필요 없이 참고문헌에 한 번만 제시해 주면 더 경제적이기 때문이다. 예전에는 참조주로 외각주를 썼는데 근래에는 주로 내각주를 사용한다.

보고서 본문에 주석을 전혀 달지 않는 경우도 있고, 간혹 주석 번호를 인용 문장의 앞에다 붙이는 오류를 보이는 경우도 있는데 예시의 주4)처럼 인용 문장의 뒤에 붙인다.

12.3.2 참고문헌 작성법

참고문헌은 주제별로 가장 최근에 나온 박사학위논문을 찾아보면 어디까지 선행연구가 진행되었는지를 한눈에 알아볼 수가 있다. 참고문헌의 제시 순서는 필자 이름의 한글자모순으로 배열한다. 한국인이 끝나면 동양인, 서양인 순서로 배열한다. 영문 저서명은 이탤릭체로 쓴다. 그 밖에 인터넷 사이트의 경우는 맨 마지막에 제시하면 된다.

서지 사항의 내용이 길어서 두 줄로 되는 경우는 둘째 줄을 들여 써야 하는데 이름이 끝나는 곳이나 간행 연도가 끝나는 곳 아래에서 들여 쓴다. 이때는 '훈글' 프로그램의 '서식'에서 '문단 모양'의 '내어쓰기' 공백을 30 정도로 설정해 놓으면 자동으로 들여쓰기가 된다.

인용 페이지 표시는 한 페이지에서 인용했으면 p.23(또는 23쪽)으로 쓰고, 복수 페이지를 인용했으면 pp.23~26(23~26쪽)으로 쓴다.

> **예** 논문 예시
> - 필자명(간행 연도), 논문 제목, 학술지명, 권호수, 학회명, 인용 쪽수.
> - 필자명, 논문 제목, 학술지명, 권호수, 학회명, 간행 연도, 인용 쪽수.
>
> **예** 저서 예시
> - 저자명(간행 연도), 책 제목, 출판사명, (인용 쪽수).
> - 저자명, 책 제목, 출판사명, 간행 연도, (인용 쪽수).

그런데 학회지마다 투고 규정이 다르기는 하지만 학술 논문에서 인용한 경우는 논문에서 직접 인용한 페이지만을 표시하는 경우가 일반적이고, 단행본은 페이지를 안 적는 경우가 많으며 꼭 필요한 경우에는 총 면수를 적는다. 그리고 본문에 동일 저서나 논문이 페이지만 달리하여 중복되어 나오는 경우도 있어서 본문 속 내각주로 언급된 것들을 함께 포괄해야 하므로 인용 면수는 내각주에서만 밝히고 참고문헌란에서는 생략하는 경우가 일반적이다.

예 보고서 참고문헌 예시 1: 내각주와 연동된 참고문헌

참고문헌

구본관(2008), 「한국어 색채 표현에 대한 인지언어학적 고찰」, 『형태론』 10-2, 형태론 편집위원회.
박선혜 외(2005), 「한국 속담에 나타난 서민의 색채 의식 연구」, 『한국색채학회지』 19, 한국색채학회.
이정애(2008), 「국어 색채어의 의미와 시각의 보편성」, 『한국어의미학』 27, 한국어의미학회.
장경현(2007), 「속담 속 색채어의 의미 연구: [흑/백] 계열어를 중심으로」, 『인문논총』 57, 서울대 인문학연구원.
Krzeszowski, Tomasz. P.(1990), The axiological aspect of idealized cognitive models, *Meaning And Lexicography*, John Benjamins Publishing Company Amsterdam/Philadelphia.

예 보고서 참고문헌 예시 2: 외각주와 연동된 참고문헌

참고문헌

구본관, 「한국어 색채 표현에 대한 인지언어학적 고찰」, 『형태론』 10-2, 형태론 편집위원회, 2008.
박선혜 외, 「한국 속담에 나타난 서민의 색채 의식 연구」, 『한국색채학회지』 19, 한국색채학회, 2005.
이정애, 「국어 색채어의 의미와 시각의 보편성」, 『한국어 의미학』 27, 한국어의미학회, 2008.
장경현, 「속담 속 색채어의 의미 연구: [흑/백]계열어를 중심으로」, 『인문논총』 57, 서울대 인문학연구원, 2007.
Krzeszowski, Tomasz. P., The axiological aspect of idealized cognitive models, *Meaning And Lexicography*, John Benjamins Publishing Company Amsterdam/Philadelphia, 1990.

참고문헌을 작성할 때에 앞에 번호를 붙이거나 중간에 한 줄씩 띄우는 경우가 있는데 번호는 붙이지 않으며 중간에 한 줄씩 띄어서도 안 된다. 학술지마다 투고 규정이 다양하여 학회의 규정을 따라야 하지만 가장 일반적인 예를 제시한 것이다.

12.3.3 부록 작성법

부록은 앞의 본문에서 지면의 제약을 받거나 본문의 서술에 지장을 주지 않기 위해서 참고하라고 뒤에 붙여주는 자료라고 할 수 있다. 설문지나 본문에 제시하지 못하고 남은 조사 결과 자료 등을 제시하는 경우가 많다. 설문지와 설문조사 결과 분석표를 제시한다.

예 부록 예시 1 - 설문지

[부록 1] 설문조사지 - 미각어 다의어에 대한 사용 양상 조사

안녕하세요? ○○○입니다. 저는 <미각어 관련 고정표현에 나타난 다의화와 인지의미의 양상>이라는 논문을 쓰고 있습니다. 5대 미각어인 '달다, 쓰다, 맵다, 짜다, 시다'를 본래의 맛의 의미로 사용하지 않고 다른 의미로 사용하는 관용표현들의 사용 실태를 조사하고자 합니다. 어떤 고정 관용표현들을 많이 사용하고 있고, 그것들의 생성 배경에 대해서는 어떻게 인식하고 있는지를 파악하고자 합니다. 이 설문조사는 미각표현에 대한 인지의미 인식을 성별, 세대별로 어떻게 하고 있는지를 파악하기 위한 통계조사입니다.

나이 :   세/ 성별 : 남/여/ 직업 :

1) 각 미각어가 긍정적·중립적·부정적인 의미 중에서 어떤 의미를 가졌다고 느끼는지 긍정의미에는 ○표, 중립의미에는 △표, 부정의미에는 ×표를 표시해주세요. 그리고 본인이 많이 사용하는 해당 미각어 포함 예들을 몇 개씩 적어주세요. 단, 본래의 맛의 의미로 쓰인 것이 아닌 파생된 다른 의미를 가진 관용표현들만 써주세요.
예) 낮잠을 달게 자다, 인생의 쓴맛, 매운 담배 연기, 인심이 짜다, 이가 시다 등등

미각어 표현	○△× 표시	고정 표현 예문
달다		
달콤하다		
달짝(착)지근하다		
달디달다		
달달하다		
쓰다		
쓰디쓰다		
씁쓰름하다		
쌉쌉하다		
씁쓰레하다		
맵다		
매콤하다		
맵디맵다		
시다		
새콤하다		
시큼하다		
새콤달콤하다		
시디시다		
짜다		
짭짤하다		
짭조름하다		
짜디짜다		
찝질하다		

2) 미각어의 파생의미로 생성된 관용표현들의 생성 배경에 대한 질문입니다. 다른 맛으로 표현할 수도 있었을 텐데 왜 해당 맛으로 표현했다고 생각하는지 본인의 생각을 자세히 적어주세요. 예로 든 고정표현 이외에 다른 예를 들어서 설명하셔도 좋습니다.
① 달다류-달콤한 첫키스, 달달한 연애 ⇒ 왜 연애나 첫키스를 단맛으로 비유했다고 생각하시나요? 예를 들면 '쓴 첫키스'는 부자연스럽지만 '새콤한 첫키스'는 가능할 수도 있었을 텐데요.
② 쓰다류-인생의 쓴맛, 쓴소리, 쓴웃음 ⇒ 왜 고통을 쓴맛에 비유했는지, 듣기 싫은 충고를 왜 쓴맛에 비유했다고 생각하시나요?
③ 맵다류-매운 시집살이, 매운 바람, 손때가 맵다 ⇒ 왜 시집살이를 매운맛으로 비유했는지, 추운 바람을 왜 맵다고 비유했는지, 때리는 손의 힘이 세거나 손재주가 야무진 것을 왜 매운 맛에 비유했다고 생각하시나요?
④ 짜다류-짜게 굴다, 점수가 짜다, 짭짤한 수익(재미) ⇒ 왜 인색함의 의미를 짠맛으로 비유했는지, 그리고 수익이나 물질적 이득은 왜 짠맛에 비유했다고 생각하시나요?
⑤ 시다류-눈꼴 시어서 못 봐주겠네, 신물이 난다, 눈이 시다 ⇒ 왜 아니꼬움을 신맛으로 비유했는지, 지겨운 마음을 왜 신물이 난다고 했는지, 눈이 부셔서 아픈 것을 왜 신맛에 비유했다고 생각하시나요?

—설문에 참여해 주셔서 감사합니다.

예 부록 예시 2 - 설문 조사 결과
[부록 2] 세대별 고빈도 사용 예문 조사 결과

	10대	20대	3-40대	5-60대
닿다	첫키스가 닿다(6)/(그의/네)입술이 닿다(6)/연인가 닿다(2)/잠이 닿다(2)	단잠에 빠지다(3)/(한여름 밤의/낮)잠이 닿다(2)	어떤 별도 닿게 내겠(는)다(3)/네 입술은 닿다/단 입술(2)	단잠(2)
달콤하다	첫키스가 달콤하다/달콤한 첫키스(11)/입술이 달콤하다/달콤한 입술(10)/잠은 달콤하다/달콤한 잠(7)/유혹은 달콤하다/달콤한 유혹(4)/첫날밤이 달콤하다(3)/이 느낌이 달콤하다(3)/친구의 말(유혹하는 그말)이 참 달콤하다(2)	달콤한 인생(5)/(둘의)사랑이 달콤하다/달콤한 사랑(5)/뽀뽀가 달콤하다(2)/달콤한 연애(2)/달콤한 유혹/유혹은 달콤하다(2)/낮잠이(은) 달콤하다(2)/달콤한 말(투)(2)/첫키스의 경험은 달콤하다/달콤한 첫키스(2)	달콤한 인생(4)/신혼생활이 달콤하다(3)/달콤한 첫키스(3)/달콤한 나의 도시(2)/사랑은 달콤하다(2)/달콤한 신혼(허니문)(2)/달콤한 향기(2)	달콤한 인생(4)/달콤한 신혼/신혼의 달콤함(2)/(타락의) 달콤한 유혹(2)/(케이크처럼)달콤한 연애(2)
달짝지근하다	연애가 달짝지근하다(10)/입술이 달짝지근하다(2)/우리 관계가 달짝지근하다(2)		연애가 달짝지근하다(2)/입술이 달짝지근하다(2)	
다디달다	늦잠이 다디달다(8)/점심 시간이 다디달다(5)/(네) 입술이 다디달다(4)/쉬는 시간이 다디달다(3)/다디단 만남(3)/다디단 연애(3)	인생이 다디달다/다디단 인생(5)/낮잠이 다디달다/다디단 낮잠(2)	다디단 사랑/사랑이 다디달다(3)/다디단 휴식(시간)/(모처럼 쉬는 일요일의)휴식이 다디달다(2)	
달달하다	연애는 달달하다/달달한 연애(14)/달달한 노래(3)/달달한 꿈(3)/달달한 영화(3)/달달한 드라마(2)	연애는 달달하다/달달한 연애(11)/너희 둘이 달달하다(4)/저 드라마 되게 달달하다/완전 달달한 드라마(3)/많이 기분 좋게 달달하다(2)/저 커플 되게 달달하다(2)/서로 주고받는 말이 달달하다/달달한 말(2)	연애는 달달하다/달달한 연애(6)/달달한 관계(2)/인생은 달달하다/달달하지 많은 않다(2)	둘(저이들) 관계가 달달해 보이지?(2)

예 부록 예시 3 - 자료 조사 결과

[부록 3] 미각어별 고빈도 고정표현

순위	유형	표현 (고빈도순)	말뭉치/사용빈도	고빈도 고정표현(말뭉치와 설문조사 통합)
1	달다류	달다	769개/4881	단내가 나다, 단물만 빨아먹고, 달게 자다, 달다 쓰다 말도 없이, (어떤) 병도(울) 달게 받겠다, 신혼의 단꿈, 연애가 달다, 잠이 달다, 죄 값을 달게 받다
		달콤하다	653개/8039	달콤하게 느껴지다, 달콤한 목소리(거짓말/꿈/말/사랑/시간/연애/유혹/이야기/인생/입맞춤/잠/추억/휴식), 달콤한 입술/입술이 달콤했다, 달콤한 첫 키스/첫 키스가 달콤하다
		달짝(착)지근하다	57개/42013	달착지근하면서 포근한 느낌, 달짝지근한 사연, 연애가 달짝지근하다
		다디달다	24개/×	다디단 낮잠(희망)
		달달하다	×/×	달달한 연애/연애가 달달하다

12.3.4 교정 보기

보고서 작성을 다 한 후에는 교정 보기에 들어간다. 교정을 볼 때에는 비문(非文)은 없는지, 맞춤법은 제대로 지켜졌는지, 띄어쓰기나 문단나누기가 잘 되어 있는지를 꼼꼼하게 확인하도록 한다.

비문법적(非文法的)이 아닌 문법적인 문장을 쓰려면 우선적으로 주어와 술어가 호응을 이루고 있는지부터 확인하고, 너무 긴 문장은 피하는 것이 좋다. 맞춤법이나 띄어쓰기는 국립국어원의 홈페이지(https://stdict.korean.go.kr)에 있는 〈표준국어대사전〉과 〈우리말샘〉을 수시로 참고하여 확인하도록 한다.

문단을 나눌 때는 한 칸 들여쓰기를 한다. 문단나누기는 내용의 변화를 암시하는 역할을 한다. 그러므로 어떤 식으로든 내용이 달라지는 곳에서 한 칸을 들여 씀으로써 문단을 바꾸어 주어야 한다. 이때는 '훈글' 프로그램의 '서식'에서 '문단 모양'의 '들여쓰기' 공백을 10 정도로 설정해 놓고

엔터를 치면 자동으로 들여쓰기가 된다. 간혹 문단나누기를 하지 않은 경우도 있고, 문단을 나눌 때 한 행을 띄우는 경우를 볼 수 있는데 한 행을 띄우면 안 된다.

    마지막으로 학술 논문에서는 감정적인 표현이나 구어 표현, 준말 등을 쓰지 않도록 한다.

■ 참고문헌

강기진(1984), 국어 동음어의 연구, 동국대학교 박사학위논문.
강신항(1990), 훈민정음 연구(개정판), 성균관대 출판부.
강신항(1991), 현대국어 어휘 사용의 양상, 태학사.
강옥미(2011), 한국어 음운론, 태학사.
강위규(1990), 우리말 관용표현 연구, 부산대학교 박사학위논문.
강현화(2012-2014), 한국어 교육 어휘 내용 개발(1-4단계), 국립국어원.
강현화(2017), 문화 교수와 담화 교육, 국제한국어교육 3-1, 국제한국어교육문화재단.
고영근(1989), 북한의 말과글, 을유문화사.
고영근(1999), 국어형태론 연구(증보판), 서울대 출판부.
고영근(2004), 한국어의 시제 서법 동작상, 태학사.
고영근·구본관(2018), 우리말 문법론(개정판), 집문당.
교육인적자원부(2003), 중학교 생활국어 3학년 1학기 교과서.
구본관 외(2015), 한국어 문법 총론Ⅰ, 집문당.
구본관 외(2016), 한국어 문법 총론Ⅱ, 집문당.
구본관·박재연·이선웅·이진호(2020), 한국어학개론, 집문당.
구종남(1992), 국어 부정문 연구, 전북대학교 박사학위논문.
국립국어원(1999), 표준국어대사전, 두산동아.
국립국어원(2001), 한국어문규정집.
김경령 외(2006), 한국어 어떻게 가르칠 것인가, 태학사.
김광해(1993), 국어 어휘론 개설, 집문당.
김기혁(1995), 국어문법 연구, 박이정.
김길영 외(2003), 한국어 화용론, 세종출판사.
김남탁(1991), 의미중화 현상, 문학과 언어 12, 문학과언어연구회.
김동식(1990), 국어 부정문의 통사와 의미, 서울대 국어연구회.
김동식(1993), 현대국어 동사의 통사적 특성에 관한 연구, 서울대학교 박사학위논문.

김명운(2009), 현대국어의 공손성 연구, 서울대학교 박사학위논문.
김미형(1995), 한국어 대명사, 한신문화사.
김방한(1983), 한국어의 계통, 민음사.
김방한(1992), 언어학의 이해, 민음사.
김방한 외(1986), 몽골어와 퉁구스어, 민음사.
김병균(1988), 국어 동음이의어 연구, 원광대학교 박사학위논문.
김선효(2010), 한국어 관형어 연구, 역락.
김성규(1994), 중세국어의 성조 변화에 관한 연구, 서울대학교 박사학위논문.
김성규·정승철(2013), 소리와 발음(개정판), 한국방송통신대 출판부.
김영모(1982), 한국 사회계층 연구, 일조각.
김영실(1996), 언어적 공손현상의 화용론적 연구, 인하대학교 박사학위논문.
김영태(1975), 경상남도 방언의 연구(Ⅰ): 자료편, 진명출판사.
김완진(1977), 중세국어 성조 연구, 탑출판사.
김완진(1996), 음운과 문자, 신구문화사.
김웅배(1991), 전라남도방언 연구, 학고방.
김정남(2005), 국어 형용사의 연구, 역락.
김정은(1995), 국어 단어형성법 연구, 박이정.
김종택(1993), 국어어휘론, 탑출판사.
김주원(1993), 모음조화의 연구, 영남대 출판부.
김주필(1994), 17·8세기 국어의 구개음화와 관련 음운현상에 대한 통시론적 연구, 서울대학교 박사학위논문.
김진우(2017), 언어(제3판), 한국문화사.(초판 1985)
김진해(2000), 국어 연어 연구, 한국문화사.
김창섭(1994), 국어의 단어형성과 단어구조, 서울대학교 박사학위논문.
김창섭(2008), 한국어 형태론 연구, 태학사.
김충회(1992), 충청북도의 언어지리학, 인하대 출판부.
김태자(1984), 다의어고, 한국언어문학 23, 한국언어문학회.
김태자(1986), 간접화행의 의미와 해석, 국어국문학 95, 국어국문학회.
김태자(1987), 발화 분석의 화행의미론적 연구, 탑출판사.
김태자(1989), 간접화행과 대화적 함축, 국어학 18, 국어학회.
김한샘(2005), 현대국어 사용빈도 조사2, 국립국어원.

김형규(1974), 한국방언연구, 서울대 출판부.
김홍범(1995), 한국어의 상징어 연구, 연세대학교 박사학위논문.
남광우(1971), 고어사전, 일조각.
남기심(1978), 국어문법의 시제 문제에 관한 연구, 탑출판사.
남기심·이정민·이홍배(1979), 언어학개론(개정판), 탑출판사.
남기심·고영근(1993), 표준국어문법론(개정판), 탑출판사.
남기심·고영근·유현경·최형용(2019), 새로 쓴 표준국어문법론, 한국문화사.
남성우(1985), 국어의미론, 영언문화사.
남풍현(1981), 차자표기법 연구, 단국대 출판부.
노대규(1988), 국어 의미론 연구, 국학자료원.
노대규(2002), 한국어의 화용의미론, 국학자료원.
노대규 외(1997), 국어학서설, 신원문화사.(초판 1991)
노명희(2004), 현대국어 한자어 연구(국어학총서 49), 태학사.
대한민국 학술원(1993), 한국 언어지도집, 성지문화사.
목정수(2003), 한국어 문법론, 월인.
문교부(1988), 국어어문규정집, 대한교과서주식회사.
문금현(1989), 현대국어 유의어의 연구 -유형 분류 및 의미 분석을 중심으로-, 서울대학교 석사학위논문.
문금현(1996), 관용표현의 생성과 소멸, 국어학 28, 국어학회.
문금현(1997), 신문에 나타난 관용표현의 특징, 국어국문학 120, 국어국문학회.
문금현(1999a), 현대국어 신어의 유형 분류 및 생성 원리, 국어학 33, 국어학회.
문금현(1999b), 국어의 관용표현 연구(국어학총서 34), 태학사.
문금현(2000a), 구어적 관용표현의 특징, 언어 25-1, 한국언어학회.
문금현(2000b), 대학생의 화법에 나타난 사회언어학적 특성, 새국어교육 59, 한국국어교육학회.
문금현(2002a), 한국어 어휘 교육을 위한 연어 학습 방안, 국어교육 109, 한국국어교육연구회.
문금현(2002b), 광고문에 나오는 간접표현의 의미 분석, 한국어의미학 10, 한국어의미학회.
문금현(2003), 한국어 어휘 교육을 위한 한자어 학습 방안, 이중언어학 23, 이중언어학회.

문금현(2004a), 한국어 유의어의 의미 변별과 교육 방안, 한국어교육 15-3, 국제한국어교육학회.
문금현(2004b), 전제의 유형, 한국어의미학 14, 한국어의미학회.
문금현(2004c), 남북한 어휘의 이질화 양상, 어문학 83, 한국어문학회.
문금현(2004d), 남북한 어휘의 동질성과 이질성, 어문연구 121, 한국어문교육연구회.
문금현(2005a), 어휘 교육의 과제와 발전 방향, 한국어교육론 2 (한국어교육의 역사와 전망), 한국문화사.
문금현(2005b), 다의어 교육의 현황과 전망, 새국어교육 71, 한국국어교육학회.
문금현(2005c), 유의어의 의미 변별과 결합구성의 관계, 우리말 연구 서른아홉 마당, 태학사.
문금현(2006a), 한국어 어휘 교육을 위한 다의어 학습 방안 -동사 '보다'를 중심으로-, 이중언어학 30, 이중언어학회.
문금현(2006b), 한국어 명사 '눈'의 교육 방안, 한국어의미학 21, 한국어의미학회.
문금현(2007), 새터민의 어휘 및 화용표현 교육 방안, 새국어교육 76, 한국국어교육학회.
문금현(2008a), 한국어 인사표현의 유형과 특징, 세계한국어문학 1, 세계한국어학회.
문금현(2008b), 외국인을 위한 한국어 인사표현의 교육 방안, 새국어교육 80, 한국국어교육학회.
문금현(2008c), 한국어 명사 동음어의 교육 방안, 문법교육 9, 한국문법교육학회.
문금현(2009a), 한국어 빈말 인사표현의 사용 양상과 특징, 언어와 문화 5-1, 한국언어문화교육학회.
문금현(2009b), 한국어의 고정적인 화용표현 연구, 국어국문학 152, 국어국문학회.
문금현(2010a), '인간' 어휘장의 하위 분류 기준에 대하여, 새국어교육 85, 한국국어교육학회.
문금현(2010b), 대중가요에 나오는 반의어의 의미 양상, 한국어의미학 33, 한국어의미학회.
문금현(2011a), 어휘장을 활용한 한국어 어휘 교육, 우리말교육현장연구 5-2, 우리말교육현장학회.

문금현(2011b), 인간어휘장을 활용한 한국어 어휘 교육, 언어와 문화 7-3, 한국언어문화교육학회.

문금현(2012), 음식어휘장의 분류 기준을 활용한 한국어 음식 어휘 교육, 새국어교육 91, 한국국어교육학회.

문금현(2013), 색채어 관련 관용표현에 나타난 인지의미 양상, 국어국문학 163, 국어국문학회.

문금현(2014), 인간 관련 비유어에 나타난 인지의미 양상, 언어와 문화 10-2, 한국언어문화교육학회.

문금현(2015), 미각어 관련 고정표현에 나타난 다의화와 인지의미의 양상, 새국어교육 102, 한국국어교육학회.

문금현(2017a), 한국어 공손성 표현의 생성 유형별 특징 −공손성 강도와 사용 양상을 중심으로-, 국어학 82, 국어학회.

문금현(2017b), 한국어 공손성 표현의 생성 유형 분류, 한국어와 문화 21, 숙명여대 한국어문화연구소.

문금현(2018a), 한국어 공손 화용교육의 내용 구성에 대한 제언, 어문연구 177, 한국어문교육연구회.

문금현(2018b), 한국어 공손 화용교육의 학습 단계별 학습 내용과 교육 방안, 한국어의미학 61, 한국어의미학회.

문금현(2019), 신어 생성의 최근 경향 분석 −극한 표현을 중심으로-, 어문학 145, 한국어문학회.

문금현(2020), 변화된 영어외래어에 대한 한국어 어휘 교육, 국어국문학 193, 국어국문학회.

문숙영(2009), 한국어의 시제 범주(국어학총서 66), 태학사.

문화관광부(2012), 국어 어문 규정집, 대한교과서주식회사.(초판 1988)

민현식(1997), 국어 남녀 언어의 사회언어학적 특성 연구, 사회언어학 5-2, 한국사회언어학회.

민현식(1999), 국어정서법 연구, 태학사.

민현식 외(2020), 한국어교사를 위한 한국어학개론, 사회평론아카데미.

박경래(1993), 충청방언의 음운에 대한 사회언어학적 연구, 서울대학교 박사학위논문.

박기영·이정민(2018), 한국어 발음 어떻게 가르칠까, 역락.

박병채(1976), 역해 훈민정음, 박영사.
박성종(1996), 조선 초기 이두자료와 그 국어학적 연구, 서울대학교 박사학위 논문.
박영배(1982), 전제와 함축, 언어학 5, 한국언어학회.
박영순(2007), 한국어 화용론, 박이정.
박영환(1991), 지시어의 의미 기능, 한남대 출판부.
박보연(2005), 현대국어 음절축소형에 대한 연구, 국어연구 185, 서울대학교 국어연구회.
박용찬(2001), 2000년도 신어 조사, 국립국어원.
박종갑(1996), 국어의미론, 박이정.
박종옥(1986), 화용론적 전제에 관한 연구, 연세대학교 석사학위논문.
박진호(2003), 한국어의 동사와 문법 요소의 결합 양상, 서울대학교 박사학위 논문.
배도용(2002), 다의어 '눈'의 의미 확장 연구, 담화와 인지 9-1, 담화인지언어학회.
배주채(1996), 국어음운론 개설, 신구문화사.
배주채(2003), 한국어의 발음, 삼경문화사.
서병국(1977), 동음어 충돌의 치유에 대하여, 국어교육연구 9-1, 국어교육학회.
서정목(1987), 국어 의문문 연구, 탑출판사.
서태룡(1988), 국어 활용어미의 형태와 의미(국어학총서 13), 탑출판사.
서형국(2005), 국어 접속구성의 문법사적 연구, 고려대학교 박사학위논문.
성광수(1999a), 격표현과 조사의 의미, 월인.
성광수(1999b), 한국어 문장 표현의 양상, 월인.
성환갑(1974), 동음이의어고, 국어국문학 62·63, 국어국문학회.
손남익(1995), 국어 부사 연구, 박이정.
손세모돌(1996), 국어 보조용언 연구, 한국문화사.
송경숙(2003), 담화화용론, 한국문화사.
송기중(1996), 세계의 여러 문자와 한글, 새국어생활 6-2, 국립국어원.
송기중(1997), 동북아 역사상의 제문자와 한글의 기원, 진단학보 84. 진단학회.
송기중(2003), 역사비교언어학과 국어계통론, 집문당.
송 민(1990), 어휘 변화의 양상과 그 배경, 국어생활 22, 국어연구소.
송영미(2002), 한국어와 일본어의 칭찬화행 연구, 이화여자대학교 석사학위논문.

송창선(1998), 국어 사동법 연구, 홍문각.
송철의(1989), 국어의 파생어 형성 연구, 서울대학교 박사학위논문.
송철의(2008), 한국어 형태음운론적 연구, 태학사.
시정곤(1998), 국어의 단어 형성 원리(수정판), 한국문화사.
시정곤(2006), 현대국어 형태론의 탐구, 월인.
신기상(1999), 동부경남방언의 고저장단 연구, 월인.
신승용(2013), 국어음운론, 역락.
신지연(1998), 국어 지시용언 연구(국어학총서 28), 태학사.
신지영(2011), 한국의 말소리, 지식과 교양.
신지영·차재은(2003), 우리말 소리의 체계, 한국문화사.
신창순(1984), 국어문법 연구, 박영사.
신현숙(1986), 의미 분석의 방법과 실제, 한신문화사.
심재기(1971), 국어의 동의중복현상에 대하여, 서울대 교양과정부 논문집 인문 사회과학편 3.
심재기(1975), 반의어의 존재 양상, 국어학 3, 국어학회.
심재기(1982), 국어어휘론, 집문당.
심재기 외(1984), 의미론서설, 집문당.
심재기(1989), 한자어 수용에 관한 통시적 연구, 국어학 18, 국어학회.
심재기(2000), 국어 어휘론 신강, 태학사.
심재기·이기용·이정민(1984), 의미론서설, 집문당.
심재기 외(2011), 국어 어휘론 개설, 지식과교양.
안명철(1992), 현대국어의 보문 연구, 서울대학교 박사학위논문.
안병희(1977), 중세국어 구결의 연구, 일지사.
안병희(2007), 훈민정음연구, 서울대 출판부.
안병희·이광호(1990), 중세국어 문법론, 학연사.
안상철(1998), 형태론, 민음사.
안효경(2001), 현대국어 의존명사 연구, 역락.
양명희(1998), 현대국어 대용어에 대한 연구(국어학총서 33), 태학사.
양태식(1984), 국어 구조의미론, 태화출판사.
양태식(1985), 국어 차원 낱말의 의미구조, 부산대학교 박사학위논문.
오주영(1986), 화용론과 대화함축, 논문집 7-1, 경성대학교.

오주영(1990), 전제와 함축, 논문집 11-1, 경성대학교.
오주영(1998), 화용론과 의미해석: 화행, 전제, 함축, 경성대 출판부.
우인혜(1997), 우리말 피동연구, 한국문화사.
우형식(1996), 국어 타동구문 연구, 박이정.
원진숙(1988), 국어 동의문 연구, 고려대학교 박사학위논문.
유현경(2017), 형태 중심 한국어 통사론, 역락.
윤석민(2000), 현대국어의 문장 종결법 연구, 집문당.
윤영은(2000), 고정함축과 전제, 어학연구 36-3, 서울대 어학연구소.
윤평현(2005), 현대국어 접속어미 연구, 박이정.
윤평현(2008), 국어의미론, 역락.
이관규(1986), 어휘의미의 성분분석방법: Nida를 중심으로, 한국어문교육 1, 고려대 사범대 국어교육학회.
이관규(2012), 학교문법론, 월인.
이광호(2007), 국어 파생 접사의 생산성에 대한 계량적 연구, 서울대학교 박사학위논문.
이근열(1997), 경남 방언의 음운론, 세종출판사.
이기갑(1986), 전라남도의 언어지리, 탑출판사.
이기문(1963), 국어표기법의 역사적 연구, 한국연구원.
이기문(1975), 한국어와 알타이제어의 비교 연구, 종합학술회의 논문집, 학술원.
이기문(1985), 국어음운사연구, 탑출판사.
이기문(1991), 국어 어휘사 연구, 동아출판사.
이기문(1998), 국어사개설(신정판) 태학사.(초판 1961)
이기문·김진우·이상억(1984), 국어음운론, 학연사.
이기문·강신항 외(1986), 한국 어문의 제문제, 일지사.(초판 1983)
이기문·이호권(2008), 국어사, 한국방송통신대학교출판부.
이남순(1998), 격과 격표지, 월인.
이돈주(1978), 전남방언, 형설출판사.
이동혁(1998), 국어 연어관계 연구, 고려대학교 박사학위논문.
이병근(1988), 음운현상에 있어서의 제약, 탑출판사.(초판 1979)
이병근·최명옥(1997), 국어음운론, 한국방송통신대 출판부.
이삼형(2017), 국어 기초 어휘 선정 및 어휘 등급화를 위한 기초 연구, 국립국어원.

이상규(2003), 국어방언학, 학연사.(초판 1994)
이선영(2006), 국어 어간복합어 연구(국어학총서 53), 태학사.
이선웅(2012), 한국어 문법론의 개념어 연구, 월인.
이선웅·이승희·정희창(2015), 한국어 정서법, 사회평론아카데미.
이성범(2019), 소통의 화용론. 한국문화사.
이성범·장인봉·전혜영·최명원(2002), 화용론 연구, 태학사.
이승명(1970), 동음어 충돌과 safety-measures에 대하여, 국어국문학 48, 국어국문학회.
이승명(1973), 국어상대어론(1), 어문론총 8-1, 경북어문학회.
이승재(1992), 고려시대의 이두, 태학사.
이승희(2007), 청자높임법의 역사적 변화(국어학총서 59), 태학사.
이영희(2016), 외국인을 위한 한자어 교육 연구, 소통.
이옥련(1991), 국어의 부부호칭어에 대한 사회언어학적 고찰, 서울여자대학교 박사학위논문.
이용주(1974), 한국 한자어에 관한 연구, 삼영사.
이은경(2000), 국어의 연결어미 연구(국어학총서 31), 태학사.
이은섭(2005), 현대국어 의문사의 문법과 의미(국어학총서 51), 태학사.
이익섭(1981), 영동 영서의 언어분화, 서울대 출판부.
이익섭(1992), 국어표기법 연구, 서울대 출판부.
이익섭(1994), 사회언어학, 민음사.
이익섭(2001), 국어학개설(개정판), 학연사.(초판 1986)
이익섭(2005), 한국어 문법, 서울대 출판부.
이익섭(2006), 방언학(개정판), 민음사.(초판 1984)
이익섭·임홍빈(1983), 국어문법론, 학연사.
이익섭·이상억·채완(1997), 한국의 언어, 신구문화사.
이익섭·채완(2004), 국어문법론강의, 학연사.(초판 1999)
이익환(1985), 의미론개론, 한신문화사.
이정복(2002), 국어 경어법과 사회언어학, 월인.
이정복(2009), 인터넷 통신언어의 확산과 한국어 연구의 확대, 소통.
이정식(2002), 국어 다의 발생의 양상과 원인, 고려대학교 박사학위논문.
이정애(2002), 국어 화용표지의 연구, 월인.

이정택(2004), 현대 국어 피동 연구, 박이정.
이정훈(2008), 조사와 어미, 그리고 통사구조, 태학사.
이종철(1992), 함축적 표현 연구, 국어교육 77, 한국어교육학회.
이종철(1993), 의사소통 능력 신장을 위한 함축적 표현의 연구, 서울대학교 박사학위논문.
이종철(1996a), 간접표현을 위한 단어 선택의 양상 연구, 국어교육 91, 한국어교육학회.
이종철(1996b), 간접 지시화행의 양상과 함축적 의미, 호서어문연구 4-1, 호서대 인문대 국어국문학과.
이종철(2004), 국어표현의 화용론적 연구, 역락.
이주행(1988), 한국어 의존명사의 통시적 연구, 한샘.
이주행(1999), 한국 사회계층별 언어 특성에 관한 연구, 사회언어학 7-1, 한국사회언어학회.
이준희(2000), 간접화행, 역락.
이준희(2001), 명령문의 간접 화행, 한국어의미학 8, 한국어의미학회.
이지양(1998), 국어의 융합 현상(국어학총서 22), 태학사.
이진호(2014), 국어 음운론 강의(개정판), 삼경문화사.
이진호(2021), 국어 음운론 강의(개정증보판), 집문당.
이찬규(2005), 의사소통에서 나타나는 함축표현의 효과, 어문연구 33, 34 통권, 한국어문교육연구회.
이태영(1996), 국어 동사의 문법화 연구, 한신문화사.
이필영(1993), 국어 인용구문 연구, 탑출판사.
이혁화(2017), 방언 접촉과 국어 음운론, 영남대 출판부.
이해영(1996), 현대한국어 활용어미의 의미와 부담줄이기의 상관성, 이화여자대학교 박사학위논문.
이호권·고성환(2021), 우리말의 구조, 한국방송통신대학교 출판문화원.
이홍배(1975), 어휘해체에 관하여, 언어와언어학 3, 한국외대 어학연구소.
이홍식(1990), 현대국어 관형절 연구, 서울대학교 석사학위논문.
이홍식(2000), 국어 문장의 주성분 연구, 월인.
이희승·안병희(1994), 고친판 한글맞춤법강의, 신구문화사.(초판 1989)
이희승·안병희·한재영(2018), 보정 한글 맞춤법 강의, 신구문화사.

임근석(2002), 현대 국어의 어휘적 연어 연구, 국어연구 167, 서울대학교 국어국문학과.
임근석(2005), 연어와 관용표현의 판별 기준에 대한 고찰, 우리말 연구 서른아홉마당, 태학사.
임근석(2010), 한국어 연어 연구, 월인.
임동훈(2000), 한국어 어미 '-시-'의 문법(국어학총서 37), 태학사.
임동훈(2001), '-겠-'의 용법과 역사적 해석, 국어학 37, 국어학회.
임동훈(2008), 한국어의 서법과 양태 체계, 한국어의미학 26, 한국어의미학회.
임석규(2007), 경북북부지역어의 음운론적 연구, 서울대학교 박사학위논문.
임지룡(1987), 어휘 대립의 중화 현상, 국어교육연구 19, 경북대 사대 국어교육연구회.
임지룡(1988), 극성의 의미대립 양상, 국어교육연구 20, 경북대 사대 국어교육연구회.
임지룡(1989), 국어 대립어의 의미 상관체계, 형설출판사.
임지룡(1991a), 국어의 기초어휘에 대한 연구, 국어교육연구 23호, 경북대 사대.
임지룡(1991b), 의미의 상하관계에 대하여, 서재극박사 화갑기념논문집.
임지룡(1992), 국어의미론, 탑출판사.
임지룡(1996), 다의어의 인지적 의미 특성, 언어학 18, 한국언어학회.
임지룡(2018), 한국어의미론, 한국문화사.
임홍빈(2007), 한국어의 주제와 통사 분석: 주제 개념의 새로운 전개, 서울대 출판부.
임홍빈·장소원(1995), 국어문법론Ⅰ, 한국방송통신대 출판부.
장경현(2010), 국어 문장 종결부의 문체, 역락.
장경희(1985), 현대국어의 양태범주 연구, 탑출판사.
장경희(1989), 지시사 '이, 그, 저'의 범주 지시, 인문논총 17, 한양대 인문과학대학.
장경희(2004), 국어 지시표현의 유형과 성능, 한국어의미학 15, 한국어의미학회.
장경희(2005), 국어 지시 화행의 유형과 방법 및 지시 강도, 텍스트언어학 19, 한국텍스트언어학회.
장석진(1992), 화용론 연구, 탑출판사.(초판 1985)
전상범(1995), 형태론, 한국문화사.
전수태(1997), 국어 반의어의 의미구조, 박이정.

전영철(2013), 한국어 명사구의 의미론, 서울대학교 출판문화원.
전혜영(1989), 현대 한국어 접속어미의 화용론적 연구, 이화여자대학교 박사학위논문.
전혜영(1995), 한국어 공손현상과 '-겠-'의 화용론, 국어학 26, 국어학회.
전혜영(2004), 한국어 공손표현의 의미, 한국어의미학 15, 한국어의미학회.
정승철(1995), 제주도방언의 통시음운론, 태학사.
정승철(2013), 한국의 방언과 방언학, 태학사.
정연찬(1976), 국어 성조에 관한 연구, 일조각.
정연찬(1997), 한국어음운론(개정판), 한국문화사.
정원수(1992), 국어의 단어형성론, 한신문화사.
정 철(1991), 경북중부지역어 연구, 경북대 출판부.
정주리(2004), 동사, 구문, 그리고 의미, 국학자료원.
정희원(1991), 한국어의 간접 화행과 존대표현, 화용론 논집 1, 서울대 화용론연구회.
정희원(2000), 남북한 언어 차이, 한국어연수교재 국립국어연구원
조남호(2002), 현대국어 어휘 사용빈도 조사, 국립국어원.
조남호(2003), 한국어 학습용 어휘 선정 결과 보고서, 국립국어원.
조남호 외(2005), 한국어 학습자용 말뭉치의 구축과 활용, 태학사.
조오현(1991), 국어의 이유구문 연구, 한신문화사.
조오현·김용경·박동근 공저(2002), 남북한 언어의 이해, 역락.
조항범 역(1990), 의미분석론, 탑출판사.
조항범(1996), 국어 친족어휘의 통시적 연구, 태학사.
조항범(2014), 국어 어원론, 충북대 출판부.
차재은(1999), 중세국어 성조론, 월인.
차준경(2009), 국어 명사의 다의 현상 연구, 제이앤씨.
채 완(1977), 현대국어 특수조사의 연구, 국어연구 39, 서울대 국문과.
채 완(1986), 국어 어순의 연구, 탑출판사.
채 완(2003), 한국어의 의성어와 의태어, 서울대 출판부.
채현식(2003), 유추에 의한 복합명사 형성 연구(국어학총서 46), 태학사.
천시권(1979), 국어 의미구조의 분석적 연구, 일심사.
천시권·김종택(1971), 국어의미론, 형설출판사.

최경봉(1998), 국어 명사의 의미 연구, 태학사.
최규일(1989), 한국어 어휘형성에 관한 연구, 성균관대학교 박사학위논문.
최기용(2009), 한국어 격과 조사의 생성통사론, 한국문화사.
최명옥(1980), 경북 동해안 방언 연구, 영남대 민족문화연구소.
최명옥(2004), 국어음운론, 태학사.
최웅환(2000), 국어 문장의 형성 원리 연구, 역락.
최웅환(2016), 국어 품사론, 역락.
최재희(2004), 한국어 문법론, 태학사.
최전승(1995), 한국어 방언사 연구, 태학사.
최태영(1983), 방언음운론: 전주지역어를 중심으로, 형설출판사.
최학근(1962), 전라남도방언 연구, 한국연구원.
최학근(1968), 국어방언 연구, 서울대 출판부.
최형용(2016), 한국어 형태론, 역락.
최호철(1993), 현대국어 서술어의 의미 연구, 고려대학교 박사학위논문.
천시권·김종택(1971), 국어의미론, 형설출판사.
한국정신문화연구원(1986-1994), 한국방언자료집 Ⅰ-Ⅳ.
한 길(1991), 국어 종결어미 연구, 강원대 출판부.
한 길(2005), 현대 우리말의 반어법 연구, 역락.
한동완(1996), 국어의 시제 연구(국어학총서 24), 태학사.
한영균(1994), 후기중세국어의 모음조화 연구, 서울대학교 박사학위논문.
한재영·박지영(2019), 한국어교사를 위한 한국어 어문 규범, 신구문화사.
허용·김선정(2013), 대조언어학, 소통.
허재영(2002), 부정문의 통시적 연구, 역락.
허철구(1997), 국어의 합성동사 형성과 어기분리, 서강대학교 박사학위논문.
현평효(1985), 제주도방언 연구, 논고편, 이우출판사.
홍사만(1983), 국어 특수조사론, 학문사.
홍사만(1985), 국어 어휘의미 연구, 학문사.
홍사만(2008), 국어의미분석론, 한국문화사.
홍윤표(1985), 구개음화에 대한 역사적 연구, 진단학보 60, 진단학회.
홍윤표(1985), 국어 어휘 문헌 자료에 대하여, 소당 천시권박사 화갑기념 국어학 논총.

홍윤표(1994), 근대국어 연구 Ⅰ, 태학사.
홍종선 외(2015), 쉽게 읽는 한국어학의 이해, 한국문화사.
황화상(2001), 국어 형태 단위의 의미와 단어 형성, 월인.
황화상(2013), 현대국어 형태론(개정판), 지식과교양.
Bloomfield, L.(1933), *Language,* London: George Allen & Unwin.
Carnap, R.(1938), Foundations of logic and mathematics, In O. Neurath, R. Carnap & C. W. Morris, eds., *International Encyclopedia of Unified Science,* Vol. 1, No.2. Chicago: University of Chicago Press.
Chomsky, N.(1957), *Syntactic Structure,* Hague: Mouton.
Chomsky, N.(1965), *Aspect of the Theory of Syntax,* The MIT Press.
Chomsky, N.(1981), *Lectures on Government and Binding,* Foris.
Grice, H. P.(1975), Logic and conversation, In P. Cole and J. Morgan, eds., *Syntax and Semantics 3: Speech Acts,* New York: Academic Press.
Labov, W.(1972), *Sociolinguistic Patterns,* University of Philadelphia Press. (초판 1966)
Levinson, S. C.(1983), *Pragmatics,* Cambridge University Press.
Nida, E. A.(1975), *Componential Analysis of Meaning,* The Hague: Mouton.(조항범 역(1990), 의미분석론, 탑출판사).
Montague, R.(1972), Pragmatic and International Logic, Davidson and Harman, eds., *Semantics of Natural Language,* Dordrecht: D.Reidel Publishing Company.
Morris, C.(1938), Foundation of the Theory of Signs, *International Encyclopedia of Unified Science,* Vol. 1, No.2. Chicago: University of Chicago Press.
Sapir, E.(1921), On grading: a study in semantics, *Philosophy of Science* 2.
Trudgill, P.(1996), *Sociolinguistics:* An Introduction to Language and Society, rev. eds., New York: Penguin.(초판 1974)
Ullmann, S.(1962), *Semantics: an Introduction to the Science of Meaning,* Oxford: Basil Blackwell.

■ 찾아보기

(ㄱ)

ㄱ구개음화 ······································ 63
가차 ·· 23
가획 ·· 24
각자병서 ······································ 30
간접 발화행위 ···························· 219
간접사동 ···································· 115
간접표현 ···································· 218
감사표현 ···································· 233
강약 ·· 55
강원도 방언 ······························ 250
개구도 ························· 50, 52, 53
객관적 척도반의어 ···················· 179
객체높임법 ································ 112
거성 ·· 32
거센소리 ······································ 48
거절표현 ···································· 230
격음 ·· 48
격음화 ··· 67
결합구성 ···································· 172
겹받침 발음 끝소리 규칙 ··········· 69
경구개음 ······················· 46, 47
경상도 방언 ······························ 247
경어법 ······································· 112
경음 ·· 48
경음화 ······························· 65, 66
계통론 ························· 4, 5, 6, 9

고모음 ··· 51
고유어 ········ 34, 119, 124, 125, 126,
        128, 129, 130, 131, 166, 185, 259
고저 ·· 55
고정 화용표현 ··· 6, 7, 221, 228, 234
고정적 전제 ······························ 215
곡용 ·· 99
곡용어미 ······································ 99
공동격 ······································· 100
공동격조사 ······························· 100
콧명음 ······························ 47, 48, 49
공손 화용표현 ···························· 234
공손법 ······································· 104
공손성 ······································· 235
공손표현 ··························· 6, 221, 242
공통특질 ······································ 13
과거 시제 ································· 109
관련성의 격률 ···························· 217
관용구절 ····················· 195, 197, 200
관용표현 ··························· 201, 202
관형사 ································· 92, 93
관형사형 ····································· 92
관형사형어미 ···························· 104
관형절 내포문 ···························· 106
관형형 표기 ································ 30
관형형어미 ································· 85
교착어 ····························· 2, 13, 79

찾아보기 301

교착어 ⋯⋯⋯⋯⋯⋯⋯⋯⋯⋯⋯ 13	다의관계 ⋯⋯ 160, 183, 188, 192, 194
구강도 ⋯⋯⋯⋯⋯⋯⋯⋯⋯⋯⋯ 45	다의어 ⋯⋯⋯⋯⋯⋯⋯⋯⋯ 183, 189
구강음 ⋯⋯⋯⋯⋯⋯⋯⋯⋯⋯⋯ 48	다의화 ⋯⋯⋯⋯⋯⋯⋯⋯⋯⋯⋯ 184
구개음 ⋯⋯⋯⋯⋯⋯⋯⋯⋯⋯⋯ 46	단모음 ⋯⋯⋯⋯⋯⋯⋯⋯⋯⋯⋯ 51
구개음화 ⋯⋯⋯⋯⋯⋯⋯⋯⋯⋯ 63	단문 ⋯⋯⋯⋯⋯⋯⋯⋯⋯⋯⋯⋯ 105
구결 표기 ⋯⋯⋯⋯⋯⋯⋯⋯⋯ 21	단어 ⋯⋯⋯⋯⋯⋯⋯⋯⋯⋯⋯⋯ 86
구절 ⋯⋯⋯⋯⋯⋯⋯⋯⋯⋯⋯⋯ 86	단어문자 ⋯⋯⋯⋯⋯⋯⋯⋯⋯⋯ 20
구절의미론 ⋯⋯⋯⋯⋯ 5, 144, 194	단어의미론 ⋯⋯⋯⋯⋯⋯⋯⋯ 144
9품사 ⋯⋯⋯⋯⋯⋯⋯⋯⋯⋯⋯ 90	단일어 ⋯⋯⋯⋯⋯⋯⋯⋯⋯⋯⋯ 87
굴절 ⋯⋯⋯⋯⋯⋯⋯⋯⋯⋯⋯⋯ 98	단형부정 ⋯⋯⋯⋯⋯⋯⋯⋯⋯ 116
귀화어 ⋯⋯⋯⋯⋯⋯⋯⋯ 128, 129	단형사동 ⋯⋯⋯⋯⋯⋯⋯⋯⋯ 115
그라이스의 협력의 원리 ⋯⋯⋯ 209	단형피동 ⋯⋯⋯⋯⋯⋯⋯⋯⋯ 114
기본 어휘 ⋯⋯⋯⋯⋯⋯⋯⋯⋯ 120	담화 ⋯⋯⋯⋯⋯⋯⋯⋯⋯⋯⋯ 87
기본어휘장 ⋯⋯⋯⋯⋯⋯⋯⋯ 147	담화 분석 ⋯⋯⋯⋯⋯⋯⋯⋯⋯ 220
기초 어휘 ⋯⋯⋯⋯⋯⋯⋯⋯⋯ 120	대격조사 ⋯⋯⋯⋯⋯⋯⋯⋯⋯ 100
기초어휘장 ⋯⋯⋯⋯⋯⋯⋯⋯ 147	대격중출문 ⋯⋯⋯⋯⋯⋯⋯⋯ 81
긴 부정 ⋯⋯⋯⋯⋯⋯⋯⋯⋯⋯ 117	대등절 ⋯⋯⋯⋯⋯⋯⋯⋯⋯⋯ 108
긴장음 ⋯⋯⋯⋯⋯⋯⋯⋯⋯⋯⋯ 48	대립관계 ⋯⋯⋯⋯⋯⋯⋯⋯⋯ 174
	대립어 ⋯⋯⋯⋯⋯⋯⋯⋯⋯⋯ 174
(ㄴ)	대상 반의대립어 ⋯⋯⋯⋯⋯⋯ 179
ㄴ두음법칙 ⋯⋯⋯⋯⋯⋯⋯⋯⋯ 64	대조언어학 ⋯⋯⋯⋯⋯⋯⋯⋯⋯ 11
나열격조사 ⋯⋯⋯⋯⋯⋯⋯⋯ 100	대화 분석 ⋯⋯⋯⋯⋯⋯⋯⋯⋯ 220
나이다 ⋯⋯⋯⋯⋯⋯⋯⋯⋯⋯⋯ 144	대화의 격률 ⋯⋯⋯⋯⋯⋯⋯⋯ 217
남성 발화어 ⋯⋯⋯⋯⋯⋯⋯⋯ 255	도구격 ⋯⋯⋯⋯⋯⋯⋯⋯⋯⋯ 101
남한어 ⋯⋯⋯⋯⋯⋯⋯⋯⋯⋯ 260	도구격조사 ⋯⋯⋯⋯⋯⋯⋯⋯ 101
내각주 ⋯⋯⋯⋯⋯⋯⋯⋯⋯⋯ 277	동남방언 ⋯⋯⋯⋯⋯⋯⋯⋯⋯ 247
내적재구 ⋯⋯⋯⋯⋯⋯⋯⋯⋯⋯ 10	동사 ⋯⋯⋯⋯⋯⋯⋯⋯⋯⋯ 94, 95
내포문 ⋯⋯⋯⋯⋯⋯⋯⋯⋯⋯ 106	동음이의관계 ⋯⋯⋯⋯⋯⋯⋯ 188
높임법 ⋯⋯⋯⋯⋯⋯⋯⋯⋯ 80, 112	동음이의어 ⋯⋯⋯⋯⋯ 188, 189, 190
능동 어휘 ⋯⋯⋯⋯⋯⋯⋯⋯⋯ 121	동의어 ⋯⋯⋯⋯⋯⋯⋯⋯⋯⋯ 165
	동철동음어 ⋯⋯⋯⋯⋯⋯⋯⋯ 189
(ㄷ)	동형이의어 ⋯⋯⋯⋯⋯⋯⋯⋯ 190
ㄷ구개음화 ⋯⋯⋯⋯⋯⋯⋯⋯⋯ 63	된소리 ⋯⋯⋯⋯⋯⋯⋯⋯ 2, 30, 48

두음법칙 ·· 64
띄어쓰기 ·· 86

(ㄹ)
ㄹ두음법칙 ·· 64
라보프 ·· 252
람스테트 ·· 12

(ㅁ)
마찰음 ·· 48
말뭉치 ······························· 122, 168, 169
말음법칙 ·· 68
메이어의 이론 ·· 9
명령문 ·· 56
명사 ·· 91
명사절 내포문 ···································· 106
명사형 ·· 91
명사형어미 ·· 104
모리스 ·· 208
모문 ·· 106, 107
모음교체 ·· 14
모음조화 ·· 13, 71
모음체계 ·· 53, 54
모음축약 ·· 73
모음탈락 ·· 73
목적격 ·· 99
몽골어 ········ 11, 12, 15, 16, 125, 128
무성음 ·· 49
문맥 의미 ·· 146
문법 층위의 화용적 공손성 ········ 241
문법형태소 ································ 83, 87
문장 ··· 82, 87
문장의미론 ··································· 5, 144

문형적 연어 ·· 200
문화어휘장 ··· 148
미래 시제 ·· 110

(ㅂ)
반모음 ·· 52
반의대립어 ··· 178
발음 방식 ································· 47, 49
발표 어휘 ·· 121
발화 ·· 207
발화 의미 ·· 146
발화의미론 ······························· 144, 207
발화행위 ·· 219
방식의 격률 ······································ 217
방언 ·············· 7, 121, 166, 243, 244
방점 ·· 32
방향 대립어 ······································ 179
변별자질 ·· 58
병렬문 ·· 105
병서 표기 ·· 30
보고서 ·· 263
보조동사 ·· 95
복문 ·· 106
복자음 받침 발음법 ···························· 69
복합어 ·· 89
부동사어미 ··· 104
부분동화 ·· 61
부사 ·· 93
부사절 내포문 ··································· 107
부사형 ·· 93
부사형어미 ··· 104
부정법 ·· 116
분류사 ·· 80

분철 표기 ············· 28, 33	서기체 표기 ············· 21
분철 ····················· 27	서남방언 ················ 249
블룸필드 ················ 210	서법 ················ 103, 111
비강음 ··················· 48	서술격 ··················· 101
비교격조사 ·············· 100	선어말어미 ······ 80, 85, 103
비교방법론 ················ 9	설단음 ···················· 46
비교언어학 ············· 9, 11	설명주 ··················· 279
비음 ····················· 49	설첨음 ···················· 46
비음화 ··················· 61	설형문자 ·················· 20
비종결어미 ·············· 104	성문음 ···················· 46
비화용층위의 공손성 ····· 240	성별대상어 ·············· 254
빈말 인사표현 ··········· 224	성별발화어 ·············· 254
	성분분석 ················ 145
(ㅅ)	성분분석론 ·············· 144
사과표현 ················ 232	성조 ····················· 32
사동법 ·················· 114	수사 ····················· 93
사성점 ··················· 32	수정확대표준이론 ········ 210
사용 어휘 ··············· 121	순음 ····················· 46
사피어 ·················· 210	순행동화 ············· 61, 63
사회방언 ············ 251, 252	시제 ················ 109, 111
사회언어학 ·············· 252	신어 ················ 138, 141
삽입 현상 ··············· 206	10품사 ··················· 89
상 ······················ 111	11품사 ··················· 89
상대높임법 ········· 112, 113	
상대적 상보어 ··········· 180	(ㅇ)
상보대립어 ········· 178, 180	ㅇ두음법칙 ··············· 65
상보적 분포 ·············· 84	알타이제어 ················ 11
상성 ····················· 32	알타이조어 ················ 12
상용구절 ··········· 195, 197	양의 격률 ··············· 217
상하관계 ············· 5, 160	양성 모음 ················ 70
상향이중모음 ············· 52	어근 ····················· 88
상형 ················ 23, 24	어두자음군 ··············· 65
색채어휘장 ·············· 149	어말어미 ················ 104

어원 ·· 189
어절 ·· 86
어족 ·· 7
어휘 ·· 146
어휘 층위의 화용적 공손성 ······· 241
어휘연대학 ·· 10
어휘의미론 ····································· 144
어휘장 ·· 146
어휘장이론 ····································· 146
어휘적 연어 ··································· 199
어휘형태소 ······································· 83
억양 ······························· 55, 56, 240
언어 능력 ······································· 216
언어 표현 ······································· 145
언어고생물학 ······································ 9
언어적 원인 ··································· 155
녀석 ·· 100
여격조사 ··· 100
여성 발화어 ··································· 254
역행동화 ···································· 61, 63
연결어미 ··· 104
연구개음 ·· 46
연어 ······························ 195, 196, 198
연음법칙 ··· 61
연철 ·· 27
연철 표기 ··································· 28, 33
완전동화 ··· 61
외각주 ·· 278
외래어 ·· 132
외래어 표기법 ·································· 39
요청표현 ··· 219, 228, 229, 230, 231,
         233, 235, 237, 238
용언 ···························· 13, 80, 90, 103

우랄알타이 계통 ······························ 17
운율적 요소 ····································· 55
울만 ·· 186
울타리어 ············· 229, 232, 233, 235,
         236, 237, 238
움라우트 ··· 73
원격동화 ··· 61
원순모음 ··· 51
원순모음화 ······································· 75
유기음 ··· 48
유기음화 ··· 68
유사 ·· 137
유성음 ··· 49
유연성 ·· 155
유음 ·· 49
유음화 ··· 62
유의 깽깽 ······································· 131
유의관계 ··· 165
유의어 ·· 165
육서 ·· 23
음성모음 ··· 70
음소 ·· 56, 57
음소문자 ··· 20
음소적 원리 ······················ 27, 29, 33
음식어휘장 ··························· 149, 151
음운규칙 ······················ 4, 9, 13, 60, 70
음운대응 ··· 17
음장 ·· 240
음절 ·· 85
음절 말 중화 ···································· 69
음차 ·· 20
의문문 ··· 56
의미 변별 ························ 59, 167, 174

의미 변화 …… 184	**(ㅈ)**
의미론 …… 208	자립형태소 …… 83, 87
의미성분분석론 …… 7, 144	자모문자 …… 20
의미의 모호성 …… 155	자음교체 …… 14
의미의 변이 …… 158	자음동화 …… 61
의미의 축소 …… 158	자음체계 …… 49, 50
의미의 확대 …… 157	장단 …… 55
의미장 …… 146	장애음 …… 47
의미해체 …… 145	장형부정 …… 117
의사소통 능력 …… 216	장형사동 …… 115
의존형태소 …… 83, 87	장형피동 …… 114
이기문 …… 12, 18	저모음 …… 51
이동 대립어 …… 180	전라도 방언 …… 249
이두 표기 …… 21	전설모음 …… 51
이성범 …… 221	전성어미 …… 104
이완음 …… 48	전제 …… 214, 215
이음 …… 57, 58	전주 …… 23
이중모음 …… 52	절대적 상보어 …… 180
이중주어문 …… 80	접미사 …… 102
이차 어휘 …… 121	접속문 …… 107
이철동음어 …… 189, 190	접촉 …… 137
이해 어휘 …… 121	정지음 …… 48
이형태 …… 83	제보자 …… 245
인간어휘장 …… 164	제자원리 …… 24
인구어족 …… 11	제자해 …… 23
인사표현 …… 6, 7, 220, 221, 222, 223, 224, 226, 227, 228, 239	제주도 방언 …… 251
	조격조사 …… 101
일반구절 …… 195	조사 …… 99
일시적인 대립어 …… 181	조어법 …… 87
일차 어휘 …… 121	조음위치 …… 47, 49
입성 …… 32	존재 대립어 …… 179
SNS …… 255	종결어미 …… 104
	종속절 …… 106, 107, 108

주격 ·································· 99
주격중출문 ···················· 80, 81
주관적 정감 반의어 ············ 179
주관적 척도 반의어 ············ 179
주절 ································· 106
주체높임법 ························ 112
중모음 ······························· 51
중문 ································· 105
중설모음 ··························· 51
중화 ··························· 68, 176
지사 ································· 23
지역방언 ··························· 243
지표적 표현 ······················ 214
직시 체계 ························· 212
직시표현 ··················· 211, 214
직접 발화행위 ··················· 219
직접사통 ··························· 115
질의 격률 ························· 217
짧은 부정 ························· 116
짧은 피동 ························· 114

(ㅊ)
차자 표기 ························· 20
참고문헌 ··························· 280
참조주 ······························· 277
처격 ································· 101
처격조사 ··························· 101
처소격조사 ······················· 101
천지인 ······························· 24
첨가어 ······························· 79
체언 ·········· 2, 4, 13, 79, 81, 90, 99
촘스키 ······························· 210
축약 ································· 75

충청도 방언 ······················ 250
치음 ··························· 46, 47
치조음 ······················· 46, 47
친족어 ······························· 7
친척어휘장 ························ 148
칭찬표현 ··························· 233

(ㅌ)
탈락 ································· 75
터키어 ······················ 1, 11, 12
토(吐) ······························· 21
통사론 ······························· 97
통사의미론 ·················· 5, 144
퉁구스어 ····················· 12, 15
트러질 ······················ 146, 253
특수부정어 ························ 118

(ㅍ)
파생 ································· 89
파생어 ······························· 88
파열음 ······························· 48
파찰음 ······························· 48
평가 반의대립어 ················ 178
평서문 ······························· 56
평성 ································· 32
평순모음 ··························· 52
폐쇄음 ······························· 48
포페 ································· 12
표음문자 ···················· 19, 20
표음주의 표기법 ················ 28
표음주의 ··························· 28
표의문자 ··············· 19, 20, 28
표의주의 표기법 ················ 28

표준어 ……… 7, 55, 76, 243, 248, 249
표준이론 ……………………………… 210
품사 …………………………………… 89
피동법 ………………………………… 113

(ㅎ)
ㅎ구개음화 ……………………… 63, 64
하향이중모음 ………………………… 53
한국어 계통론 ………………………… 4
한국어 문법론 ………………………… 4
한국어 문자론 ………………………… 4
한국어 방언론 ………………………… 6
한국어 어휘론 ………………………… 5
한국어 음성학 ………………………… 4
한국어 음운론 ………………………… 4
한국어 의미론 ………………………… 5
한국어 화용론 ………………………… 5
한국어의 문법론 ……………………… 79
한국어학 ……………………………… 3
한글 ……………………………… 22, 34
한글 전용 표기 ……………………… 39
한자부회 ……………………………… 129
한자어 ………… 2, 5, 10, 39, 119, 126
함축표현 ……………………………… 216
합성 …………………………………… 89
합성어 ………………………………… 88

합용병서 ……………………………… 30
향찰 표기 ……………………………… 21
허락문 ………………………………… 56
혀의 높이 ……………………………… 51
혀의 전후 ……………………………… 51
현재 시제 …………………………… 109
협착 …………………………………… 47
형성 …………………………………… 23
형용사 ………………………………… 94
형태소 …………………………… 82, 83
형태음소적 원리 ………………… 27, 29
화맥 ………………………………… 207
화시 체계 …………………………… 212
화용론 ………………… 144, 208, 209
화용적 전제 ………………………… 215
화용표현 ……… 7, 209, 221, 228, 229, 233, 234, 235, 242
화행 이론 …………………………… 218
확대표준이론 ………………………… 210
활용 ………………………………… 103
활용어미 …………………………… 103
회의 …………………………………… 23
후설모음 ……………………………… 51
후음 …………………………………… 46
훈민정음 ………………………… 23, 34
훈차 …………………………………… 20